U0865988

科学出版社“十四五”普通高等教育本科规划教材

高等学校工商管理类专业精品系列教材

Business Negotiation
商务谈判

程大为 编著

科学出版社

北京

内 容 简 介

本书介绍了商务谈判的基本理论及实践中的必备知识，总结出相关知识点（概念），并将这些知识点与中国和合的思维逻辑进行有机结合，形成了商务谈判学的中国版本。除此以外，本书从抽象的概念中走出来，建立了“知识仓库”，用于存放商务谈判知识与技巧，利用丰富的国际商务谈判案例拓展了国际视野，将中国和合思维与历史上经典的谈判思维进行对比，构建了中国商务谈判学的基本框架。

本书适合高等学校工商管理类、国际经济与贸易类等专业的本科和研究生使用，也适合从事企业管理、工商管理、国际商贸等领域工作人员参考阅读。

图书在版编目（CIP）数据

商务谈判 / 程大为编著. —北京：科学出版社，2025.5

科学出版社“十四五”普通高等教育本科规划教材

高等学校工商管理类专业精品系列教材

ISBN 978-7-03-077823-9

Ⅰ. ①商… Ⅱ. ①程… Ⅲ. ①商务谈判-高等学校-教材 Ⅳ. ①F715.4

中国国家版本馆 CIP 数据核字（2024）第 021525 号

责任编辑：王京苏 / 责任校对：姜丽策

责任印制：吴兆东 / 封面设计：有道设计

科学出版社 出版

北京东黄城根北街 16 号

邮政编码：100717

http://www.sciencep.com

涿州市般润文化传播有限公司印刷

科学出版社发行 各地新华书店经销

*

2025 年 5 月第 一 版 开本：787×1092 1/16

2025 年11月第二次印刷 印张：11 3/4

字数：276 000

定价：52.00 元

（如有印装质量问题，我社负责调换）

前 言

谈判（negotiation）是人们为了协调彼此之间的关系，满足各自的需要，通过协商而争取达到意见一致的行为和过程。谈判是一项简单的人类活动，但涉及的范围却比较广泛，每个愿望的满足都会诱发人们展开谈判。

商务谈判是指经济领域中，从事商务活动的主体为了满足贸易、投资等方面的需求，彼此间通过沟通、协商、妥协而达成交易目的的行为。

商务谈判学是以商务谈判为内容，融国际政治经济、贸易、管理、文化、心理、法律等学科知识为一体的综合性交叉学科。2023 年，习近平在中共中央政治局第三次集体学习时强调支持重点学科、新兴学科、冷门学科和薄弱学科发展，推动学科交叉融合和跨学科研究。2021 年，国务院学位委员会印发了《交叉学科设置与管理办法（试行）》，首次明确对交叉学科的内涵进行了界定。交叉学科是多个学科相互渗透、融合形成的新学科，具有不同于现有一级学科范畴的概念、理论和方法体系，已成为学科、知识发展的新领域。交叉学科突破了单一学科对人才培养的局限，扩大了人才培养的空间。商务谈判学有自己特殊的研究对象和研究领域，有自己独特的概念、范畴，并形成了一个具有逻辑关系的体系，成为一门独立的学科。

商务谈判学有很多流派，强调谈判思维在谈判中的作用。谈判者经常提及以下几种谈判思维：①以实力为导向的谈判思维。WTO 专家杰克逊这样描述以实力为导向的谈判：A、B 两国发生贸易争端，具有实力的一方会处于优势，可以采用对外援助、军事恫吓、报复等手段。小国会在它所依赖的贸易大国的挑战面前显得踌躇不前、进退维谷。小国一般不会进行有影响力的威胁，因为他们的市场份额不大，没有能力影响其他国家的出口的价格。小国更不可能进行报复，因为报复所带来的经济负担可能会落在他们自己国内消费者的身上①。杰克逊讨论了大国以实力为筹码威胁小国获得赢家通吃的谈判思维。②以权利为导向的谈判思维。基于权利的谈判者强调谈判中的标准，强调公平，弱势一方经常基于应得的权利进行谈判。例如，在企业劳资冲突谈判中，由于劳资双方的实力失衡，劳资双方在谈判中力量对比的差距明显，劳动者会依法寻找提高工资的理由。③以利益为导向的谈判思维。与以实力为导向的思维相比，以利益为导向的谈判思维更显高明。具有这类思维的谈判者强调不要将焦点过度放在“人”的身上，而要以解决问题、达成协议、获得利益为目标。

商务谈判学研究商务谈判的要素，主要包括谈判主体、谈判客体（议题）、诉求空间、

---

① 科依勒 · 贝格威尔，罗伯特 · W. 思泰格尔. 世界贸易体系经济学. 雷达，詹宏毅，等译. 北京：中国人民大学出版社，2005.

谈判利益、谈判环境、谈判战略、谈判方案、谈判语言和谈判过程等。以上每个要素,本书均用独立章节分别研究，希望读者掌握以下几点：①概念的内涵。例如，议题指谈判双方共同关心并希望解决的问题。问题是谈判双方面对的客观存在，不依赖于双方的主观意识，而议题是经过梳理、归纳和总结后确定下的谈判主题，具有主观性。②每个要素的谈判技巧。例如，在第四章“议题”中，本书讲述了八种议题设置的技巧。商务谈判学讲究对谈判技术的研究，本书介绍了稻草人策略、炒蛋策略、以牙还牙战略、筹码的运用、谈判切入的技巧，以及谈判修辞的运用等。③应用。本书每章都有学生阅读、学生讨论或模拟谈判的内容，读者可以运用相关知识点进行能力训练。

多数商务谈判学的教材只涉及企业间的谈判，本书的创新之处在于将谈判主体拓展到了政府、国际组织层面。在第十三章介绍了政府主体参与商务谈判的内容，这种商务谈判不同于普通的商务谈判，是主权国家之间的外交谈判，由此，本书所覆盖的学科领域进一步拓展到外交学。本书第十四章介绍了多边谈判，并用乌拉圭回合谈判的案例向读者展示了世界上规模最大、参与国家最多的一次谈判的具体情况。在第十四章的学习中，读者有机会将议题、谈判者、关系、战术、诉求空间等一系列谈判要素综合起来学习。

多数商务谈判学教材的重点是介绍交易性谈判的内容，本书在第十五章介绍了谈判解决争端。在谈判解决争端中，本书介绍了企业间争端、国家间争端、国际组织机制下的谈判解决争端，这是对谈判学的拓展。

谈判是古今中外普遍存在的一种社会现象，它与人类共生存，并随人类的发展而发展。早在春秋战国时代，谈判被广泛应用到社会活动中，直接和间接参与谈判的谋士说客随处可见，谈判成为人们试图界定或重新界定他们之间的相互依赖关系的重要方式。

春秋战国时期，商业不断发展，大城内设置专门的商业区，被称为“市”。齐国都城盛况被描述为：“车毂击，人肩摩，连衽成帷，举袂成幕，挥汗成雨。”许多人以为中国文化注重儒家思想，“罕言利”，轻视商业，不注重商务活动，其实不然，孔子强调无信不立，将诚信视为社会（包括商业活动）运行的根本。孔子对商业的态度奠定了中国社会“以儒促商，以商弘儒”的传统。

在司马迁的《史记·货殖列传》中介绍了中国古代的一些商人，这些商人是商务谈判的主体。春秋郑国商人弦高、越国的范蠡、孔子弟子子贡和秦国的吕不韦等都是出色的商人。在中国古代的商务谈判中经常会出现中介人，如“牙人”“经纪人”。在古代官私文献中,“经纪”一词的意思是善于经营钱物或经营买卖的意思,对经纪人的要求是“经记须平直，心中莫侧斜”。

中国商务谈判记录中存有大量对利益和道德之间关系的讨论。《周易》有云：“利者，义之和也。”这一观点阐述了利益与道德有相统一的一面。利益虽然有与道德相符合的一面，但也有相矛盾的一面，孔子提出了“义以为上”“见利思义”的义利观。子贡在他的商务实践中践行了“富而好行其德”的义利观。范蠡曰：“天地之间，人最为贵。物之生，谷为贵，以生人。”这说明，范蠡认为商务活动不能忽视老百姓的生存，这体现了范蠡的商务价值追求。

中国商务谈判者很早就抓住了商务谈判中的核心问题。子贡主张买贱卖贵，注意到了商品的价格高低与数量多少之间的关系，即注意到了商品价格受供求关系制约这一经济规律。范蠡也主张贵出贱取，当商品价格涨到最高点时，要果断出手，当商品价格跌落到最低点，要像珠玉一样买进。

中国商务谈判者有许多关于“时”的精辟论述，范蠡称“时”为“天时”“天节”，对“时”的把握，则有“随时”“守时”“因时”“从时”等多种表述。这些论述涉及商务谈判的战略时机问题，具体来讲，在时机尚不成熟的条件下，要耐心等待。范蠡把“时”上升为普遍的方法论，讲究凡事预则立，不预则废。范蠡主张“旱则资舟，水则资车”，即在大旱之年收购船只，在大水之年抛售船只并收购车辆，以待匮乏之时。经商之人要面对市场进行前瞻性分析，做好充分准备。

中国古代的商务谈判契约制度早已存在，隋唐时期的契约种类除传统的借贷契约、买卖契约之外，还出现了寄托契约、租赁契约和担保契约等多种类型。隋唐时期的借贷契约内容包含借贷事实、借贷事由、还贷约定、违约责任和当事人、保人的签名等诸多要素，比较完备。

中国商务谈判思想的形成离不开中华民族祖先所处的生存环境和所具备的生存条件。中华民族祖先大多居住在平原地区，居住稳定，经济以农耕为主。与游牧经济的不稳定相比，农业经济有着自给自足的先天优势。这种生存条件孕育了和合文化。在中国的商周时期，“和”与“合”是单一概念。和与合都具有两个或两个以上不同要素相互融合、结合的意思。“和”的初义是声音相应和谐，后逐渐演变为对如何处理人际关系冲突的认知。“合”有相合、符合的意思。春秋时期，“和合”两字并举，表示事物之间的相互关系、生存的秩序和存在的形式。人与人之间追求“和合为贵”，这是人们对社会生活各个层次、各种冲突现象认知的提升，是对现象后面应有的秩序、状态的探索。

在当代，作为中华优秀传统文化的“和合”被成功运用到国际商务活动和外交活动中。1954 年，中国提出了和平共处五项基本原则，即互相尊重主权和领土完整、互不侵犯、互不干涉内政、平等互利和和平共处。这一提法展示了中国在国际谈判中的独特思维，这是一种基于“关系”的谈判思维，五项原则中的前四项都有一个“互”字，后一项有一个“共”字，概括了主权国家间相互依存的关系特征，强调了共同发展的目标。

2012 年，中国首次使用了“人类命运共同体”概念，并指出经济全球化成为影响国际关系的重要趋势，不同制度、不同类型、不同发展阶段的国家应该相互依存、利益交融，形成“你中有我、我中有你”的命运共同体。

2013 年，习近平主席提出“一带一路”倡议，提出“共商、共建、共享”原则。三个“共”体现出“一带一路”不是单一国家的独唱，而是“一带一路”共建国家的合唱。“共商”和“共建”指政策在酝酿、倡议、实施等各个阶段，各国共同商量决策、共同推进，最大限度地兼顾各方利益；“共享”指共同做大世界经济蛋糕，各国共同分享。

2023 年 6 月，国家主席习近平在人民大会堂会见来访的美国国务卿布林肯。在会见现场，摆放在会见桌中央盛开的荷花十分引人注目。“荷”与“和”“合”谐音，用荷花表达了期待中美两国和平共处、合作共赢的诉求。

当代商务活动的实践充分说明，中华优秀传统文化“和合”在商务活动中具有强大活力，成为商务谈判的全过程导向。习近平总书记指出，弘扬中华优秀传统文化，要处理好继承和创造性发展的关系，重点做好创造性转化和创新性发展[①]。其中，创造性转化就是要按照时代特点和要求，对那些至今仍有借鉴价值的内涵加以改造，赋予其新的时代内涵和现代表达形式，激活其生命力。创新性发展就是要按照时代的新进步、新进展，对中华优秀传统文化的内涵加以补充、拓展、完善，增强其影响力和感召力。中国商务谈判历史悠久，很多学理值得我们去挖掘、发现。本书正是基于中华优秀传统文化和当代中国商务谈判的实践，提出“和合”这一范畴，认为这是中国商务谈判的思维形式。从古代协调人与人关系的和合文化，到今天指导领域广阔、内容复杂的商务谈判的和合思维形式，这是中华优秀传统文化的创新性转化，这是中华优秀传统文化在继承中的升华。这种商务谈判思维形式和以实力为导向的思维形式、以权利为导向的思维形式以及以利益为导向的思维形式相比，是一种突破和超越，是一种与人类命运共同体的世界发展趋势相适应的商务谈判思维形式。

中国商务谈判中的和合体现在如下几个方面：其一，讲究整体。中国文化强调“保合太和”，“太和”不仅包括人与人的和谐，还包括人与社会的和谐和人与自然界的和谐。本书第七章谈到了全局利益、国家利益，强调任何商务活动都要在利国利民的善用基础上进行。其二，注重人的作用。哈佛大学学者于20世纪70年代提出了“原则谈判法”，对人、问题、利益与立场、意见与选择、标准与公平等进行了开创性讨论。“原则谈判法”要求谈判者应该清晰地“将人和问题区分开”，从而将谈判的焦点聚合到利益。在以问题为中心的谈判思维体系中，人的情绪、历史、偏好，以及最核心的人与人之间的关系，会妨碍利益目标的有效达成。虽然“原则谈判法”也有一系列处理“人”的技术操作，但“人”不是谈判学的关切重点，甚至在一定意义上，由于“对事不对人”的价值取向，“人”成为谈判中需要悬置的问题。与原则谈判法不同，本书注重对人的研究，第五章专门研究了谈判者。其三，基于关系。本书第六章论述了关系的本质，指出关系的本质是自主权和合作性这组矛盾的对立统一。在“和而不同”的中国文化影响下，谈判者既应坚守自主性和自身利益，又应追求“和合为贵”的共赢目标。其四，化解矛盾。和合文化强调和合而生。以这种思维看待谈判，谈判者就会挖掘谈判者之间的相容利益，创造兼容性利益，产生“1+1>2”的利益扩增效果。其五，强调价值。和合谈判学认可每个谈判者都有自身的立场、利益，与西方思维不同，和合谈判学强调“己所不欲，勿施于人”，推己及人，寻找共识。和合不仅是一种谈判思维，还是一种和合价值的认同。和合谈判学希望谈判者心存美好，使和合成为谈判推动力。

习近平主席明确指出：“合作还是对抗？ 开放还是封闭？互利共赢还是零和博弈？如何回答这些问题，关乎各国利益，关乎人类前途命运。”[②]和合谈判学以合作、开放、共赢回答了如何处理关乎利益、关乎前途命运的历史之问。在谈判学中引入“和合”的概念，就是借助和合思想，使商务谈判中的诸多因素、各种矛盾能够在对立统一、相互依存的和合体中，求得解决，达到平衡、合作的状态。

---

① 为强国建设民族复兴注入不竭精神动力——以习近平同志为核心的党中央引领中华文化创造性转化创新性发展纪实. https://www.moj.gov.cn/pub/sfbgwapp/jryw/202306/t20230601_479985.html，2023-06-01.

② 世界怎么了，我们怎么办？学习《习近平谈治国理政》第三卷第十七专题. http://news.cnr.cn/native/gd/20201106/t20201106_525321602.shtml，2020-11-06.

笔者并没有机会参与企业间的商务谈判，但对政府间的谈判和国际组织谈判比较熟悉，有幸以学者身份参加过 WTO 的第三次美国西雅图（1999 年）、第四次卡塔尔多哈（2001 年）、第五次墨西哥坎昆（2003 年）和第六次香港（2005 年）部长级会议。作为主席团成员，参加过数次亚太经济合作组织（Asia-Pacific Economic Cooperation，APEC）企业会议。作为联合国贸易法律委员会的中国成员参加过联合国中小企业立法会议。在这些国际会议上，贸易谈判、企业规则谈判久拖不决，国际争论十分激烈，大鱼吃小鱼现象十分常见。笔者看到，经历过残酷谈判的谈判者都在寻找破局之道，寻找合作机会。笔者相信，以和合思维为特点的中国商务谈判学终会在谈判领域产生影响力。

党的二十大报告指出，教育的根本问题是“培养什么人、怎样培养人、为谁培养人”，教材是为教育服务的，其出版的目的是培养一代又一代可堪大用、能担重任的栋梁之材。本书应为培育中国商务谈判人才尽力。

程大为

2025 年 5 月

目录 Contents

第一章

谈　判

本章介绍谈判和商务谈判学两部分内容。谈判是人们为了协调彼此之间的关系，满足各自的需要，通过协商而争取达到意见一致的行为和过程。本章试图建立一个理解谈判概念和理论脉络的框架。商务谈判学是一门独立的学科，不仅有自己特殊的研究对象和研究领域，而且还有自己独特的概念、命题，是一门综合性的学科。

一、谈判的定义及其分类

1. 谈判的定义

谈判，按照最一般的认识，是人们为了协调彼此之间的关系，满足各自的需要，通过协商而争取达到意见一致的行为和过程。谈判是比较简单的人类活动，但涉及的范畴却比较广泛，要想自己的要求得到满足，就要进行谈判。

谈判是谈判各方在拥有共同利益或冲突利益的情况下，为达成一项协议而进行的协商活动。谈判可以是企业间的，也可以是国家间的，或者是各种主体（包括谈判者个体）之间的。无论哪类主体进行谈判，都是由谈判代表、首席谈判官等承担具体的谈判任务，他们要掌握谈判学的基本知识和一般规律，并具有谈判能力。

谈判是古今中外普遍存在的一种社会现象，它与人类共生存，并随人类的发展而发展。中国是世界文明的发源地之一，早在春秋战国时期，谈判就被广泛应用到社会活动中，直接、间接参与谈判的谋士和说客随处可见，谈判成为人们试图界定或重新界定他们之间的相互依赖关系的重要方式。在我国，最早举行多边会谈并成功签订互不侵犯条约的谈判发生在公元前 651 年，即齐桓公主持了葵丘之盟的谈判[①]。

2. 谈判的分类

（1）按照谈判的持续时间和关系性质划分，谈判可以分为一次性谈判和长期性谈判。一次性谈判中，谈判者认为合作时间是有限的，往往会有一锤子买卖的想法，采取“压榨”的方式扩大利益范围。在长期性谈判中，谈判者会兼顾一次性利益和长远利益。如果谈判者过分关注一次性交易所得利益，缺乏建立关系、获取长期利益的意识，谈判者本身的信誉会受损。

（2）根据谈判的性质不同，谈判可分为交易性谈判或争端解决性谈判。在商务活动中，买家看到卖家的产品具有更多的价值，希望交易，这时候，买卖双方所开展的谈判就是交易性的。利益发生冲突时，谈判也会发生。争端解决性谈判，即谈判各方对某一问题有不同的看法，希望通过谈判得到解决。

（3）按照谈判中涉及的资源的总和来划分，谈判可以分为两种，即分配式谈判和整合式谈判。在分配式谈判中，可分配的资源是固定的，一方利益的获得必然要以另一方利益的损失为代价。在整合式谈判中，可分配的资源总额是可变的。整合式谈判强调，通过谈判达成双赢的结果，谈判者通过交换信息，最大化获取联合收益，创造出额外的价值。

（4）根据谈判的地点不同，可分为主场谈判、客场谈判和主客场轮流谈判。在自己所在地组织的谈判是主场谈判；在谈判对手所在地组织的谈判是客场谈判；谈判地点互易的谈判就是主客场轮流谈判。

二、谈判的重要性

谈判是时代发展的需要。从 1949 年中华人民共和国成立到 20 世纪 70 年代中美关系解冻建交，老一辈外交家与美国展开了多次谈判。从改革开放到 2001 年中国加入世界贸易组织（World Trade Organization，WTO），中国更是在一轮一轮谈判中走上了国际舞台。当前，全球政治经济处于深度调整时期，世界正经历“百年未有之大变局”，在复杂的环境中产生了更多的谈判需求。

谈判是经济活动不可缺少的部分。谈判即交易，人们通过满足对方的需要实现自身需要的满足。随着我国经济的高质量发展，国内外的交往与合作日趋频繁，任何一个组织，都面临谈判。例如，国家间建立自由贸易区的谈判、企业间解决劳资纠纷的谈判、

---

① 雪映. 谈判策略与签约技巧. 北京：中国人民公安大学出版社，2001.

供应链上下游企业合作的谈判等，谈判每时每刻都在发生。

谈判是服务国家的一种具体方式。谈判从来都是有立场的。在谈判过程中，清晰地表达希望对方认知和尊重的身份、权利，以及明确公开地提出自己的要价、关注点和诉求，是建立有效沟通、促进双方理解和达成共识的关键。谈判者基于自己的立场，寻求共同利益，实现谈判目标，强调立场不是固守立场不做让步，而是知道自己为谁去谈判的。在国家与国家的谈判中，谈判者代表着国家利益，需要站在各自的国家立场，为国家利益的实现而努力工作。

三、商务谈判的框架

商务谈判是指在经济领域中，从事商务活动的主体为了满足贸易、投资等方面的需求，彼此间通过沟通、协商、妥协而达成交易目的的行为过程。

商务谈判作为一种复杂而严密的商务活动，是不同构成要素相互作用的过程。谈判构成的要素主要包括谈判主体、谈判客体（议题）、谈判利益、谈判环境、谈判方案、谈判语言和谈判过程。谈判者只有从整体上系统地认识到谈判的各项构成要素，才能从全局上把握谈判的主动权，促进谈判协议的达成。

笔者在文献阅读和谈判实践的基础上，反复推敲，对谈判过程的相关要素进行有效吸收和归纳，从实践认知中总结出类似“概念”的知识点，并将这些知识点构成了本书的体系。

概念是反映某种事物及其本质属性的思维形式。在谈判实践中，谈判者所接触到的各种感觉、经验和印象，通过反复多次的接触与体验，会经历一个从量变到质变的过程，这一过程往往伴随着认知的突变或飞跃，最终产生清晰的概念。本书要求学生掌握每一章的主要概念，并将这些概念按照一定逻辑方法记忆、学习，从而加深对商务谈判系统化的认知。另外，谈判者要有看到事物本质的思维能力，学会在谈判中运用概念。谈判者要明晰谈判中主要概念的内涵和外延。例如，在关税及贸易总协定（General Agreement on Tariffs and Trade，GATT，简称“关贸总协定”）的谈判中，议题主要是货物贸易的关税。随着经济的发展，服务业占国民经济的比重不断上升，服务贸易的谈判需求在增加。服务业包括的类别非常广，旅游是服务，银行是服务，理发是服务，餐馆是服务，涵盖内容如此之多的服务行业，怎么总结出一个关于服务贸易的概念？20 世纪 80 年代乌拉圭回合谈判者首先要解决的问题是如何总结出“服务贸易”的概念。

明确概念后，谈判者要按照一定逻辑顺序梳理和制订自己的谈判方案：第一，议题的安排，谈判者要提炼实践中的问题，正确设置议题；第二，谈判者要对谈判各方进行分析，做到知己知彼；第三，要明确每个谈判者的利益及各种利益之间的关系；第四，要明确谈判所处的环境，要找出环境对谈判的影响，并尝试把这些影响因素变成可以利用的条件，使之成为方案的一部分或者成为战略的一部分；第五，研究各种可行的方案，找出最佳方案，明确底线，寻找可替代方案；第六，推动谈判的进行；第七，谈判借助语言，以言行事，谈判者要掌握谈判的语言特征，深谙语言技巧。

本书总结了谈判实践中的必备知识，并形成知识点（概念）。不仅如此，本书从抽象的概念中走出来，建立了“知识仓库”，每章就是一个仓库，存放的是谈判知识与技巧。

本书各章是有机联系在一起的，形成了商务谈判的体系。本书还做了拓展研究，介绍了政府间谈判，以及国际组织间的多边谈判。

四、谈判是一种能力

谈判者要有发现问题、驾驭谈判的能力。这种能力体现在谈判的各个环节中。例如，谈判过程包括始谈阶段、摸底阶段、僵持阶段、让步阶段和成交阶段。在这个过程中，谈判者需要利用谈判的艺术，处理复杂情形下的各种问题。谈判僵局会经常出现，有的时候，事情会变得更糟糕，谈判过程中会衍生出很多关联问题或后果，此时就需要谈判者充分发挥自己的能力。谈判的魅力正是在于它是一种动态的、创造性的、有智慧的艺术。

谈判归根结底是处理关系。关系的主体是人，谈判者通过谈判处理个人之间、企业之间或国家与国家之间的利益得失。谈判就是处理矛盾关系、化解对抗、实现利益和合作。谈判是对立双方的合作，谈判既有自主性又有合作性，既要坚持自己的立场、捍卫自己的利益，又要通过满足对方的需要而得到与对方合作的机会，这种实现自主性和合作性的平衡体现了谈判者之间关系的根本特征。

在自主和合作两股力量的较量中，谈判的最高境界是实现对立统一，这一境界，可以用中国哲学的“和合”之境形容。和合，即“和而不同”，最终达到冲突融合的平衡状态。这种和合状态如同一曲美妙的交响曲，有各种乐器发出的不同声音，正是因为其中虽有不同，却以其内在的和谐而构成新的意境。无论企业的商务谈判，还是国际社会的谈判，都应处理好关系，追求和合。中国在国际社会提倡构建人类命运共同体，在追求本国利益时兼顾他国合理关切，这就是中国在国际商务谈判上的和合主张。

谈判是人类从冲突、竞争走向和平、合作的重要手段。人类历史发展至今尚不能摆脱竞争、冲突、战争，如何公平竞争、化解冲突、走向和平始终是人类面临的问题。人类的发展史也是一段不断出现暴力对抗的历史，在血腥的斗争中，人们开始寻找代价最小、趋利避害的方法，谈判在这种情况下孕育而生。谈判使人们从你死我活的对抗性竞争走向和解，通过利益上的折中、转让、交换等来解决问题。

谈判者要有分辨能力。在现实中，谈判是一场基于实力的博弈。美国商人华盛顿·欧文形容谈判就是一种巧妙的猎取。他认为，谈判者以和平手段和密室交易得到国家用其他办法，如武力无法得到的一些好处。确实，近代资本主义国家通过谈判获得了大量国家利益。今天，我们学习谈判，不能不看到谈判的多重性，了解谈判残酷的一面。

谈判者要有解决问题的能力。谈判者需要对外部环境做出判断，对机会做出鉴定，并针对谈判议题构建一个谈判框架，追求通过谈判获得更大的利益空间。

谈判者要有战略能力。在复杂的环境中把握全局，更注重长期利益的实现。在制订谈判方案时要具有灵活性，要有充足的弹性。谈判者更应有战略能力，讲究语言的运用，把握谈判过程。

五、商务谈判学

商务谈判学确实是一门独立的学科，它在现代商业和社会交往中占据着举足轻重的地位。这门学科不仅关注于具体的谈判技巧和策略，还深入探讨了谈判背后的理论框架、心理机制、文化影响等多个层面，从而构建了一个全面而系统的知识体系。

1. 商务谈判学是一门综合性学科

商务谈判学是以国际、国内商务谈判为主要内容，以有关的法律条例为依据，融合国际政治、经济、贸易、管理、文化、心理、法律等学科知识于一体的综合性学科。本书基于跨学科的商务谈判人才培养的目标进行资料选择、案例设计、理论讨论和实操训练，希望有助于培育了解中西文化、熟悉经贸专业知识的复合型人才。商务谈判课程是一门兼具理论性与应用性的综合课程，具备科学性与艺术性的双重属性。学生不仅要掌握商务谈判的基本知识，而且要提高自身商务谈判策略和技巧的运用能力，全方位提高商务谈判能力。

2. 商务谈判学的理论

商务谈判每天都在发生，一些人认为商务谈判没有深奥的理论来支撑，只要懂业务就能进行谈判，这种“人人都能参与谈判，人人都不精通谈判”的情况较为常见。确实，谈判者面临残酷的商业竞争、变化的谈判环境、复杂的人际关系，这些情况使得谈判者的实践早已走在理论的前面。谈判实践不断地给理论出难题，如谈判是应该追求单赢还是双赢？隐藏在商务谈判表象背后的规律性、一般性的问题是什么？当诸如此类的问题被不断提出来的时候，人们开始尝试从谈判实践走向理论探索，因此谈判学便诞生了。

谈判学的理论流派主要有以下几类。

（1）过程结构理论。在该理论中，谈判主要是由六个阶段构成的，即计划准备阶段、开始阶段、过渡阶段、实质性谈判阶段、交易明确阶段和谈判结束阶段。谈判者在各个阶段，应充分运用心理学、对策论、经济学和法学等学科知识，使用各种谈判策略，以实现自己的谈判目标。

（2）实力结构理论。该理论基于对谈判双方实力的分析，讨论不同实力结构中通过谈判可能得到的结果。实力指的是双方在谈判过程中可利用的资源，双方在实力结构对称的情况下，可以采取对等策略，希望在程序公平的基础上展开谈判，寻找合理的解决方案。在实力结构不对等的情况下，实力较强的一方会成为赢家，实力较弱的一方应采取相应的策略，如通过借助外力、制造竞争等策略来取胜。中国古代谋略家鬼谷子研究出在实力结构不对等情况下可以采取的小国策略，提出合纵连横思想，成为早期实力结构理论的提出者。

（3）需求层次理论。这是基于心理学家马斯洛的人的需求理论发展出来的谈判学。马斯洛认为人有五个层次的需求：生理需求、安全需求、社会需求、尊重需求和自我实现的需求。谈判学强调对需求进行研究，以此为基础建立谈判框架并寻求解决方案。

（4）博弈论。博弈论涉及的要素包括参与者、策略或行为、信息、支付函数和均衡等。任何一场谈判都是博弈的过程，谈判学借鉴博弈论的要素研究方法，在完全信息静态和不完全信息静态等情形下开展谈判研究。

（5）技巧理论。谈判技巧就是研究商务谈判过程中的各种策略。比如，马哈拉和巴泽曼的《哈佛经典谈判术》研究了谈判心理学、谈判盲点以及道德困境等具体问题，总结了大量的谈判经验。斯科特在《贸易洽谈技巧》中提出谈判的技巧有三种，即谋求一致、皆大欢喜、以战取胜，其主张在不同情况下采取不同的技巧，但应避免以战取胜，推崇使用互利互惠的谈判策略。

（6）原则谈判法。哈佛大学的罗杰·费希尔与尤瑞于20世纪70年代末期提出了“原则谈判法”。原则谈判法不接受传统谈判观，即一方的胜利是以另一方的失败为代价的，坚持谈判协议要满足双方的合理利益。原则谈判法对人、问题、利益与立场、意见与选择、标准与公平等进行了开创性讨论，提出了双赢的谈判理念。原则谈判法要求谈判者在谈判过程中把人和问题分开，谈判者应关注双方实质性的利益，而不是谈判者的立场。原则谈判法要求为了共同的利益，谈判者要努力制订各种解决方案，构思使双方都受益的方案。

（7）商务外交谈判理论[①]。该理论通过总结国家与国家之间的商务谈判的实践经验，揭示了商务外交谈判的一般规律。商务外交谈判所涉及的谈判主体的范围比商务谈判狭小，但是在谈判中需要博弈的内容更复杂、范围也更大。

3. 商务谈判学的应用

每一次的人际互动都可以看作一次谈判，而我们在很早的时候，即幼年时期就已经学会如何进行谈判了。事实上，人从降生开始就学会了谈判，婴儿用哭声表达自己的诉求，人类是天生的谈判者。

商务谈判具有较强的应用性，其中理论联系实践尤为重要。在进行教学课时安排与教学环节设计时，除一般理论和知识介绍外，本书设计了三类旨在提高学生实践能力的内容，即学生讨论、学生阅读和模拟谈判。谈判学的教学应是教与学的互动，是一个能激发学生潜能、引导学生自主学习以及培养学生创新思维的过程。商务谈判学应增加实践环节，在教学过程中可以适当增加谈判模拟活动。在模拟谈判中，学生不仅要提前熟悉谈判问题、目标和任务，制订谈判方案，组织并进行谈判分工，还要应用一定的谈判策略与技巧来实现谈判的预期目标。

通过本书的学习，学生应把课堂上所学的理论、知识用于实践，这是一个把较枯燥的理论转变为生动有趣的实践的过程。学生应具有相关的专业基础知识，有能力思考谈判的复杂性，判断谈判的本质；善于搜集背景资料，有能力制订谈判方案，并通过谈判艺术推动谈判的顺利进行；要有使命感，知道为什么要学习谈判学，更应该逐步学习我国历史传承下的谈判经验，成为有文化根基的谈判人。

商务谈判涉及的范围很广，包括商品贸易、技术贸易、投资、管理和国家间经济贸易争端等多个领域。商务谈判学是一门跨学科的新兴学科，丰富该学科任重而道远，任何理论尝试和教学创新都是值得称赞的。任何一场谈判都不是孤立的，而是与历史背景、政治环境和国家情况等息息相关。本书介绍了和合谈判框架下的谈判要素及其内容，并将谈判内容拓展到了政府之间，其中涉及双边或者多边的复杂博弈，使商务谈判学延伸到了外交领域，这一拓展是对商务谈判学的创新发展。本书的核心概念是和合谈判，这是一种从中华优秀文化中提炼出来的谈判理论，和合也是一种谈判理念、谈判思维，希

---

① 参见：程大为. 商务外交. 北京：中国人民大学出版社，2004. 商务外交谈判是主权国家之间的谈判，与外交谈判是有相似之处的。就其谈判形式、程序，特别是谈判内容而言，它与外交谈判又是不同的。外交谈判的内容不仅包括经济贸易，而且包括政治、军事、文化等，以政治为主，商务外交谈判的内容则是经济贸易。

望读者能够重点掌握。

编写谈判方面的教材并不容易，主要原因有以下几点。第一，许多谈判是在绝对秘密的情况下进行的。以巴以外交谈判为例，曾有这样的记载：讨论是绝对私密的。没有观众，没有宣传也没有记录，一个基本的中心原则就是，整个讨论会中的任何言论都不可以被用于讨论会背景以外的其他场合。谈判的这一特点使学者们很难获得第一手的资料。第二，谈判学是一门应用性很强的学科，没有实际谈判经历的学者很难真正驾驭这门学科。谈判就像是一门“手艺”，很多时候需要师父言传身教地带徒弟学习，如何将这门“手艺”通过书面文字的形式传授给学生，是笔者在写作时所面临的棘手问题。第三，谈判学是一门跨学科的科学，能够写出深度来本身就存在一定的困难。当前国家急需商务谈判人员，笔者愿为人才培养尽微薄之力，希望学生们投入更多热情来钻研这门“手艺”。

学生讨论

如果你在一家民营企业工作了五年，得到了几次职位的提升，但年薪并没有大幅度提升，你的年薪是 12 万元。你觉得你的付出大于你的收入，想找老板谈一下加薪的问题。

讨论：你准备如何和老板进行谈判，你怎样设计谈判方案呢？

第二章

诉 求 空 间

本章主要介绍谈判的诉求空间。读者们应掌握“起点”“拒绝点”“争取点”“协议区域”“正议价区”“最佳替代方案”（best alternative to a negotiated agreement，BATNA），以及“和合谈判”等一系列概念。读者在明白谈判者在谈判诉求中会不断追求收益最大化的事实的基础上，应了解和合谈判的内涵。

一、诉求空间所涉及的基本概念

在商务谈判中，谈判者都有明确的价值诉求。假如A公司有一种产品要售卖，在与其他公司进行交易前，要界定产品交易的价格区间，从起点开始，到拒绝点，再到争取点是一个价值不断增加的过程，最后形成A公司的谈判诉求空间。

起点是谈判者进行谈判的价值依据，是谈判者进行讨价还价的出发点。A公司产品的成本是 90 元，那么 90 元就将是 A 公司谈判诉求轨迹的起点，因为任何一家公司都希望能够在成本价格的基础上出售产品。但是，起点并不是 A 公司真实的价格诉求，而是谈判者确定最差价格的依据。

拒绝点是谈判方能够接受的最差价格。假设 A、B 两公司在谈一笔交易，对于 A 公司来说，任何大于或等于 100 元的价格都会带来收益；如果价格低于 100 元，A 公司就不会和 B 公司达成交易。100 元就是拒绝点，这是对拒绝点最简单、最直观的理解。

争取点是谈判各方期望获得的最大利益。如图 2-1 所示，A 公司可能希望卖到 500 元，它就会在 100～500 元寻找交易对象进行谈判，500 元是 A 公司的目标点。任何一方的争取点只能以对方的拒绝点为限，如果谈判者没有客观的判断，争取点定得过高，会导致谈判失败。如果对于买方 B 公司来说，任何高于 300 元的价格都等于失败，那么 300 元就是 B 公司的拒绝点，同时也是 A 公司的争取点。100 元和 300 元构成了 A、B 两公司进行谈判的最基本的利益防线。

图 2-1 A 公司的谈判诉求空间及诉求点

协议区域是两个拒绝点之间的区域，是双方讨价还价的谈判区间，A 公司和 B 公司的协议区间为 100～300 元，这段区间里存在着一系列可能的结果。图 2-2 显示 A 和 B 两公司的拒绝点之间有正数的谈判空间，可以称为“正议价区”。有些时候，这个协议区域是不存在的，甚至是负数，则形成“负议价区”。如果双方的拒绝点无法形成正数的交集，那么谈判双方就无须浪费时间了，可以停止谈判。在图 2-2 所示的议价区内，A 和 B 存在协议区域，那么谈判最终落在协议区域的哪个点上是由什么决定的呢？很明显，最终是由谈判实力和利益诉求共同决定的，A 希望这个点尽量靠近 B 的拒绝点，这样可以使自己的利益大一些。

最终协议点和谈判者的拒绝点之间的正数差就是谈判者盈余，双方谈判者盈余相加就是协议区域的大小，如图 2-3 所示。

图 2-2 谈判的诉求空间

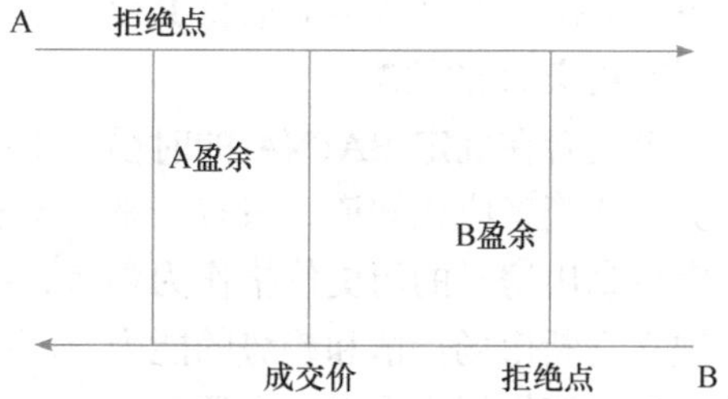

图 2-3 谈判者盈余

诉求空间并不是不变的。有的时候，谈判是在没有任何信息的情况下进行的，谈判者无法依据客观数据预测对方的拒绝点；有的时候，对方表现出了非理性的“孤注一掷”的气势，刻意扩大诉求空间，甚至扩大到了非经济理性的程度。假如 L 和 S 两国政府进行贸易谈判，并且是马上就要进行，通过信息收集、资料分析，L 国可以掌握 S 国的数据，预判 S 国的拒绝点。但是，S 国在一个月前就强调这场谈判是大国之战，并不仅仅是一场贸易谈判，而是高科技的未来之战，将贸易谈判的内容扩展到科技竞争和政治优势层面的对决。这个时候，L 国就很难预测 S 国的拒绝点，在贸易框架外的新要价随时可能主导谈判，并破坏基于客观数据的谈判。

即便是谈判者自己也不应该简单地根据成本设定拒绝点，如果你的产品成本是 90 元，你固然可以把拒绝点定在 90 元以上的某个临近价位，如 100 元。但是，这个价位并没有反映市场对产品的态度而是谈判者主观的设定。

从市场角度看拒绝点，该概念的外延要继续拓展一些。判断拒绝点的位置应依据 BATNA 而定。BATNA 是指在谈判失败、无法达成协议的情况下，谈判者可以采取的最有利的替代行动的方案。BATNA 决定了一个谈判者准备离开谈判桌的点位。谈判者不能把握拒绝点，那是因为拒绝点不是由自己决定的，而是由 BATNA 决定的。

当一些谈判者在谈自己应该得到什么，如果得不到就退出谈判时，这时谈判者是一厢情愿地设定了自己的 BATNA。事实上，BATNA 不是由谈判者一厢情愿的希望决定的，而是由外部客观事实决定的，即谈判者在另外一张谈判桌上找到的替代价格，是由外部情况决定的，是外部市场愿意支付你的价格。简单地说，如果市场不认为你的产品值钱，那么你就不会得到你想得到的任何价格。

BATNA 是动态的，取决于谈判进程中的市场情形，它可能会更好，也可能会更糟糕。谈判者应不断努力去改善 BATNA。例如，在上文 A 和 B 两公司的谈判中，当 A 公司无法和 B 公司达成交易的时候，A 公司就要开始寻找 BATNA。A 公司的替代方案可能是寻找新的买家 C，也可能是改进产品并重新设计自己的谈判战略。A 公司的 BATNA 不止一种，寻找买家 C 是一项常规办法，可供选择的买家 C 的出价越低，A 公司的拒绝点也会随之降低，但是最低点也是有一定限度的。在上述谈判中，假如有 C 公司也想买 A 公司的产品，出价是 100 元，那么这笔交易的 BATNA 就是 100 元，A 公司会以每台 100 元的价格卖给 C 公司，通过这一选择，使 A 与 B 之间达成交易的拒绝点降至 100 元。如果 C 公司出价 95 元，谈判会出现不能达成协议的情况，如果 C 公司出价 130 元，A 公司的情况就会得到改善，拒绝点成为 130 元，A 公司在和 B 公司的谈判中的态度可以更为强硬。谈判者不应该将 BATNA 锁定在一处，A 公司在接触买家 C 的时候，也可以看看买家 D 的情况。

谈判者在确定 BATNA 的时候，不应再参考过去的价格，过去的价格和当下的价格无关。谈判者应该知道，只有未来成本和利益会影响谈判。在房屋销售的谈判中，卖家经常会拿出房子的历史价格作为参考，买家不应该被引入卖家的价格参考体系中，而应有独立判断市场行情和趋势的能力。谈判者不应该在对方的劝说下改变 BATNA，BATNA 的改变只能根据客观事实做调整。

如果你的谈判对手首先使用了他的 BATNA，那么你的谈判策略就是减少对方成功使用其 BATNA 的可能性，或者破坏对手的 BATNA。例如，你的部下正在和你谈薪酬，他的 BATNA 是跳槽到另一家公司，那么你可以笑着说你很熟悉那家公司的老板，这样做是为了降低他的 BATNA 的有效性。

明白了 BATNA 的概念后，谈判者应该明白拒绝点实际上也不是单单由成本决定的。

理性的谈判者会根据市场的出价情况来决定拒绝点。阅读下面的材料，谈谈你受到了哪些启发。

学生阅读

确定拒绝点①

假设你想卖房子，你已经决定了27.5万美元是你想象中的拒绝点。问题是在以后的买卖谈判中，你能够接受的最低报价到底是多少？

你应该找到更多的BATNA，包括把房子租出去的这种可能方案。你应该把所有的BATNA进行排序，排序的标准是它们对你的吸引力和价值的大小。如果对一种BATNA的结果不能确定，你应该弄清楚买家按照BATNA购买的概率是多少。例如，假设你把你的定价降低到26.5万美元，根据当地近期的房价，估计买家接受这个价格的概率为70%。

在寻找买家的同时，你应该适时改进你的BATNA。例如，你可以把房子重新粉刷，增加房子的价值；你可以去联系租赁公司，看看通过别的渠道处置这个房子的可能性。

在付出所有努力之后，你对你的BATNA会有一些理性的判断。你估计有人会以26.5万美元（或者更高）的价格买你的房子，这个概率为60%；有人会出价25万美元买你的房子，这个概率为95%；有5%的概率是连25万美元都没有人买，那样的话，你就把房子租出去。

这时，你可以估算房子的出售概率：将房子降至26.5万美元，出售概率为60%；继续降低至25万美元，出售概率为95%；出租房子（只值10万美元），概率为5%。这样一来，你的所有BATNA的综合估价为：综合估价=26.5×60%+25×（95%－60%）+10×5%=25.15万美元。那么，这个估价就是你的拒绝价格。

在谈判中，除非你想在拒绝点上达成协议，否则就不要在谈判中透露你的BATNA或拒绝点。不然的话，对方只要在你的拒绝点上报价就行了，那样你就得不到任何盈余了。当然，如果你已经找到了一个非常好的BATNA，有个比较占优势的拒绝价格，只要对方能勉强加价，你就会接受，在这种情况下，你可以透露你的BATNA。

二、重新考虑诉求空间

掌握起点、拒绝点、协议空间、替代方案、争取点这些基本概念对理解谈判诉求空间十分重要，但是仅仅考虑谈判诉求空间是不够的。

① 在有些教材中，拒绝点被称为保留点。这里的阅读资料来自：利·汤普森. 汤普森谈判学. 赵欣，陆华强译. 北京：中国人民大学出版社，2009.

学生讨论

一家美国公司L研发了一种新技术，用来探测地下储油罐的泄漏问题，这种新技术在精确度、快捷性和性价比等多个方面都远远领先于同类的相关技术。当时，美国环保局（U.S.Environmental Protection Agency，US EPA）公布了一些标准，要求对地下油罐进行不间断的检测，以保护地下水的供应。公司虽然没有帮助制定新的标准，但它以较大的热情关注着新标准的出台过程。新标准实施之后，公司深信自己已经稳操胜券，自己的产品不但技术过硬、价格便宜，而且还有政府的新标准支撑。公司技术人员开始与可能的买主进行谈判，可是让他们始料不及的是，在整个市场中他们只得到了一份订单，可能的买主绝大部分都不愿意签订购买合同。

讨论：问题出在哪里？

L公司仅仅考虑了卖产品这个简单的空间，出现了谈判失误。公司的案例给我们的启示是，好的产品也未必卖得出去，美国环保局规定了少量漏油是允许的。L公司的技术过于完美，它的用户担心过于完美的技术会导致出台更严格的操作规定，以及出现更为严苛的法律。L公司的技术人员过于专注本身业务，而忽视了对外部关系、外部市场的考量。显然，L公司应重新设定谈判框架，解决用户不愿意第一个安装L公司的产品、承担改装费用、提高监管成本的问题。L公司还需要进一步考虑如何打消用户的疑虑，如何建立和政府的良好关系。

对原有谈判进行重新设定是增加谈判可能性的常见思路。例如，某客户可能会认为自己在与重要供应商的谈判中处于不利地位，因为他只占了该供应商全部业务的很小一部分。然而，进一步的调查也许会发现，该客户的业务在该供应商的某家工厂的业务中或某特定部门的特定地域的市场中占有相当大的比例。尽管供应商的领导者可能认为该客户无关紧要，但业务部门负责人却极度看重该客户。这样的认知会重新界定客户的谈判诉求空间，客户可以通过加强与业务部门的联系来改变其在谈判中的不利地位，从而拓展其谈判诉求空间。

寻找BATNA是重塑价值空间的有效方法。假设电子公司H在与分销商P进行谈判时，P分销经营多个品牌的电子产品，并主导了某一大区的销售渠道，H公司希望P公司能扩大其产品的分销渠道。H公司规模较小，在谈判中感到有心无力。H公司跳出了与P公司一对一谈判的框架，在该地区的某些细分市场上为部分产品找到了可替代P公司的分销渠道。尽管这一替代战略会增加成本、减少收入，但却为H公司增加了谈判筹码，使H公司与P公司的谈判可以在更公平的基础上重新推进。最终，P公司不再提出要求和威胁，并表示愿意合作，H公司与P公司的协议空间就发生了变化。

寻找多项谈判间的联系也是扩大谈判诉求空间的一种方法。H公司可以考虑自身产品之外的一些资源是否会影响谈判。例如，在维修、服务等产品售后环节上是否可以和P公司合作，这样同时拓展了H和P两个公司的价值空间，增加了谈判成功的机会。

三、可能性前沿

图 2-2 只是一个简单的模型，可能会令谈判者产生误解，即 A 得到更多利益的唯一办法是从 B 那里拿走更多的东西，这种谈判可称之为分配式谈判。分配式谈判认为，谈判是一种利益分配的博弈，一方的收益同时便是另一方的损失。

强调双赢的整合式谈判不会是简单的分割馅饼，而是创造价值，也就是把馅饼做大。图 2-4 提供了谈判的可能性前沿的示例①。在该图中，每一个点都代表一种谈判结果，横纵两轴分别代表 A 和 B 的谈判诉求。图中向右的点代表了 A 的利益，图中向上的点代表了 B 的利益。虚线 C 和 R 是双方的拒绝点。如果双方没有达成协议，C 与 R 的交叉点就代表 A、B 所获得的收益。相对无协议而言，在 1、2 和 3 的点位，双方都获得了一定的收益。一般情况下，谈判会受到技术、资源和其他限制，收益将会在一定水平限制内实现，P 是 A 和 B 谈判获得最优组合的可能性前沿，点位 4 的情况不可能出现。

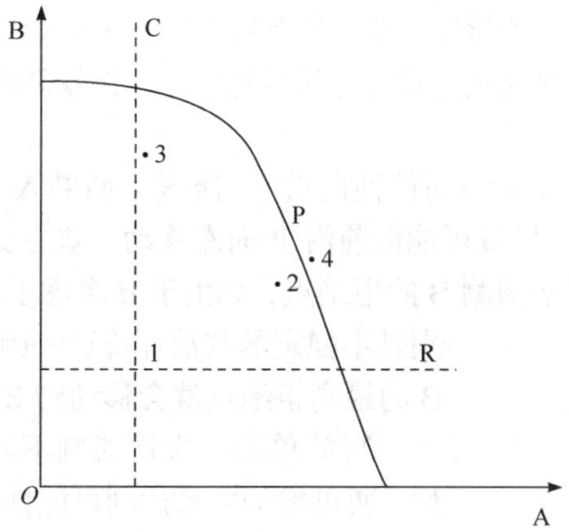

图 2-4　谈判的可能性前沿

在图 2-4 中，协议区已经由 C、R 和 P 限定，这是一个积极的协议区，假如 A 可以在 1 点上达成一个临时协议，这一点就为双方拓展谈判空间奠定了基础。如果谈判双方在 2、3 点达成协议，所创造的收益自然大于 1。图 2-4 说明了 A 和 B 可能创造共同收益，将谈判结果落在可能性前沿，即 P 上。P 代表 A、B 主张价值的曲线达到可能的最大值。在经济学上，这一可能性前沿被称为帕累托最优前沿。

需要指出的是，谈判与市场不同，谈判的结果受看得见的手操控，即谈判者的能力决定了谈判的协议点，而市场受看不见的手影响。谈判结果最终会落在图中 1、2、3 哪个点位和谈判者的能力息息相关。从点位 1 进入到点位 2，A 获得了大部分增加的价值，而对 B 来说，点位 3 的收益要超过 2 和 1。B 要说服 A 接受 3，这种诉求是以 A 的损失为代价的。

---

① 约翰·奥德尔. 世界经济谈判. 孙英春译. 北京：世界知识出版社，2003.

学生讨论

意大利经济学家帕累托提出，如果在经济活动中存在这样一种经济状态：在该状态中没有一个人能够在不损害他人利益的前提下，使自身利益仍有增加的余地，即人们没有共同增加各自利益的机会的状态，这时便是一种帕累托最优。帕累托认为，经济活动中的交易并不是从初始就是最优的，需要通过帕累托改进才能实现。不是所有的改进都能称为帕累托改进，只有在不损害他人利益，而使其他人境况变坏的前提下，有一个人或者更多人变好的时候，才能称之为“帕累托改进”。形象地说，当且仅当至少有一个人在Q′中的状况好于在Q中的状况，而无人在Q′中的状况劣于在Q中的状况时，从Q到Q′的过程便是帕累托改进。

讨论：请查找经济学中关于帕累托最优的文献，了解帕累托交易最优、生产最优的概念及帕累托最优实现的条件。帕累托最优常被用来说明经济达到了一种没有互利或互惠机会可能性的效率状态，那么应该如何看待谈判中互惠互利与帕累托最优的关系呢？如果社会上发生了不分享富人的财富，穷人就无法快乐，一些人的财富积累停滞而另一些人却极度奢侈的情况，这种状况也可被称为帕累托最优，你如何评价这样的帕累托最优？

并不是所有的谈判都会沿着可能性前沿方向推进。如果A方将拒绝点设定在1的位置，而B方无法回应A，导致可能性前沿P向左移动，双方交易无法实现2和3的利益。还有一种情况，A无法预测B的拒绝点，如由于B考虑了商务之外的其他因素，特别是不稳定的政治环境这一因素，R的位置是动态的，B的最高拒绝点就会移动到R′。

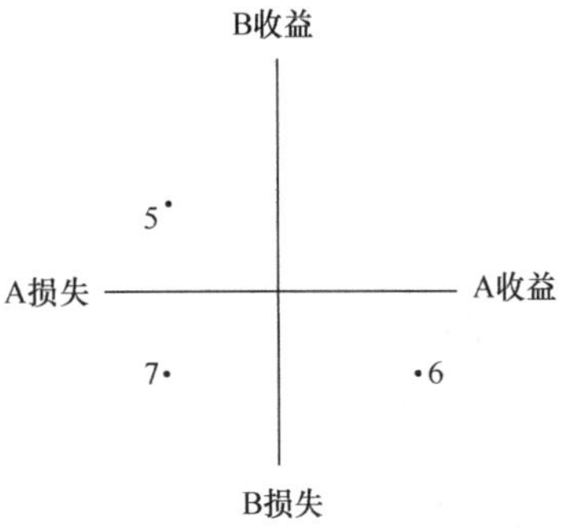

图2-5 更为复杂的谈判情形

与简单的一次性谈判不同，本书强调关系的重要性，通过维护关系达到可能性前沿的理想值，最终走向和合。图2-5展示了更为复杂的谈判情形。5和6是一方单赢。7是双输，这种情况通常发生在大动荡时期，各方选择了输-输的方式为竞争做一个了断。

谈判是谈判各方“给予”与“接受”兼而有之的互动过程，不是单方面的给予或者单方面的接受，事实上，单方面的“让”与“取”都不能被看作谈判。谈判的最佳情形是双方通过互动实现共赢。

四、诉求空间的拓展

人的需要是多层次、多维度的，成熟的谈判者会注意到多维度的需要，从而获得更大的谈判空间。

笔者并没有机会参与企业间的商务谈判，但对政府间的谈判和国际组织间的谈判较为熟悉。国际斗争十分激烈，往往导致国际组织、政府间的谈判久拖不决，涉及的问题甚至已经超过了谈判本身。传统谈判会受法律制度、文化、政治制度、经济形势等多种因素的影响。

WTO 的海虾海龟案说明了一场商务谈判会受到环境、立法等因素的影响。1998 年 5 月 15 日，WTO 专家小组发布了一个报告，认为美国禁止某类虾及虾制品的进口违反了关贸总协定，美国很快与马来西亚、巴基斯坦和印度等国展开协商，希望就如何执行 WTO 的报告进行讨论。该案起因是：1987 年，美国政府颁布法令，规定所有的虾网捕捞作业都要使用海龟驱除装置（turtle excluder devices，TEDS），如在近岸水域，所有 25 英尺①及以上的虾网要求使用海龟驱除装置，所有低于 25 英尺的虾网如不使用海龟驱除装置，其捕捞时间将被限制在 90 分钟内。1989 年，美国又在《濒危物种法》里增设了第 609 条款，号召商务官员应就有关海龟的保护和生存问题进行双边或多边协商，尤其要与可能对海龟产生不利影响的商业、渔业作业的国家进行协商。第 609 条款进一步指出，除非总统在 1991 年 5 月 1 日及以后每年向议会提出书面证明，证明捕捞国家有一整套调整计划并且其偶然伤害海龟的概率比美国小，否则使用可能对某些海龟产生负面影响的技术所捕捞的虾将被禁止进口到美国。

马来西亚等国认为，美国第 609 条款产生了贸易壁垒，于是请求 WTO 设立专家组审理此案。这场耗时的谈判已经从是否购买和安装海龟驱除装置延伸到环境问题，成为 WTO 历史上著名的贸易与环境案例。该谈判也引发了谈判桌外的普通公众、非政府组织以及海龟保护人士等多方群体的参与。

本书强调将商务谈判置于外部环境中去考察，把法律环境、文化环境和社会环境等因素纳入谈判视野，以扩大传统谈判的范畴。外部环境时刻影响谈判，如中国提出“一带一路”的倡议后，与“一带一路”共建国家的商务谈判增多了，这些谈判产生的直接原因就是政策性拉动，很多企业希望享受到政策红利。任何一场谈判都不是孤立的，谈判者应该从万物相连的空间中找到更多的谈判线索，进而找到更多的解决方案。

① 1 英尺=30.48 厘米。

第三章

和合谈判

中华民族在悠久的历史中，积淀和形成了自己独特而伟大的民族精神和民族文化，其中的“和合”文化源远流长。本书将谈判学的研究置于中华传统文化的历史维度中，思考我国的谈判思维路径，得出和合谈判的一系列概念和命题。

一、和合的内涵

和合是指自然、社会、人、心灵和文明等诸多事物的相互冲突、融合，在冲突、融合的动态变化过程中和合为新结构方式、新事物、新生命。和合是各种要素创生、发展成新事物的过程。

生产要素的和合会产生新产品，在古罗马，人们研究以下混合、整合的情形：①合伙人以同样的材料入伙，如两人出酒开一个酒铺或两人出银开一个首饰店。②两人以不同的材料入伙生产出新产品，表现为：一人出酒、一人出蜜，共同生产在罗马人生活中起保健作用的蜜酒；一人出金、一人出银，共同生产琥珀金。其中 1/5 的成分是银，4/5 的成分是金[①]。在罗马法的研究案例中已经涉及商务上的创生（如蜜酒的产生）、发展（如一起开店）、合作（如材料入伙）与所有权（每个人出资的情况）。从这些讨论中可以看到，罗马人认为新事物来自融合，并把这种融合的讨论引入到商务生活中。

和与合指两个或两个以上不同要素的融合、结合。“和”的本义是声音、音乐的和谐，后来引申出和睦、和善、中和等意思。合有相合、符合的意思，《说文解字》中提到，“合，合口也”。合口是嘴的上唇和下唇、上齿和下齿的合拢[②]。经儒释道三家研究发扬，和合侧重于表达自然、社会、人际、文明中诸多元素和合为新事物。

《国语·郑语》中的“夫和实生物，同则不继”讲的是“和合”，主张认同不同事物之间存在的差异，认为只有不同事物之间相互融合、相互协调，才能促进旧事物转化成新事物。和可以理解为“不同”的调和。冯友兰用做菜来说明：“如果你有水、有醋、有咸菜、有盐、有五香料，用来熬鱼，由这些东西产生出一个新的滋味，亦非咸菜味，这叫‘和’。而‘同’呢？就像水与水味一样的，或者是整个一个乐曲全是一个音符，这样就没有‘新’的生出来了。”[③]

和合承认差异甚至是冲突，差异与冲突是和合的因，和合是最终的果。和合文化既承认矛盾、冲突和差异，又解决矛盾、冲突。中华传统文化更注重和合，中华传统文化中的和合是心怀天地的大道追求，认为“万物并育而不相害，道并行而不相悖。小德川流，大德敦化，此天地之所以为大也”。

二、和合谈判的特点

在谈判学中引入“和合”的概念，就是借助和合思想，使商务谈判中的诸多矛盾能够在对立统一、相互依存中得到解决，达到一种平衡、和谐和合作的状态。谈判学的思维理念通常被限定在利益范畴中，本书在扬弃这一思维理念的基础上提出了“和合”概念，这是本书的创新。读者可以从以下几个方面理解和合谈判。

1. 正确看待差异、追求和合而生

谈判学主张包容、合作。谈判者之间存在利益冲突，对自己没有的东西有需求，这是谈判的因；谈判者之间呈现相互抱怨、伤害的状态，谈判者希望解决这样的冲突，这也是谈判的因。在和合谈判学的理论中，相互差异、对立的东西互济互补，追求通过谈判达到平衡、和谐的状态，从而产生新的和合体，扩大双方的利益范围。

对于政府间的谈判，和合谈判学强调国际社会是一个异质共存的社会，和合谈判学

① 徐国栋. 混合制度的罗马法起源、历史演变与中国《民法典》适用. 厦门大学学报（哲学社会科学版），2021（3）：114-125.

② 张立文. 和合学：21 世纪文化战略的构想. 北京：中国人民大学出版社，2016.

③ 冯友兰. 哲学的精神. 西安：陕西师范大学出版社，2010.

强调通过谈判解决利益冲突问题。中国提出了创建人类命运共同体的全球治理理念，这就是一种和合思想，强调尊重差异、求同存异、合作共生、共生共赢、各美其美、美人之美、美美与共、天下大同。

中国人将和合的重要性提高到生存之道的层次，讲求"和合而生""生生不息"。生生是天地间最基本、最一般的需求，"天地合和，生之大经也"。中国人关心天地发展变化的过程与状态，追求和合，其着眼点在于生生。何为生生？在和合谈判学中，生即是生存，生生就是发展。商务谈判的主体无论是个人、企业还是国家，其最终目标都是实现生存和发展。和合谈判学主张企业能够将竞争转向合作，使合作成为企业获利和持续发展的必由之路，主张去开创新的市场空间，创造新的生命力。可以说和衷共济、和合共生是中华民族的历史基因，也是东方文明的精髓。和合而生、和合共生是商务谈判想要实现的最终目标，也是中华民俗文明蕴育出的谈判智慧。

2. 正确看待利益，达成利益平衡是和合的基本内核

利益和合是个人、企业和国家实现生存、发展的基础，也是和合谈判的内核。从人与人的关系来说，利益和合既保障了不同人的利益，又扩大了共有利益和长期利益。利益和合是既尊重先天禀赋、抓住发展机遇，又倡导共同发展。利益和合不是利益平均，而是在差异中实现互补，在和谐中达到共生，在发展中获得共荣。

和合谈判学要求谈判者进行建设性的思考，创造性地解决不同利益主体之间的冲突，孕育一个既兼顾各方利益又优于现有组合的新事物。和合谈判学要求谈判者摒弃非此即彼的固定思维模式，更多地倡导各利害相关者在竞争中合作，寻找各种利益之间适度的平衡点，最终实现共赢。

和合谈判学将谈判视为一个动态的、开放的过程。和合的实现机理是从明确谈判责任开始的。在每一场谈判中，甲方承担的责任即为乙方获得的利益。由于每一方都试图以最少的责任换取更多的利益，即让对方承担更多的责任，所以和合谈判的过程表现为谁承担什么责任，承担多少责任。这样的谈判似乎是在谈不同，双方推来推去、谈来谈去，最后达到各方承担共同责任、相应义务的目的，于是谈判的和合状态就出现了。

利益是多方面的，具有和合思维的谈判者会在各种利益关系中寻求和合的可能。本书第七章介绍了国家和民族的整体利益,第十四章介绍了多边谈判中国家间的利益冲突，读者可以将各章融会贯通，思考和合谈判中的利益都有哪些。在第十五章的中欧纺织品谈判中，谈判背后的利益关系十分复杂，主要包括以下几点：①中国几千家纺织企业和纺织行业从业者的利益；②欧盟进口商和零售商的利益；③欧盟消费者的利益；④欧洲南部国家，如法国、意大利等国家的纺织品生产企业的利益；⑤其他向欧盟出口纺织品的国家的利益，如巴基斯坦等国的出口利益。读者在阅读第十五章中欧谈判的具体内容时，可以看到正是这些复杂的利益才驱动了谈判的争辩和进退。

和合谈判学不是简单地强调每次谈判都要有利益收获。第九章介绍了谈判的时间轴线，其中战略利益是指每次谈判所获得的带有长期性和全局性的利益。以第十五章的中欧纺织品谈判为例，在中欧纺织品达成的协议中，中国获得的战略利益有：中国企业获得稳定的、可预见的贸易环境；维持中欧战略伙伴关系；兼顾了对发展中国家的关切之情，体现了中国“与邻为善”的外交理念。在现实中，每次谈判总会有些遗憾，不可能实现全部的眼前利益。和合谈判学强调谈判者能够在眼前利益和战略利益之间做出取舍，要从战略角度出发追求长久的合作共赢。

3. 注重关系，建立和合战略思维

每一次的谈判如果以成功而告终，新的和合体出现，那么将使原来的差异、冲突进入一个新的阶段。随着环境的变化，新的差异、冲突又可能出现，循环往复以至无穷。和合谈判学通过谈判缓解双方矛盾，强调基于双方的关系进行谈判。维护好谈判者之间的关系可以获得以下好处：①减少谈判的不确定性；②降低交易成本；③建立谈判者之间的信任关系。

长期以来，西方文化和学术思想影响着谈判学的发展，受西方文化的冲击，使人们对和合重要性的认识不足。西方谈判学强调以实力和利益为基础的谈判，笔者通过对和合的初步阐述，将东方智慧融入谈判学中，希望建立起和合谈判学的基本框架。

和合谈判学是以关系为基础的谈判学。本书的创新之一是将“关系”概念引入到谈判学中，指出谈判关系的本质是自主权和合作性的取舍。本书强调在处理关系的过程中，找到和合力非常重要。这种和合力是基于和合理念提出来的，是能够促进关系走向的内在动力，这种力量能够帮助我们在人与人的关系中认清自我，学会如何与他人更好地相处。本书第六章分析了谈判者对关系的各种偏好，明确提出了具有中华传统文化内涵的和合关系，还提出了维护长期关系的谈判策略。

和合谈判的战略分析的内容不仅包括能够影响谈判的目前环境和今后发展的因素，还包括谈判的问题、人，以及人与人之间的关系等，以明确谈判的目标、立场和利益，制订谈判方案。在谈判战略制定和选择的过程中，和合成为一种价值观和思维方式，对方案的选择和战略的规划起着重要的制约作用。和合战略的根本意义在于通过“和合”制胜，战略的根本目的是赢得生存和发展的机会，简单来说就是，中国古代流传至今的“和气生财”。

4. 依靠规则，丰富谈判技术

和合谈判学包括对冲突、争端的研究。冲突、争端是谈判各方的相互对峙、冲撞的状态，是一种矛盾的状态。和合谈判学认为矛盾冲突多方面相互联系，你中有我我中有你，双方可以相互转化，进而可能走向和合。在罗马蜜酒的故事中，假设一个小偷盗窃了我的蜜酒，为防止被我发现，小偷把酒倒进了自家的大酒桶，我要求归还我的那部分蜜酒。这是一个“合”和“分”的故事，谈判在很多情况下是在谈如何分，即如何解决纠纷。阅读下面资料，看看罗马法学家对类似事情的看法。

学生讨论

罗马法学家彭波尼认为，如果两种同类性质的物被融合或者混合在一起以至于不能将之区分或者分割开来，那么不能要求对整个物进行返还，而只能要求对相应的部分进行返还。如果我的银块和你的银块被熔为一个银团，那么它将是属于你与我的共有物，我们中的任何一位都只能根据各自投入银块的重量所占的份额被授予要求返还的诉权[①]。

讨论：如果我的银块和你的铅块合成了新产品，新的混合物构成共有，但是很难将原初的物（银和铅）分离出来。在这种情况下，如果银块和铅块的所有者要求返还其原本应有的那部分，应如何处理呢？

罗马法学家对和合物分离的早期思辨将我们引入谈判的法律思辨之境。任何和合谈判都要有法律、规则的支撑。本书第八章谈到了谈判的法律环境，以使大家了解在谈判中法律的重要性。本书第十三章总结了中国政府参与商务谈判的经验，重点介绍了中国政府基于规则的谈判实践。在国际商务谈判中，规则的应用已经成为一把双刃剑，成为一种可攻可守的谈判工具。

三、从我做起，追求和合

笔者对和合谈判的讨论起源于笔者的一本英文著作[②]，在写作的过程中，笔者深入思考国际组织下的谈判为什么难以达成一致，为什么美国始终秉持赢家通吃的谈判思维。此外，笔者通过观察发现，在谈判中非道德行为非常容易发生。有些商务谈判者认为，只要不违背法律，谈判者可以为增加自己的利益而采取某些行动，谈判者的某些行为是被允许的，非道德的行为也是可以被接受的。比如，在明明知情的情况下说“不知道”，在自己做了微弱让步的情况下，称自己做了很大的退让等，这些都不算说谎，而是一种运用谈判技巧的策略。面对以上问题，笔者思考在现实中，谈判者会约束自己的行为吗？谈判者会追求共赢吗？谈判者会寻求和合吗？

在《沃顿商学院最受欢迎的谈判课》一书中，斯图尔特·戴蒙德将谈判行为分为四个层次。第一，迫使对方按照你的意愿行事。这包括使用威胁、暴力等手段，还有赤裸裸利用自身的实力来迫使对方做某事。第二，让对方按照你的思路思考。让对方从你的想法中看到合理的利益，这个层次也被人们称为“基于利益的谈判”。第三，让对方理解你想让他们理解的观念，说服对方改变观念，这是进行成功谈判的正确起点。第四，让对方感受到你想让他们感受的。当对方意识到你在意他们的感受时，他们就会更愿意倾听，也就更容易被打动、被说服[③]。斯图尔特·戴蒙德的层次论强调，谈判者应具有更高层次的谈判能力，这种能力要求谈判者达成一种理念上的共识，这种共识会让人们摆脱传统商务谈判的思维束缚，从而找到合作之路。

在谈判中找到和合点并不难。在饥荒中，人们很可能会出于道德良知而让渡有限的粮食；在激烈的谈判过程中，如果有人建议大家停下来，保持安静，冥想一下未来，这个方法可能会缓解谈判中的紧张气氛。英国管理学家查尔斯·汉迪希望找到一种更为优秀的管理理论，不仅计算物质成本，也考究它的真正价值。他说：“拯救这个人类世界

---

① 徐国栋. 混合制度的罗马法起源、历史演变与中国《民法典》适用. 厦门大学学报（哲学社会科学版），2021（3）：114-125.

② Cheng D W. Trade Governance of the Belt and Road Initiative：Economic Logic，Value Choices，and Institutional Arrangement. London：Routledge，2018.

③ 斯图尔特·戴蒙德. 沃顿商学院最受欢迎的谈判课. 杨晓红，李升炜，王蕾译. 北京：中信出版社，2013.

别无他法，惟有靠人心，人的反省力、人的顺从心与人的责任感。若是全世界人类无法下定决心找回自觉，一切皆不会改善，这个世界终将迈向无法避免的大灾难。”[①]这些思想都带有一定的和合认知。

学生讨论

大学同窗A和B，B的家庭贫困，因无法支付学费拟退学，A默默地和学校联系，帮助B支付了学费。B性格内向，不愿意主动和同学交往。多年后，B才知道A当年的帮助，主动联系A，两个人成为好朋友。请讨论A和B成为朋友的关键因素是什么。

有人认为和合谈判有可能只是一种幻想，并不是所有的谈判者都可以达到和合境界。的确，很少有谈判者能够抵达和合之境。但是，谈判者达到某种程度上的和合状态并非只是一种幻想，例如，如果没有阶段性的和合，任何谈判都无法维持。另外，每个谈判者虽然具有不同的背景，但对某些事物会有天然的共识。例如，讲真话可以放之四海而皆准，而撒谎则被视为不良行为。谈判者如果都认为撒谎是不良行为，那么，谈判就容易走向和合。

谈判者可以从我做起，寻找达成谈判和合共识的可能。有些共识是一种常识，是谈判者在互动过程中所有交流、行为规范、道德约束的总和。谈判者在大量的谈判实践中形成了很多的基本共识，如在政府间谈判中，国家间相互承认以及保证对等是一种基本共识。

在国际商务谈判中，谈判者至少要具备以下认知。

（1）商务谈判可以遵守箴言。西方商业界的一句箴言是：“你愿意别人怎么对待你，你就怎么对待他人”。我国很早就有这样一句金箴，即“己所不欲，勿施于人”。对这句话的通俗理解就是，自己做不到，便不能要求别人去做到。谈判者在无法做出价值判断时，最简单的方法就是以对待自身的行为标准来对待他人。

（2）谈判者应遵守职业道德。谈判者应具有职业道德，职业道德不是普遍的道德原则，而只适用于专业人士。在不同文化背景下的商务谈判中，谈判者职业道德的内涵可能不同。中华传统文化强调礼、诚、信。礼，即礼貌待人，处事有修养，使对方感到被尊重。诚，即光明正大、诚心诚意，谈判者不应有不可告人、损人利己的谈判目的。信，是指谈判者要言而有信。事实上，中华传统文化语境下多数谈判者都是按照这一标准要求自己的。本书第六章研究了关系，讨论和合、和合力以及关系场等概念，指出走向和合需要营造正能量谈判场。本书第十三章介绍国家间的商务外交谈判，并重点介绍双层博弈论。有许多学者试图寻求突破，将谈判引入更高的境界。例如，海伦·米尔纳把双层博弈论向前推进了一大步，把“观念”和“信仰”的概念引入到博弈过程中，同时把博弈过程从单纯的理性计算转向回报，认为达成合作取决于决策者的认知。

① 查尔斯·汉迪.饥饿的灵魂. 赵永芬译. 北京：中国人民大学出版社，2006.

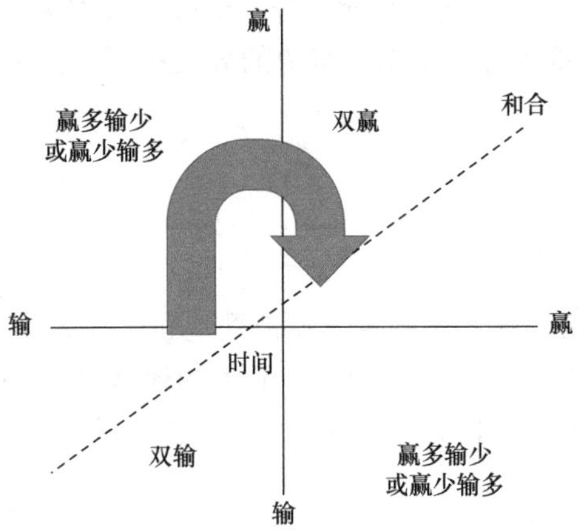

图 3-1 和合谈判

（3）长期战略认知。具备和合理念的谈判者不以一次谈判的输赢来决定存亡，而是将谈判置于时间轴线上加以拓展，重视未来视角下的合作。和合谈判具有较强的稳定性和持久性。在和合谈判中，时间十分重要，通过时间轴的拓展，谈判空间能够得到拓展，谈判由此有了更多的战略含义。人们常说时间可以治愈一切，在和合谈判中，人们有机会调整关系及战略，最终走向合作（图 3-1）。在第九章，我们从战略角度解释了长期合作的可能性。在和合谈判中，谈判者的努力方向是图 3-1 中的和合方向。

学生讨论

帕累托最优常被用来说明经济达到了一种没有互利或互惠机会可能性的效率状态。那么，什么样的条件能使人们决心形成双方利益绝对挂钩的关系呢？

中国和合文化可以给出答案。和合就是在差异中寻找并且建立互相利益最大化的协作关系。其中的关键的论点包括两个方面：第一，事物之间的和合是其中任一事物能够生存的必要条件。一种东西单靠它自身不可能生存，任何一种东西都不得不与另一种东西互相依靠而共存，于是，共存（co-existence）成了存在（existence）的先决条件。第二，各种事物只有互相配合才能使其中任一事物发挥其最大价值，事物之间或人之间的互惠关系将使其中任何一方的利益都得到增加，并且这种增加可能大于任何其他可能的情况。经典表述是："和乃生，不和不生。"与帕累托改进相对应，我们提出孔子改进的概念，其内涵是自己活当且仅当他人活（live if let live），自己发达当且仅当他人也发达（improve if let improved）。博弈中的每一方当且仅当对方获得利益增量时，其自身才能获得增量。

讨论：结合经济学和中西方文化的知识，对比分析孔子改进和帕累托改进的不同。

模拟谈判

L 公司从事房地产开发业务，在京津冀地区均有地产投资，公司刚刚在京津冀交会地带花费 4000 万元买下一块地，准备开发。根据行业专家的评估，这块土地的价值已经涨到 4800 万元，如果投资建设写字楼或商业楼宇，地产的价值会继续增高，专家们估算投资商业楼宇的价值是用于开发民居（如公寓楼）的价值的 1.5～2 倍。可惜的是由于该地区涉及三个政府部门，有的政府部门禁止建设商业楼宇，这一政策为房地产开发带来了困难。

L 公司收到了 C 公司的问询函。C 公司计划投资建设公寓楼，投资额大约 1 亿元。

C公司态度诚恳，但投资报价偏低，L公司希望能在该方案的基础上再将价格提升10%～15%，因此L公司不能马上做出回应。

L公司注意到另外一家B公司早有投资该地区的计划。B公司是一家中型房地产公司，有丰富的地方投资经验，在国家提出建设京津冀经济发展圈后，B公司准备在京津冀交会处打造高级商住两用社区。虽然B公司并没有和L公司联系，但B公司的意愿早已被当地地产界知晓。

L公司派出部门经理接触了B公司，B公司没有给出积极的答复，声称自己的项目大约要花费2亿元，需要谨慎选择合作伙伴。

L公司如果和B公司的谈判最终破裂，L公司就会转头去接受C公司的方案，而不会继续等待。而此时，C公司声称他们的方案在一周后将作废。

L公司的底线是B公司接受的最低报价。那么这种报价有多低呢？如果谈判陷入僵局，L公司可能会转而与C公司交易。C公司报价1亿元，这是L公司的底线吗？不太像。因为L公司可以在和C公司的谈判中继续提升价格，或许在C报价的基础上再涨10%～15%。最终哪些因素会决定L公司的底线呢？

L公司认为，B公司会投资计划中含有高级商用设施的项目，所以这块地对B公司的价值比对C公司的价值要大。那么如何确定B公司的交易底线呢？

模拟谈判要求：将学生分为三组，分别作为L、B和C公司的高级经理。根据以上背景资料，各公司研究谈判的协议空间。

第四章

议　　题

议题是谈判的内容，是指谈判双方共同关心并希望解决的具体问题。问题的产生是谈判的起因，问题有时会被设置成谈判的议题，成为谈判的核心内容。谈判的第一步就是确定议题，以便谈判各方能够判断各自的需要，通过协商而争取达到意见一致。议题是对问题的归纳，是经过梳理、选择而确定下来的放在谈判桌上的问题。

许多谈判者会错误地认为谈判的议题只有一个，通常这个议题就是钱。事实上，在绝大多数的谈判中，亟待解决的议题不止一个，谈判者只有清楚了解这些议题，才能拨云见日，也才能通过巧妙设置议题来实现谈判目的。

一、明确问题

1. 明确问题本质

确定议题前，谈判要明确谈判者面临的问题是什么，谈判要解决哪些问题。有的时候，争端产生后人们会陷入困境，像是误入迷宫，来回兜着圈子，怎么走都绕不出来，不知道问题出在哪里。明确问题所在，就是要寻找谈判的实质内容。在摸不清问题的情况下展开谈判，会出现事倍功半的情况。讨论下面故事中 W 是如何界定她面临的问题的。

学生讨论

K 和 W 是某公司的平级同事。K 不喜欢加班，他总是想方设法躲避最繁杂的项目，而这些项目最后往往会派给 W。W 觉得 K 没有承担分内的工作，把难做的活儿都推给了她。她试过礼貌地与 K 谈起这个问题，但是，K 总是摆出一副不好惹的样子，让 W 别管那么宽，说他什么时间下班不关 W 的事。W 告诉 K，大家对他有意见，而且让人看见他那么早下班会影响他的口碑。K 却认为他完成了工作，所以不会有问题。W 试图劝 K 考虑其他同事的想法，大家都在努力工作，而且大家都想早回家，W 认为 K 应该考虑一下别人的工作负担，不能只想着自己。

W 将自己的抱怨反映到了他们的部门经理那里，可是经理不在乎。经理说她尽量平衡大家的工作负担，还说只要 K 完成了自己的工作，她不管 K 什么时间下班。经理的话道理上说得通，但实际上行不通。一个项目需要花多长时间并不总是一清二楚的，可能需要 2 个小时，也可能需要 8 个小时，只有深入做下去才会知道需要多长时间。W 觉得委屈，但是并没有直截了当反驳经理。W 认为经理戒心重，有时候还会报复“捣乱”的人。W 不想当团队里的“牢骚大王”。W 问经理她是怎么决定谁做哪个项目的，经理说没有一定之规，她是看谁最近没分到任务，就把新任务给谁。经理好像不乐意被质疑，所以 W 就不再谈这个话题了。

W 觉得自己斗不过办公室政治，只好承认不是每个人都会在意团队合作，然后尽可能地把这件事抛到脑后去。W 有时安慰自己说：“如果非得加几个晚上的班，那就加呗。”

讨论：W 所面临的困惑有哪些？本质是什么？W 应该和谁谈判呢？

W 的例子太平常，每个人在工作中都会遇到类似的问题。问题往往很多，但并不都能成为谈判的议题。确定谈判议题是一门大学问。W 的抱怨中包含三个方面的内容，即工作安排、领导态度和同事攀比，这三方面的抱怨使 W 在工作中陷入了困惑。你认为 W 三方面的抱怨是否可以归纳成一个本质问题，然后再去谈判？谈判的第一步就是要明确我希望解决什么问题。谈判者可以主观感受到相互关联的不同事物，进而对事物加以描述。但是，谈判不应该仅仅停留于感性认识，而应在感性认识的基础上，通过分析、综合和概括等手段，把个别中的一般、特殊中的共性抽取出来，进行概括，进而找到需要谈判的问题的本质。当然，有时谈判者会以自己的视角和思维逻辑来概括问题，但是得到的结果未必是问题的本质。

2. 明确问题的方法

本书介绍四种方法，具体内容如下：

（1）寻找事物的本质。“事物的本质”是一个古老的概念，包括“先天规定性”“物性”“物之内在秩序”等含义。中国古代常说的“道”，也有这个意思。

任何事物都有其本质。在法学领域，法学家们将“事物的本质”视为判决的依据之一。古罗马的一个案例中，一个小伙子要离婚，但是他的岳父不同意，几经谈判均无效，小伙子找到长老仲裁。长老认为在离婚案件中，夫妻是本质关系，他人无权干涉，小伙子获得了离婚的权利。这一案例说明，生活关系中包含着内在秩序和自身标准，这种秩序反映了事情的本质。

在谈判领域，谈判的内容会呈现不同的表象，谈判的前提是要努力通过观察和经验去触及所谈内容的本质，然后再有针对性地提出观点。婴儿在饥饿、生病的时候都会哭泣，如果不摸清本质就不能满足婴儿的真正需求。青春期的孩子会以极端的方式表达自己的意愿，对某一具体事物进行反抗，如果家长仅仅就事论事地责备孩子，根本无法解决孩子青春期的烦恼。在 W 的案例中，W 将抱怨指向了同事 K，这与婴儿以哭闹表达自己的需求一样，并没有恰如其分地指出问题所在。

（2）抓住核心利益。任何谈判都是关于利益的谈判。在众多谈判利益中，核心利益决定了谈判的性质。我们以国家核心利益为例来说明。2018 年 3 月 22 日，美国贸易代表办公室公布《中国贸易实践的 301 条款调查》（简称“301 报告”）[①]，认定中国政府在技术转让、知识产权和创新相关的政策和实践方面是“不合理或歧视性的，对美国商务形成负担或限制”。2018 年 5 月 3 日至 4 日，时任国务院副总理刘鹤与美国总统特使、财政部部长姆努钦率领的美方代表团开始谈判。谈判开局，美国采取“疯人战略”，对中国漫天要价。中国的一些媒体评论指出，美国一些人依然还抱着一些不切实际的幻想，一些不切实际的要价。美方要求减少一些贸易逆差，虽然顺差逆差是市场选择的结果，但中方本着顾全中美关系的大局，表示可以理解。但是，美国要求中国政府不要支持“中国制造 2025”等方面的内容，这一要求就早已超越贸易范畴了。中国代表团拒绝了美方的无理要求，中国的一些媒体指出，这些过分要求，是冲着扼杀中国未来的发展空间而来的，被中方拒绝也是理所当然的[②]。2018 年 6 月 19 日，美国白宫发布了题为《中国的经济侵略如何威胁到美国和世界的技术和知识产权》的报告。报告称中国经历了快速的经济增长而成为世界第二大经济体，但这种增长在很大程度上是通过激进的行为和政府政策推动实现的，是经济侵略。美国政府悍然用“侵略”来定义一个国家的经济行为，这在二战后历史上是罕见的[③]。2018 年 7 月 6 日，美国率先对中国出口美国的部分商品加征关税，中国对此予以反击，征收美国某些产品的关税，中美贸易争端正式开始[④]。这

---

① Office of the United States Trade Representative Executive Office of the President.Findings of the Investigation into China's Acts, Policies, and Practices Related to Technology Transfer, Intellectual Property, and Innovation Under Section 301 of the Trade Act of 1974. https://ustr.gov/sites/default/files/Section%20301%20FINAL.PDF.

② 根据相关媒体资料自行整理。

③ 程大为.央视：请美国白宫解释一下什么是经济侵略.https://www.guancha.cn/internation/2018_07_15_464203_2.shtml，2018-07-15.

④ 根据相关媒体资料自行整理。

场贸易争端的规模是中国历史上最大的，美国漫天要价的议题众多，如何界定这场贸易争端的本质呢？是中美大国竞争，制度竞争还是简单的贸易问题？中国在谈判中的让步应最终停在哪个层面上呢？在议题众多的谈判中，捍卫国家核心利益的方法可以帮助界定谈判的本质。美国的谈判内容虽然涉及关税等一系列问题，但不构成核心问题，美国更关心知识产权保护和高科技部门的产业政策，这说明美国希望遏制中国的竞争力才是此次谈判的关键。一旦明确了谈判关键所在，中国就可以抓住谈判的核心。

2011 年 9 月，在《中国的和平发展》白皮书中，中国政府首次阐明了国家核心利益的基本内容为："中国坚决维护国家核心利益。中国的核心利益包括：国家主权，国家安全，领土完整，国家统一，中国宪法确立的国家政治制度和社会大局稳定，经济社会可持续发展的基本保障"。从国家核心利益的概念阐述可以看出，它在整个国家的对外关系中居于核心地位，因为无论涉及何种议题的谈判，一旦触及核心利益就触及谈判的本质。

学生讨论

20 世纪 90 年代初期，上海的房地产市场处于初期发展阶段，假设在一次上海市小型国营集体企业拍卖会上，浙江某公司以 145.1 万元竞买到了六家小店铺，总面积仅 112 平方米。如果把这场交易当作经济交换，那么它就是一次得不偿失的买卖。但是，该公司醉翁之意不在酒，他们企图以此举显示自身的实力，在上海以至全国引起轰动，提高知名度。

讨论：如何看待浙江这家公司在此次交易中的核心利益。

（3）找到中立观察的机会。谈判者往往低估其他谈判方与己方一致的程度，认为谈判是一种零和博弈。而非谈判方在判断谈判方议题的兼容性时，可以做出相对准确的判断。谈判双方对谈判的主观臆断往往会使判断准确性丧失殆尽，中立观察可能会提高判断的准确性。谈判者常见的错误就是从自己的立场出发，低估谈判双方的共同利益，并随着谈判的紧张进行，不断强化自己的偏见，最终做出极端的选择。修正谈判者的偏见，让其回归到谈判的本质利益上十分重要。谈判者可以邀请一位处于中立状态的顾问，这个顾问应该是谈判领域的专家，并独立于谈判代表，他可以私下与谈判方交流自己的判断。在国家间的商务对话开始之前，可以委托智库或者技术工作组，与对方谈判者进行接触，做出独立的判断，对谈判议题的性质做出分析，寻找谈判双方的共同利益。

（4）提炼概念。概念是反映事物本质和内在联系的基本要素。谈判者应该培养自身抓住事物本质的能力，这种能力集中反映在概念的提炼上。例如，在技术转让的谈判中，卖方往往主张以产品提成的方式得到更多的回报，卖方的理由是：我给你提供了技术，我失去了市场。但是，在"技术转让"的概念范畴中，购买技术本身已经包含了买方对卖方付出的回报，不存在额外的提成问题。因此，技术转让的谈判应围绕提供了什么技术及应支付哪些费用这一核心问题进行。

提炼概念是一种常见的国际商务战略。以咖啡为例，咖啡的概念多次被提炼并被赋予了各种内涵，从而产生了不同的商务机会。原产于埃塞俄比亚的咖啡，经由红海被传到了阿拉伯半岛，直到 10 世纪，人们还都只是将咖啡豆煮水，用来入药。到了 13 世纪，人们终于发现，咖啡豆烘焙后会有特别的香气和风味，咖啡才作为饮料流行起来。16 世纪，喝咖啡的习惯从阿拉伯半岛传播到了土耳其，进而传入欧洲。喝咖啡成为一种习惯，并迅速风靡欧洲各国，这一风潮促使咖啡馆诞生，而咖啡馆又成为人们交换意见和信息的固定场所。17 世纪，伦敦港的一家咖啡馆——劳埃德咖啡馆发展成为船舶保险公司。当时的航海活动充满了各种危险，人们希望在发生不测的时候能够规避一些经济风险，因此对保险的需求逐渐增强。船主、保险从业人员和商人经常聚在劳埃德咖啡馆进行海上保险交易。店主劳埃德去世后，从事保险交易的人们就将这项保险业务从咖啡馆中分离出来，成立了船舶保险集团，也就是劳埃德公司。在咖啡的故事中，咖啡起初的概念是药材、饮料，后来又逐渐演化出咖啡馆、保险公司等新概念。假如现在有一个关于咖啡买卖的谈判，如何赋予咖啡内涵，从而获得更多增加值，应该是谈判的关键。

学生讨论

人的本性，就喜欢好的感官体验，要达到这种体验，人们甚至会做一些疯狂的事情。星巴克咖啡将自己的产品提炼成两个字：体验。星巴克认为自己卖的不是咖啡，是体验，产品的定位是对咖啡价格不敏感的消费者，通过提供咖啡店内的消费体验而获得利润。

讨论： 对概念进行抽象、赋予其特有的含义是否能帮助谈判者界定谈判的边界呢？

二、创造议题空间

谈判是一种高级的、复杂的智力竞争活动。在抓住谈判问题的本质后，多数谈判并不会直接切入到本质，进行开门见山的讨价还价。各种谈判术会让谈判的智力竞争活动变得复杂多变，具体表现在五花八门的议题设计上。

现在，我们从抽象思维走向实践。下面介绍几种对谈判议题进行战术性设计的方法，对议题的战术性设计就是在设计谈判框架。

1. 议题分解

谈判者明确了谈判问题的本质就是对谈判有了定性的判断，要达到谈判目的，还需要进行策略上的框架设计。分解议题就是将谈判的各种子问题、因素进行个别的、精准的思考，将其进行分门归类，进而制定谈判的整体框架及推进细节。例如，一次跨国并购的商务谈判，对并购的定性评估是要明确并购的本质目的，是为了获得技术还是为了获得市场？双方的共同利益在哪里？明确并购本质后，双方开始讨价还价，这个时候会涉及财务风险、市场评估、价格、标准、劳工等多个方面的议题，谈判者可以将一个大型的并购谈判分解成几个部分。

分解议题可以直接服务于不同的谈判设计：第一，可以通过分解议题形成谈判矩阵，根据谈判策略的设定逐一抛出议题；第二，可以通过增加议题的方式扩大谈判空间；第三，可以通过减少议题的方式选择重点问题进行突破。

请阅读下面吉利收购沃尔沃的案例，将吉利与沃尔沃的谈判议题进行分解并逐一列出。

学生阅读

吉利收购沃尔沃

2007 年 9 月 ，福特美国总部收到一封挂号信。这封英文信是李书福从中国杭州发出的，李书福在这封信中正式阐明了吉利收购沃尔沃的想法。此前，在一家美国咨询公司的帮助下，李书福曾会见了当时的福特汽车首席财务官勒克莱尔。双方讨论了包括收购沃尔沃在内的诸多问题，没有达成任何结果，福特根本不理睬李书福。

吉利汽车母公司浙江吉利控股集团有限公司建立于 1986 年，总部设在中国杭州，业务涵盖汽车研发、设计、生产、销售和服务整条产业链。自 1927 年第一辆沃尔沃汽车下线以来，“沃尔沃 ”这个品牌已响彻全球 80 余年，总部设在瑞典哥德堡的沃尔沃汽车公司，在全世界超过 100 个国家设立了销售和服务网络，拥有 2400 多个销售点。1999 年，福特汽车以 64 亿美元收购了沃尔沃汽车，但 10 年后，全球金融危机爆发，沃尔沃汽车 2006～2008 年销量逐年下降，连续亏损。

2008 年全球金融危机后，福特汽车决定出售沃尔沃汽车，此时，沃尔沃的价值是福特汽车收购时所付 64 亿美元价格的一半。但是，即便打个半价，收购沃尔沃对吉利来说也并不容易。如果吉利收购沃尔沃采用杠杆收购的方式 ，而杠杆收购存在很大的后续运营风险，具体表现为可能存在后续运营资金不足的风险。据盖世汽车网提供的沃尔沃和福特 2007～2009 年的财务数据，沃尔沃连续 3 年亏损，2008 年第四季度，沃尔沃当季亏损额一度高达 736 亿美元。沃尔沃全球销量快速下滑，导致其自身经营处于持续亏损状态。在销量恢复之前，吉利汽车必须承担沃尔沃在接下来几年里可能出现的经营亏损。这意味着，吉利不但要有收购的财力，而且要有在收购后对沃尔沃持续注资的能力。

福特 2008 年 12 月份开始拍卖沃尔沃，摩根大通负责处理相关事宜。福特首席财务官布斯认为，考虑到当前环境，拍卖沃尔沃将是一个很漫长的过程。2008 年 12 月福特 CEO 桑顿开始认真考虑吉利的提议。2009 年 10 月，福特汽车公司对外正式发表声明称 ，吉利汽车在沃尔沃收购谈判中为首选竞购方。

在福特公布吉利成为旗下沃尔沃部门的首选竞标者之后，瑞典政府马上表示对此十分欢迎，瑞典政府目前最关注的是将沃尔沃的工厂留在瑞典，以保证当地工作岗位不丢失。

2010 年 3 月，吉利以 18 亿美元获得沃尔沃 100%股权，收购成功。吉利集团董事长李书福和福特汽车公司首席财务官刘易斯 · 布思在哥德堡沃尔沃轿车总部签署了协议。李书福在协议签署仪式上说：“作为全球最大汽车市场，中国将成为沃尔沃轿车的第二个本土市场，沃尔沃轿车将在发展迅速的中国释放巨大的市场潜力。”吉利计划利用中国市场的消费潜力及低劳动力成本，使沃尔沃汽车公司在 2011 年前扭亏为盈。福特汽车公司总裁兼首席执行官艾伦 · 穆拉利认为，为了确保能平稳过渡，在交易结束之后，福特汽车将继续与沃尔沃汽车在多个领域内进行合作，但不会在沃尔沃汽车业务上享有任何所有权。李书福认为，18 亿美元仅仅只是付给福特的钱，而经营沃尔沃大致需要 30 亿美元。

吉利与沃尔沃是属于不同层次的汽车企业，沃尔沃拥有当时国际车坛“全球化”水平较高的管理团队以及高端的品牌和技术，而吉利作为一家长期生产低端车的私营企业，无论是产品制造能力、品牌管理还是运营经验都与被收购方——沃尔沃之间存在较大差距。

吉利收购沃尔沃，有强烈的技术和品牌动机。汽车的竞争关键是技术竞争，如果中国汽车企业无法突破技术难题，只是凭借低劳动力成本的比较优势，就只能获取较少的利润，且无法在高端品牌里生存。收购国外品牌是汽车企业快速发展的捷径。吉利一直给消费者一种低端制造的印象，收购沃尔沃有利于突破品牌发展瓶颈。

收购后，11 月 5 日，沃尔沃-吉利对话与合作委员会成立，该机构成员包括吉利方面和沃尔沃方面各 4 人，而在这 8 名成员外，李书福亲任这一机构的主席。该机构每年举行两次会议，是吉利和沃尔沃战略对话的谈判机制。虽然吉利和沃尔沃已经成为一家，但发展的战略如何确定、如何经营，仍需要委员会进一步商讨。

资料来源：根据众多资料，自行整理。

2. 议题挂钩

议题挂钩是指不同议题之间的联结和交换，也就是在一次谈判中同时将多个议题列为谈判主题，作为备选方案供谈判者讨价还价并达成妥协性安排。在商务谈判中，谈判者的优先关切事项是不同的，为了增加谈判筹码、寻找交易机会，议题挂钩经常被使用，如将政治问题与经贸问题挂钩。

我们可以将学者们关于谈判议题如何挂钩的研究总结为“成本收益说”“相互依存说”“长期关注说”。

成本收益说的核心假设认为，在不同议题领域存在不同的利益结构，巧妙安排层次优先次序，为进行议题挂钩开辟了空间。谈判各方为增加自己的优势或为打破谈判僵局，通常会把不相关或者相关问题引入到谈判议程中来，从而使对某一议题不满意的谈判方设法在另一个议题得到其所期待的结果，消除他们的不满，达成合作。因此，议题挂钩本质上是谈判者之间成本与收益的重新分配。成本收益说认为，谈判各方为了尽可能实现自己的最大利益，都试图将自己某一个领域的优势延伸到其他领域。此外，当谈判各方因为利益分配使谈判陷入僵局时，议题挂钩还可以为谈判各方的实际合作提供新的机会。

相互依存说认为，议题之间相互依赖虽不是影响谈判效果的充分条件，但却是进行议题挂钩的前提。议题挂钩作为一种谈判工具，指的是谈判方在议题之间进行利益交易。谈判各方相互依存是议题挂钩的前提。随着全球化程度的加深，国际商务活动的相互依存程度越来越高，大部分谈判均建立在相互依存的基础上。

长期关注说认为，谈判者对长期关系建设的关注是影响议题的一个重要因素。任何单个谈判都是塑造谈判相关者间关系的组成部分，而对国家及更长远关系建设的关注，也会成为选择议题挂钩的动力。

议题挂钩表面上是不同议题之间的互换，实质上则是不同利益的交换。议题挂钩可以被通俗地表述为：“如果你给予我 A，我会或将会给予你 B”，或者相反，“如果你不给予我 A，我也不会或将不会给予你 B”。

议题挂钩是多边政府间谈判最常见的策略之一。在多边贸易谈判中，谈判可以被看作一个市场，是各个国家在互惠基础上进行的市场准入承诺的交换。它是一个易货市场，与人们生活中的市场相反，各个国家并没有交换的媒介：对于贸易政策，他们既没有钱买，也没有钱卖。代替的办法可以通俗地比喻成他们要用苹果就需要用橙子来交换，现实中就会用钢铁的关税减让来换取纺织品国外市场的准入。本书第十四章会介绍乌拉圭回合谈判，这个回合的谈判就是利用议题挂钩完成的，请读者结合第十四章的内容理解议题挂钩的知识点。

挂钩的优势在于使谈判更有效率。譬如，如果 A 和 B 两个议题是谈判主题，谈判者在针对各个议题进行单独谈判时，谈判者只会选择对其有利的议题，其结果是要么不欢而散、无果而终，要么只能就 A 或者 B 达成协议，二者只能择其一。如果采取挂钩谈判策略，将 A 和 B 作为一揽子议题进行交叉谈判，谈判者谈判的内容将扩大，方便谈判者出于自身利益的考虑做出妥协，其结果是 A 和 B 可能被同时谈判，获得一个合作范围更广阔的协议。

不同谈判者在不同议题领域存在不同的利益结构，不同谈判者对各种议题的优先排序不同，这就为进行议题谈判开辟了更多维度的空间。谈判各方为发挥自己的优势或为打破谈判僵局，通常会把不相关或者相关议题引入到谈判议程中来，从而使对某一议题不满意的一方设法在另一个议题得到其所期待的结果，从而消除他们的不满情绪，最终达成合作。

挂钩也可能成为谈判中的一种威胁策略，最常见的是贸易与政治挂钩。在冷战时期，美国在对苏联的粮食出口中就采用了挂钩策略，将贸易问题与石油问题、人权问题挂钩，通过相互“挂钩”的方式以绑定经济交易和政治交易。将贸易与人权等问题挂钩，实际上是议题的扩大。这个策略通常会面临风险，即谈判的难度被加大，尤其是在对抗性的谈判中，会增强谈判者拼死一战的决心。

学生阅读

1975 年，美国开始了与苏联的粮食贸易谈判。7 月，福特总统访问苏联时向勃列日涅夫提出了“粮食换石油”的可能性，勃列日涅夫对此表达了兴趣。然而这次会谈并没有涉及石油价格折扣的问题，苏联非常重视同阿拉伯国家石油输出国的盟友关系，背弃阿拉伯国家，向美国出口廉价石油，对苏联而言不是一个可以挂钩的领域。为了敦促苏联进行挂钩谈判，美国暂时中止了对苏联的粮食出口。9 月，以副国务卿查尔斯·罗宾逊为代表的美国官员开始与苏联代表就美苏粮食贸易协议展开谈判，但是在粮食贸易与石油贸易挂钩的问题上，双方的谈判却陷入拉锯战之中。罗宾逊以粮食为筹码，声称如果苏联不在石油问题上让步，美国就无法供应更多的粮食，而苏方代表坚持石油问题不能与粮食问题挂钩，而且这一立场丝毫也不能动摇。10 月，苏联在世界其他粮食出口国不断收购粮食，苏联谈判代表直言不讳地向罗宾逊表达这样的信息：苏联并不惧怕美国的粮食禁运。此时，福特总统担心因为粮食禁运失去国内农业利益集团的支持，最终放弃了贸易禁运令，在随后的《美苏粮食贸易协定》中也没有包含任何关于石油贸易和价格折扣的内容。

资料来源：徐振伟，左锦涛. 冷战中后期美国对苏联的粮食外交与美苏博弈. 当代世界社会主义问题，2019（2）：151-159.

3. 阶段性安排

一项谈判可能涉及多个议题，有的议题好谈，有的议题不好谈，这个时候，可以将议题按照时间序列进行排序，逐一进行解决。阶段性安排策略是促使谈判持续创造价值空间的策略。例如，A 公司希望购买 B 公司的新产品，谈判方案包括产品的功能、性能指标、价格和市场推广策略等。在初步接触中，A 公司了解到 B 公司的新产品虽然具有创新性，但尚有技术难点有待攻破。B 公司承认了新产品的不足，提出先签署一个新产品试销协议，并希望与 A 公司共同研发。A 公司同意 B 公司的意见，签署了一个为期一年的第一阶段合作协议，规定了新产品的定价和利润分成。双方同意，在第二阶段的谈判中，将就技术合作的方式、知识产权归属等问题进行深入探讨，争取达成共识。A 公司和 B 公司通过两个阶段的安排拓展了合作领域，达成了长期合作的意向。

一场商务谈判可能涉及多个议题，有的议题本身就有时间先后，在吉利收购沃尔沃的案例中，吉利首先完成了 18 亿美元的收购计划，然后面临的问题是如何经营沃尔沃。这一时间序列决定了吉利和沃尔沃谈判的阶段性特点。谈判者在设定谈判议题的时间序列时，要看准方向、长于分析，在不同情况下做出不同调整。谈判者也要做到这一点，不仅要认识到事物的共性、本质，更要重视事物的特殊性，把握事物发展的具体过程，因时而动。

4. 创造议题

对于一种商品，卖方和买方通常会针对单价和购买数量这两个议题进行谈判，一般来说，购买数量越多，单价会越便宜。这样的交易谈判中会出现一种情形，卖方将商品的单价停留在一个恒定值，不随购买数量的多少而明显变动，这个时候，谈判空间似乎凝固了。创造议题的策略是引入一个新的议题变量，使谈判空间扩大。例如，在商品买卖的谈判中，可以引入售后服务、运费、培训等新的谈判问题，并在它们之间建立起一定的制衡关系。引入新变量改变了过去运费、售后服务是可忽略的谈判议题的认知，增加了运费和单价、购买数量之间的直接相关性，为谈判创造了迂回空间。

谈判者通常只对重要的议题感兴趣，这一谈判习惯阻碍“创造议题”的想法，那么新议题如何被添加进谈判日程是该策略的关键。新议题被纳入谈判日程后，面临的是议题重组、议题间权重变更，即添加某个议题后，产生变化的分组将重新进行权重计算，谈判双方要精细评估权重变化的影响。

随着经济发展水平不断提高，更多的谈判需求会自动产生。1996 年，在新加坡举行的 WTO 首届部长级会议上，来自 128 个成员方的 2300 多名代表就各方关心的众多议题展开了讨论，其中包括很多新议题，如劳工与贸易、投资与竞争政策、通信、金融、电子商务和政府采购等。但是，发展中国家因受经济发展水平的限制，并不能接受所有新议题。印度反对将与贸易无关的社会问题，如劳工标准等放在谈判桌上。印度提出，发展中国家普遍认为在这些问题上自己负担太重，承受不了，而且没有相关谈判能力，国内相关立法也不具备成熟条件。这一案例表明，随着经济的发展，新的议题自然会被创造出来，发达国家在新加坡部长级会议上表现了谈判的战略能力，创造出新议题。发展中国家基于经济发展的现实，采取了保守策略，拒绝设置新议题。

创造议题策略也会被消极使用。例如，创造议题策略可以被看作一种创造筹码的策略。在人质谈判中，绑架团伙和受害者亲属之间没有任何关系，绑架者通过创造议题，即绑架了人质，获得了谈判的机会，创造了筹码。在2018～2019年的中美贸易争端中，美方不断创造议题，把中国的华为公司、中兴公司纳入政府间谈判议程，并冠以罪名，获得了谈判的筹码。

5. 同一议题，重新定义问题

同一议题下，重新定义问题是一种颠覆谈判框架的策略。

在谈判中，提炼概念和掌握问题的本质是至关重要的。谈判是智慧的游戏，谈判者可以通过概念的提炼和导向引导谈判的方向。比如，两个年轻人从恋爱走向婚姻，在结婚谈判中，双方可能对什么是婚姻产生了不同的看法：一方可能认为婚姻是两个家庭的事情，要把小家并入大家庭；另一方可能认为婚姻是两个人的事情，要单独过日子。可以想象，对婚姻的看法不同会导致这两个年轻人的冲突，关系到未来如何经营好家庭，甚至关系到两个人是否能顺利步入婚姻殿堂。

2000年，笔者作为中国首届教授代表团的成员之一访问WTO总部，在贸易争端解决机构学习的时候，曾负责处理韩国酒案的金律师讲解了具体的处理过程，这个案件的关键是如何定义酒。该案涉及两项韩国立法：1949年《酒税法》和1982年《教育税法》。根据这两项法律，韩国对国内的烧酒征收35%的税，而其他进口蒸馏酒（威士忌、伏特加、朗姆酒等）的税率是100%。欧洲共同体（欧盟的前身，以下简称欧共体）和美国认为，该法律违背WTO的国民待遇条款，要求和韩国协商解决酒税问题。欧美认为两类酒是相同产品，因为它们有相同的成分，相同产品的税率应该一致。韩国的应对策略就是重新定义酒的概念。韩国要证明烧酒和威士忌、伏特加、朗姆酒等不是相同产品，可以征收不同的税。这个策略要求韩国给烧酒一个新的定义。韩国试图从经济学角度证明烧酒和威士忌的区别，举证说明威士忌比烧酒要贵12倍，威士忌在豪华酒店消费，而烧酒在价格低廉的小饭馆中消费。此外，韩国在一本欧共体出版的《向韩国出口食品导读》中发现了最为有利的证据，这本书中讲述了烧酒和威士忌等酒的不同。

在WTO的谈判中，重新界定概念的方法十分流行。20世纪80年代末和90年代初，日本最先在其“稻米文化”理念中提炼出了农业多功能性的概念，强调农业对保护文化遗产、确保粮食安全、保持空间上的平衡发展、保护地面景观和环境等起着重要作用，其目的就是为了保护国内的稻米市场，同时增加贸易谈判中的筹码。日本认为“农业多功能性”这一新概念的提出有助于重新审视和认识农业的本质，因此，关于农业议题应有不同的谈判框架。美国是农产品的主要出口国，反对农业多功能性的概念，认为利用农业多功能性维持国内农业生产，最终会扭曲贸易政策。

6. 改变同一问题的谈判力量

在传统的商务逻辑中，卖家比起买家拥有更强的操控力量，尤其是在趋于垄断的市场中，卖家可以操控价格。同一买卖的议题，卖家和买家的谈判力量不同决定了博弈结果的不同。在网络市场中，一种新的团购模式重新界定了买卖双方的力量，个体消费者通过团购，增加了消费者一方的话语权和谈判力量。同一种商品的买卖，因为力量不同，交易价格发生了变化，团购的机理是因需求实现规模效应而获得折扣。理解团购模式，可以帮助我们理解如何在谈判中通过改变谈判力量来设置议题。

学生讨论

2008 年，第一个专业团购网站 Groupon 在美国投入运营，Groupon 的商业运作模式简单清晰。Groupon 网站每天只推出一样产品或服务的团购，并且日日更新，不断以低廉的价格来吸引购买者。对于每次团购，当购买者达到一定数量时就宣布该次团购生效，然后 Groupon 收取供货商 50%的交易提成作为回报，如果参与该次团购的人数没有达到最低团购人数则取消这次团购，并将已参与用户的交易资金返还。

讨论：你访问过哪些团购网站？个体消费者的价格谈判能力是如何汇集成强大的谈判力量的？

7. 动态调整议题的内容

谈判是动态的，谈判者在谈判中必须不断地、不同程度地修改谈判目标，调整各方的利益关系。有的时候，谈判各方只有做出一定程度的让步、妥协，才能获得趋于一致的认同。

谈判者要有辩证思维。唯物辩证法指出事物运动变化的原因应该从事物的内部和外部两个方面去思考，外因是变化的条件，内因是变化的根据，外因通过内因起作用。谈判过程中内因和外因的变化及交互作用会使问题的内涵发生变化。例如，在持续的关系框架中，不同阶段面临的议题不同。在夫妻关系中，热恋、结婚、生子和养老，各个阶段夫妻间需要协调解决的议题是不同的。

8. 炒蛋策略

在谈判中，双方的需要和满足需要的行为处于既互相依赖又互相排斥的辩证矛盾中，任何一方的谈判目标都必须以另一方的目标为前提，任何一方的谈判动作必然会引起另一方相应的动作。通过一定策略观察对方的动作，从而摸清对方的需要是较为常见的谈判策略。炒蛋策略就是借助扰乱谈判程序的方法，将各种议题不分主次，忽东忽西提出来，反复和对方商讨，使对方摸不着头脑或者造成对方情绪失控，趁机摸清对方的底牌或核心关注，有人把这种炒蛋策略看作一种虚张声势的策略，认为一定程度的虚张声势比完全不虚张声势或者过多的虚张声势的成功概率都大。虚张声势需要一定的技巧，成熟的谈判者可以通过观察对方在讨论其众多看似杂乱的议题时的反应，发现对方的核心关注。

在谈判过程中，谈判者也可以使用炒蛋策略。例如，某企业在与其供应商的合作谈判中，涉及如下谈判问题：设备价格、设备质量、设备的售后服务、设备的软件配套。在谈判中，如果对方在价格上裹挟你，就和对方谈质量；如果对方在质量上苛求你，就和他们谈服务；如果对方在服务上挑剔你，就和他们谈软件。通过反复摆出问题，我们可以探求对方谈判的核心利益。

第五章

谈 判 者

谈判者是商务谈判的主体。本章从身份、素质、心理、情绪、文化和资格六个方面介绍谈判者应具备的知识和能力。

一、身份

谈判者首先要回答自己在谈判中扮演什么角色这一问题，即要明确自己在谈判中的身份。身份是一个关系性概念，源于社会学，体现了“自我”与“他者”之间的一种社会关系。身份认定是有意图的行为，可以产生动机，并具有特定的特征。

学生讨论

在刘易斯·卡罗尔的《爱丽丝漫游奇境》中，迷人的小爱丽丝遇到了一条高深莫测、抽水烟的毛毛虫。毛毛虫问了她一个看似简单的问题：“你是谁？”

爱丽丝挺不好意思地回答说：“我……眼下，很难说，先生……至少今天起床时，我还知道我是谁的，可是从那时起，我就变了好几回了。”爱丽丝在无意之中绕过了身份认同这个棘手的问题。她是谁，她怎样变成现在的她，还有她怎么知道她就是她以为的那个她？她琢磨自己从早晨起床以后已经变过好几回了，这说明她相信身份是可变的。但是让可怜的爱丽丝感到烦恼的是，尽管她认为身份可以变化，但她感觉自己的生活体验还是一成不变。她知道自己已经变了，但感觉没变。

讨论：爱丽丝的故事对我们的启发是什么呢？她的身份认同有一部分变了，同时其他部分没有变。她的身份认同既是可变的，也是不变的。你同意这一说法吗？在谈判中，当你的身份受到威胁，你马上就会采取一种固守防御的姿态，把自己的身份视为神圣不可动摇的统一整体，这是固化身份的误区。也正因为陷入了这个误区，你会要求另一方接受你的视角、你的是非标准、你的价值观。如果另一方也持有相同的以自我为中心的假定，那么你们双方就会陷入日趋严重的僵局之中，直到你们之间的冲突成为解不开的死结。

一般来说，身份认同与宗教、政治、家族忠诚这类人本身的价值取向和文化遗传有关，也和习惯、习俗等行为方式有关。个人的核心身份包括你的个人喜好、个性特点以及你在一种关系或社会团体中的身份标志。

谈判者在谈判中的身份是特定的，与谈判者所代表的组织和立场有关，也与更为广泛的社会背景相关。在每次特定谈判中，谈判者要明确在此次谈判中的身份。例如，在从亲密朋友购买房子的谈判中，谈判者应首先明确自己与朋友之间的买卖身份，如果碍于朋友的面子不讨价还价，那么，谈判区间和价格拒绝点就会与市场价格不一致。

在每次特定谈判中，要对身份定位进行评估。例如，谈判者应思考自己是否完全沉浸在这一身份中，如果是，与这一身份相关的行为习惯是什么，这样的习惯对谈判有什么影响，是否应该重新界定身份。在一对夫妻日常的对话中，每次丈夫批评他的妻子，妻子都会用批判性反驳予以还击。夫妻俩对这种对话方式想都不用想，一切都是自然发生，因为双方习惯于这样的夫妻角色定位。身份定位中内含的行为习惯会导致定位被强化，最终产生问题。这对吵架的夫妻，吵架习惯可能会使夫妻之间产生敌意，吵得次数越多，夫妻角色定位越被强化，习惯就越容易被固化。

企业间的商务谈判也需要谈判者进行身份认定。如果你是私营企业主，你在谈判过程中是否会让家族角色凌驾于企业家的角色之上？如果你是和供应链上下游的企业进行谈判，你应该如何定义你的角色？你和其他企业是竞争关系还是互补关系？如果你代表公司对外谈判，你把自己看成部门主管还是公司授权的大主管？如果是大主管，你是否将自己的心智调整到了能够掌控公司全局利益的状态呢？

身份并不是一成不变的。公司可以是“同一家”公司，但它的指导价值观也会适时发生变化。每个谈判主体都应根据特定的谈判关系来调整自己身份的边界和内涵。

在国际谈判中，国家具有谈判者的身份，有着与内在身份相关联的利益和谈判意图。在 WTO 的谈判中，不同社会制度、发展水平的国家在同一农业谈判议题下，基于农业发展水平的身份认同，组成致力于推动农业贸易自由化的凯恩斯集团（Cairns Group），共同形成了一种新的身份。

国家的身份虽然是一种相对稳定的因素，但不是静止不变的常量。环境的变化、社会的进展、互动频率的增减都会导致国家身份在一定程度上发生变化。例如，我国在国际气候谈判中的身份定位经历了三种变化，即“积极被动的发展中国家”“谨慎保守的低收入发展中国家”“负责任的发展中大国”三个阶段，而每一角色定位都是基于同期我国对国际气候问题内涵的认知和理解。从 1990 年国际气候公约谈判正式启动到 1994 年《联合国气候变化框架公约》正式生效这段时间，我国受限于当时的科学认识水平，基本上将《联合国气候变化框架公约》视为一个国际环境协定，倾向于以积极被动的发展中国家身份参与国际谈判。1995～2001 年，鉴于气候问题逐渐成为涉及政治、经济、外交等多领域的综合议题，我国相应的身份认定逐渐转为“谨慎保守的低收入发展中国家”。在谈判中，我国多次强调：“作为一个人口众多、低收入的发展中国家，中国是气候变化不利后果的受害者”；“中国在达到中等发达国家水平之前，不可能承担减排温室气体的义务”①。2002 年以后，我国成为“负责任的发展中大国”，并在不同场合多次表示，作为一个发展中的大国，愿意与国际社会一道，在可持续发展的框架下，积极寻求应对气候变化的有效途径，并根据自己的能力和国情为减缓气候变化做出应尽的努力。

学生阅读

土耳其加入欧盟谈判中的身份认同问题

自 20 世纪 50 年代以来，土耳其就试图加入欧共体，但土耳其在 1999 年成为欧盟的候选国，2005 年 10 月与欧盟开始进行艰难的入盟谈判。土耳其到底能不能算是一个严格意义上的欧洲国家，能不能被欧盟接纳成为正式成员国，依然还没有定论。

土耳其是一个身份被撕裂的国家，作为一个超过 95%的人口信奉伊斯兰教的国家，一直有向欧洲靠拢的倾向。1963 年，当土耳其与欧共体签订《安卡拉协定》时，土耳其至少被欧洲的官员认定为欧洲国家，因为在那个时候，按照相关规定，只要是欧洲国家都可以申请加入欧共体。冷战时期，出于战略考虑，土耳其一直倾向于把自己界定为一个欧洲国家。2008 年，一份在欧盟 27 个成员国所进行的民意调查显示，只有 31% 的欧盟公民支持土耳其入盟，反对土耳其入盟的人口比例却高达 55%，有 14%的人口未明确表态。究竟应该怎样看待土耳其的身份定位？这是一个至关重要的谈判问题。

资料来源：根据众多资料，自行整理。

---

① 中国代表团团长刘江部长于 1999 年在气候变化公约第五届缔约方会议上的发言. https://www. ccchina. org. cn/Detail. aspx?newsId=28205，2022-07-18.

二、素质

素质是个人身心条件的综合表现，谈判者要明白如何成为一个优秀的自己。评价谈判者素质的指标有很多，如思辨能力、专业素质、语言技巧等，本书主要强调介绍以下两点：道德品质和专业素质。

1. 道德品质

在谈判者的整体素质中，道德品质是谈判者的核心素质要求。一切商务谈判都必须在道德和法律规范中进行。商务谈判的内容是经济利益，谈判者如果品行稍有不端，就会损害企业、国家的利益和形象。具备良好的思想修养和道德情操，是商务谈判成功的首要条件。一个合格的谈判者应树立正确的人生观、价值观，除具备公民应有的遵纪守法、诚实正直、谦逊礼貌等社会公德外，还必须用商业职业道德来约束自己。要遵守基本的商业道德规范，正确处理好国家、集体和个人之间的关系，不能为了个人私利而放弃原则。在谈判过程中，要以诚信为本，保守商业秘密，坚持互利互惠原则，忠于职守，不为诱惑所动摇，以强烈的使命感和责任感积极谋求经济利益，这样才能促使谈判获得成功。

在谈判中，双方为了达成协议，实现交易，每一方都会使用一些策略，如说谎、隐瞒、夸大其词、削弱对手等，谈判者是否可以使用这些策略在谈判学中存有争议。

说谎是谈判者在很重要的事情上发表的与他的知识和信条相矛盾的言论。构成说谎的基本要素包括以下几点。①谈判者本人知道他在错误地解读信息；②信息的内容是非实质性事实；③谈判对手依据这些事实进行谈判，会受到经济或情感上的损害。谎言的目的是在价格、选择方案或心理上欺骗对手，影响对手的客观判断。

关于说谎是否符合谈判道德，我们就用“己所不欲、勿施于人”这一中国式衡量标准来判断，如果你不愿意被欺骗，那么你就不要用说谎的手段去欺骗别人。

学生讨论

“我已经找到另外一个卖主，他愿意以每件8500美元的价格卖给我，而且质量比你的好。我为什么要花10 000美元从你这里买？”

假如，这个“我”并没有找到卖主，只是用谎言来进行谈判。

讨论：在谈判中使用谎言是否符合道德规范？在上述的例子中，说谎并没有带来更多的损害，是为了个人的私利而使用的技巧，这样的技巧是否是正当的？有人说事实使我们做出最好的决定，而谎言减少了这样的机会，你是否同意？

削弱对手是一种让你的相对地位获得提升的方式，如在经济上或精神上直接攻击对方，这些手段虽然不符合谈判道德，但是却被经常使用。此外，在正常的商务谈判中，通过欺骗压榨、坑害对方以满足自己利益的情况时常发生。合格的谈判者不依赖这样的做法，而是希望与对方协商、协调、互相妥协让步、求同存异以取得某种预期结果。

2. 专业素质

商务谈判的内容涉及方方面面，谈判者要具备专业的谈判素质。首先，谈判者要掌握如政治、经济形势、科技发展水平、哲学、法律、心理学、中外历史、文学艺术、伦理道德等方面的知识，以及商业贸易、市场营销、企业管理、金融、谈判等方面的知识。不同类型的谈判对人员的知识结构有不同的要求，但从总体上看，谈判者既应具备广博的知识，又应在不同的专业谈判中具有相应的专业知识。例如，在与某供应链伙伴进行交易谈判中，谈判者可能不是具体采购员，但他应该对所涉及的产品的市场情况相当熟悉，了解市场发展前景、同行业竞争的情况，他还应该具备生产管理人员的知识，对产品加工工序、生产能力、生产周期以及生产批量等有基本了解。

谈判素质包括文雅的谈吐、控制谈判局面并掌握主动权的能力、能够找到专业的解决问题的方法。商务谈判往往围绕与谈判各方有关的商务及技术条件展开，经济利益的分配主要体现在协定的条款中，所以谈判者还要具备起草协定的能力。如果谈判者孤陋寡闻、知识贫乏，即使他手中掌握着决策权，往往也不能在谈判中占据优势。

三、心理

1. 谈判是心理的较量

在谈判中，谈判者有时会由于心理问题，如惶恐不安、思维混乱、注意力不集中、反应迟钝、缺乏自信或连续失误等出现“失常”现象。具备良好的心理状态是成为优秀商务谈判者的必备条件。

20 世纪 60 年代后，心理学家对谈判进行了大量实证研究，主要集中在以下两个问题：谈判者的个体差异和情景变量。首先，谈判者的个体差异很大，谈判者心理更多地取决于谈判者自身。一名好的谈判者有很强的自制力，能够驾驭自己的情绪，调整心态，处难不乱，遇暴不怒，沉着镇定。谈判人员的优良素质不是天生的，而是在后天的实践中锻炼而成的。其次，情景变量影响谈判者心理，其中情景变量包括支持者在场、其他谈判参与者的鼓励、谈判各方力量对比、谈判各方的人数、谈判的最后期限等。谈判者应明晰这些变量对自身的影响。

学生讨论

三国早期，刘备被曹操从徐州带回许昌，寄之篱下。有一天，曹操请刘备喝酒。二人对坐，青梅煮酒论英雄。酒至半酣，曹操问道刘备谁是乱世之英雄。刘备急忙回避：“我凡人肉眼，实不知谁是英雄。”曹操说“你就不要过谦了。”刘备难以推辞，言道：“淮南的袁术，拥有诸多兵粮将士，可称英雄。”曹操不屑：“袁术对我而言只是棺材中的尸体，早晚一天我必将他擒获！”进而，曹操大笑道：“今天下英雄，唯使君（刘备）与操（曹操）耳！”刘备听后心中甚慌，借雷之势故作震惊，将筷子置于地下，饮酒而去。

讨论：煮酒论英雄的酒局渲染了怎样的谈判情景，刘备的心理状态是什么样的，曹操是用怎样的心理战术震慑刘备的？

商务谈判都是在一定的政治、经济、文化、科技环境中进行的，这些社会环境都会或直接或间接地影响谈判者的心理状态。例如，在商务谈判中，客方谈判者常常感到自己置身于不利的谈判境地，明知是主方故意设计来干扰和削弱己方谈判力的，这种情况下，谈判客方可以选择默默忍受，但要确保心理不受影响。

谈判进程会影响谈判者的心理。2017 年 3 月 29 日，英国驻欧盟大使巴罗向欧洲理事会呈交英国的脱欧信函，正式启动脱欧程序。在英国脱欧谈判初期，英国部分主张脱欧的精英将脱欧塑造成“正义的爱国行动”，而欧盟方面也被愤怒左右，对英国开出天价分手费，更希望看到英国“裸退”。这导致初期谈判陷入僵局，双方立场差距过大，任何议题都可能被解读为冒犯之举，谈判者们都处于敌对、抵触的心理状态，这使得谈判进程变得十分艰难。

一般来说，谈判进程越趋向结束，谈判越接近预期的最后时限，谈判气氛就越紧张，这时谈判变得越来越难以琢磨，谈判者的心理波动会比较强烈。在谈判的最后阶段，谈判者思想过于集中，思路容易僵化，往往会出现意想不到的失误。另外，由于谈判接近尾声，谈判接近承担最终责任的时刻，谈判者的心理压力会持续增大。例如，江西省工艺雕刻厂 A 与日本三家株式会社就产品订货进行谈判。A 了解到日本商社是看中了 A 的木材质量上乘、技艺高超，产品质量高于其他国家才来订货。在谈判的最后阶段，A 面临艰难抉择。若与日本大商社合作，虽能获得大量订单，但可能在价格上难以达到理想水平；若不与日本大商社合作，又担心失去巨大的市场机会。A 在与日本小商社谈判时，将产品与其他国家的产品进行比较，努力将价格抬高到理想水平。A 与日本小商社拍板首先达成购买协议，此时，日本大商社感受到了强烈的危机感。日本大商社的谈判代表变得十分急切，不断与该厂沟通，希望能尽快达成合作，甚至提出了大量订货的意向。可见，谈判的最后阶段，谈判各方都承受着巨大的心理压力，每一个决策都可能对各自的利益产生重大影响。

2. 训练谈判心理

模拟训练法和集中注意力训练法是训练谈判心理的基本方法。模拟训练法就是针对谈判发生的背景、市场情况、谈判双方的基本情况对比，模拟谈判中可能出现的情况或问题，继而进行反复推演，为谈判者参加谈判做好适应性准备。模拟训练是谈判前心理准备的重要手段之一，可以根据谈判情境进行练习，如进行优势模拟训练、劣势模拟训练、抗干扰模拟训练、放弃模拟训练等。

集中注意力训练法，具体指坚持将全部注意力放到一个确定目标上，不被其他念头分散注意力的一种训练。在日常训练中应加强调节注意力的训练，重点在于如何对注意力进行分配，可以在较长时间的注意力集中、情绪稳定和放松等不同状态下进行反复训练。训练目的是保证谈判中合理划分注意力；进行注意力转移，不把注意力过多地集中于一些末梢细节，而是将注意力更多地集中在谈判的主要问题上。

学生讨论

有些网球运动员进行反击球的时候会有一种恐惧心理，运动员心想：我又得献丑了。

这种自我的内心活动在比赛中比看台上成百上千粉丝的嘲弄的破坏性更强。谈判专家内心过于焦虑，会强化自我批评，影响谈判。

讨论：当谈判最后限期逼近的时候，谈判者如何保持方寸不乱呢？

3. 合格谈判者的心理素质

合格的谈判者首先要有自信心。谈判的自信是一种心理状态，自信来源于谈判者多年的心理修炼，也来源于对对手的充分了解。谈判者应在科学的基础上建立自信。谈判者应在谈判前对对手的实力进行充分分析和研究，不能一味地藐视对手、固执己见，这样的自信对于谈判来说是百害而无一利的。

合格的谈判者还应懂得尊重。谈判者都有尊重的需要，包括自尊和在自尊基础上尊重对手。因此，尊重需要包括自我尊重和尊重他人两个方面。获得尊重会使一个人感到活着更有意义，在某种程度上说，谈判者向往和努力追求的就是这种获得需要。尊重可以表现为对对方的让步给予赞扬和感谢，使其获得尊重的满足；而轻视、侮辱、嘲讽会引发对方的不快，损害别人尊严的同时对自尊也有损害。在谈判中有时会遇到自尊与对方自尊发生矛盾的情况，面对这种情况，谈判者需要冷静，或理性驳斥，或找到给予对方自尊心的方法，积极推进谈判。一般来说，每个人都有值得骄傲的地方，可以从赞美开始尝试沟通。有时谈判者可以采用最简单的方法：只要一边点头一边听对方讲话就行了。如果你能以平时两倍的频率点头，肯定能得到对方两倍的认同。

学生讨论

寻找自尊点

N在家附近邮电局寄包裹的时候，工作人员对自己的工作表现得很不耐烦，对顾客也很不礼貌。于是，N下决心要使这位工作人员高兴起来，认真对待工作。N对这位工作人员说："你的头发太漂亮了。"工作人员抬起头，有点惊讶，但脸上露出了无法掩饰的微笑，谦虚地说："哪里，不如从前了。"N又接着说："简直像年轻人的头发一样。"这位工作人员高兴极了，问他："你邮寄的包裹是否需要认真打包，以防破损？"

讨论：如何发现自尊点？

4. 低效率谈判者的心理特征

一名低效率的谈判者可能有如下心理特征。

（1）自我为中心。自我为中心的谈判者注重自我利益，从自我的视角去定义问题，并且以某种自我吹嘘或者自我满足的方式看待自己的经验，从而陷入以自我为中心的谈判陷阱。例如，如果你问一对夫妻，让他们各自评估自己对家务贡献的百分比，其结果往往会是两个人评估的总和超过100%。还有一个在谈判中经常遇到的例子就是关于公平标准的讨论，谈判者对"什么是公平"的判断并不是完全客观的。谈判各方都过分重视对他们自己有利的观点，从而导致谈判者在谈判中产生动机偏向。这种动机偏向就被称为自我中心。实践中，谈判者往往都具有自我为中心的动机偏向，而且谈判各方越是以自我为中心，越难达成一致意见。如果你问一对要离婚的夫妻如何分配财产，很可能两个人都给出各自认为公平的比例，而这两个比例相加，总和也往往超过100%。

（2）容易满足。当谈判者有容易满足的倾向时，他们会轻易得到满足而不去争取更好的结果。例如，有人想卖自己的房子，心理价位是200万元。某位买家得到消息后找上门来表示愿意出价210万元。卖家一听，立刻答应卖给他。买卖房屋的谈判很快结束，但是卖家很快就后悔了，觉得自己没有做很好的市场调研，没有多谈几次，不应该在买家第一次报价后就立刻成交。

（3）证实偏好。谈判者容易沉浸在自我设定的战略框架和假设中，并依赖自己过去的谈判经验来设计、参与谈判，而且在谈判中会选择使用那些对自己设计有利的材料。这种证实偏好会导致谈判者忽视事实，并阻碍学习，无法正确评估对方。有研究认为，人的记忆是有选择的，人们更可能记住他们成功的事情，这种自我安慰的偏好并不能提高谈判能力。证实偏好还源于认知的偏差，即在评估他人的知识时，人们无法忽略自己已知而他人没有的知识。例如，产品专家在设计产品时往往假定消费者和他们一样了解商品的技术细节和使用方法，但事实并非如此。

（4）懒于推动。谈判过程是一个管理过程，需要谈判者的积极推动才能顺利进行。有的谈判者缺乏主导议题谈判的能力，因而无法发起一场谈判，经常以被动的身份参与谈判；有的谈判者没有控制议题的能力，因而在议题设定过程中处于被动状态；有的谈判者缺乏总结能力，在持续的谈判中总是重复，甚至是重新开始，反复循环；有的谈判者认为谈判是一锤子买卖，忽视关系的维护，失去谈判重启的可能。总之，低效率的谈判者会在原地打转。

学生讨论

自我为中心的谈判

美国航空公司与其工会的谈判呈现出了以自我为中心的特征。美国航空公司声称为了改变濒临破产的局面，公司每年要削减18亿美元的劳务成本，该公司每天的亏损为500万美元。三大工会组织参与了谈判，他们是驾驶员联盟、职业空乘人员协会以及运输工人联盟会的地面服务人员。谈判中，三大工会人员都认为自己应得到的报酬比其他人多，很难和其他工会达成合作或谅解。

讨论：三大工会人员如何评估自我价值，应采取怎样的战术参与谈判。

四、情绪

1. 情绪对谈判的影响

情绪是对一系列主观认知经验的统称，是人对客观事物的态度体验以及相应的行为反应。为更好地理解“情绪”这一概念，我们用心境和情绪对比来说明。在英文中，“mood”和“emotion”都有情绪的含义，mood指心境，通常持续的时间较长，不针对特定事件；emotion多指情绪，是暂时性的情绪体验，是对特定事件或刺激的反应，比心境的强度更高。研究者认为，情绪能以多种方式影响谈判。

首先，情绪使谈判者的注意力从谈判任务上转移出去。因为一旦谈判者或谈判对方出现某种情绪，那么双方都必然对此情绪做出某种反应，从而忽视了谈判任务本身。这种情况主要是通过情绪感染和情绪迁移两种方式表现出来的。情绪感染就是指一个人的情绪能对他人的情绪施加一定的影响，即引起他人的某种类似的情绪反应。情绪迁移则是指一个人的情绪会迁移到与他有关的对象上去。这两种方式都会加大谈判中的情绪影响力，使谈判偏离任务轨迹。

其次，情绪可以对谈判行为和结果产生影响。在谈判桌上，情绪可以划分为真实情绪和策略性情绪。真实情绪是谈判者对谈判的真实反应，而策略性情绪是谈判策略的一部分，是精心安排的，其目的或是使对方放松警惕或者是促使协议达成，抑或是有其他作用。例如，在谈判中利用无助、失望和不高兴的情绪操控谈判气氛，进而影响对方。谈判过程中，内心的焦虑会让谈判者处于防御状态，思维封闭。如果这样，谈判过程会变得很折磨人。谈判者应清醒地认识到谈判中的情绪变化，一步一步稳定情绪进而改善消极情绪，防止消极情绪被触发。

最后，情绪有时能阻碍人们做出理性反应，妨碍谈判最优利益的实现。人们有时会将情绪本身作为一种信息输入，并根据情绪直接做出某种反应，而没有从认知角度对问题进行理性的和充分的分析。如何利用情绪表达去实现谈判最优利益，是谈判人员面临的最大心理挑战。

2. 情绪的分类

情绪可以分为两大类（图 5-1）：①积极情绪，如喜爱、欢乐、满足等；②消极情绪，如愤怒、伤心、害怕和焦虑等，谈判中最常见的消极情绪是焦虑。积极情绪对谈判产生积极的效应，积极情绪会催生创造性思维，有利于谈判各方创造性地找到谈判解决方案。积极的情绪往往会增强谈判者选择合作策略的倾向，并能提高他们得到理想收益的能力。与镇定的谈判者相比，焦虑的谈判者在谈判前的期望值较低，在谈判中的第一次出价也会比较低，最终的收益较差。消极的情绪会使谈判者不能准确判断对手的利益，因此通常只能实现较低的谈判收益。例如，愤怒会使谈判者更加以自我为中心，并会增加他们在谈判最后关头拒绝对方所做的有益让步的可能性。

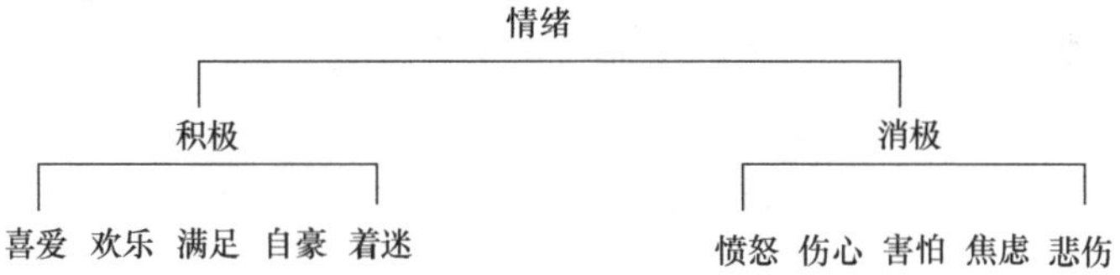

图 5-1 情绪的分类①

谈判者的谈判情绪越高，谈判的行为效率越高。当情绪处于沉睡点的时候，谈判者会萎靡不振、昏昏欲睡，谈判效率降低；而当情绪处于觉醒点，谈判者开始积极思考、研究对策时，谈判效率就会提高，如图 5-2 所示。

① Fischer K W, Shaver P R, Carnochan P. How emotions develop and how they organise development. Cognition and Emotion, 1990, （4）: 81-127.

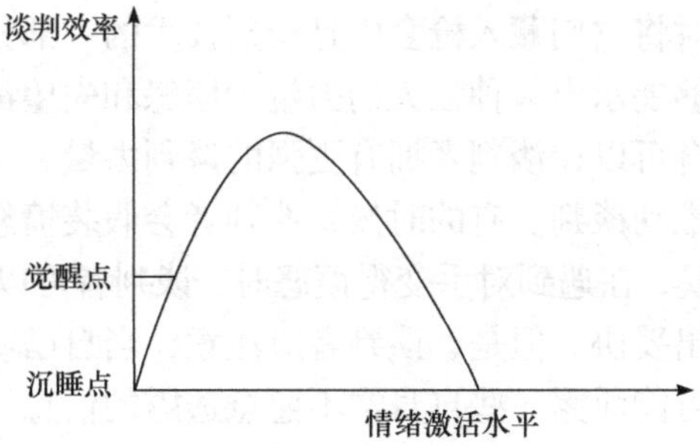

图 5-2 谈判者的情绪

谈判人员的情绪承载着一定的信息，即情绪信息。精明的谈判者可以通过对谈判人员的情绪信息进行解析，产生与情绪相关的数据，评估出谈判各方的情绪状态和意图，进而提出情绪解决方案。

3. 情绪策略

特定的谈判者群体会呈现出不同的情感行为特征，寻找谈判对手的群体性情感特征，就是寻找谈判者的情绪规律。如果谈判者把这些情绪规律运用到谈判中，他就是在使用情绪策略。某企业要购买一批飞机，派出了 A 和 B 两个谈判代表。由于款额巨大，对飞机制造商来说是一笔好买卖。A 表现出强硬的立场，激起了飞机制造商的愤怒，飞机制造商宣布不与他谈判。B 代表随后与飞机制造商谈判。该代表与飞机制造商洽商后，竟然达成了协议。原来，B 代表在每次谈不拢时，就问对方："你到底希望与我一起解决这个问题，还是留待与 A 来解决？" 结果对方自然愿意与 B 协商，协议就这样谈妥了。

在这个案例中，A、B 代表巧妙地运用了情绪策略。A 充当"白脸"，以强硬的态度与飞机制造商谈判，使得双方关系紧张，谈判陷入僵局。而 B 代表则充当"红脸"，以相对温和、友好的形象出现，利用对方对 A 的抵触情绪，让对方觉得与自己谈判更容易，从而成功地促使对方作出了更多让步，达成了较为理想的谈判结果。

情绪可以表现为谈判态度。强硬派的谈判者，无所畏惧，要求很高，几乎不会让步，对自己的立场坚持到底，并经常会拒绝议价区的报价。温和派的谈判者通常给予过多，会透漏拒绝点，并且过于在意对方是否对谈判感觉良好。

学生讨论

老王是体育营销行业的领军人物和经纪人，他代表某网球明星和一家体育服装品牌谈代言合作，体育品牌不想再给网球明星 5%的代言费用了，而老王和明星希望继续合作，正在和品牌商的营销团队谈判。在谈判刚刚开始，体育品牌商的董事长推门而入，大声说："你们也太离谱了，5%的代言费是其他人的 10 倍，我才是这家公司的董事长！"谈判气氛一下子紧张起来。

讨论：请同学们讨论缓和气氛的方法。

谈判者可以使情绪成为谈判策略的一部分。情绪可以是谈判中的武器，何时亮出这些武器，何时开火，何时将它们藏入枪套中是谈判技术的一部分。例如，在谈判快结束时，向对方表达失望能够展示出一种强大的力量。愤怒和失望都是个体感到被错待后产生的情绪，分清使用场合可以让谈判者拥有更强的谈判力量。

谈判者可以用愤怒推动谈判。有的时候，谈判者会假装愤怒，以此来使对方相信自己的严正立场；有的时候，在遇到对手变得愤怒时，谈判者可以“以怒治怒”，表示不会被对方的情绪影响而做出妥协。但是，谈判者应注意，当自己或对方变得愤怒时，很可能会出言不逊，这样很可能泄露一些自身本不愿意透露的信息。

表达失望则更具战术意义，因为这样会鼓励对方批判、反省其行为，并考虑是否愿意调整立场以减少负面感受。表示遗憾是与表示失望略不相同的战术，后者通常为结果难过；心存遗憾的人一般会对谈判过程进行复盘，思考自己做错了什么才导致这样令人失望的结果。这样的情绪表达会影响谈判走向，甚至可以找到恢复谈判的可能。

模拟谈判①

学生们组成两个小组，分别模拟供应商（电脑零件制造商）和客户（电子商务的初创公司）。双方在 8 个月前签订了一份内容详尽的合同，现在就其中一些条款（销量、定价、产品可靠性和能效规格）发生了分歧。客户认为产品的可靠性不够，希望修改合同。

学生分别扮演客户和供应商进行谈判。客户可以使用炒蛋策略进行谈判。

这是一场关于情绪的模拟，为了让这场模拟变得有趣，在开始前，任课老师给一方发出绝密指示：“请在谈判开始时表现得很愤怒。愤怒情绪至少持续 10 分钟。”接下来还会有表现愤怒的一系列具体指示，如打断对方谈话、使用“不公平”或者“不合理”等词汇、人身攻击以及提高音量等。两组学生在这样的指导下开始谈判，并观察情绪对谈判的影响。

五、文化

文化是一个民族在长期的社会生活中在思维方式、价值观念和行为准则等方面所表现出来的区别于另一个民族的显著特征。文化是由多种元素组成的一个复杂复合体，具有民族性和差异性。商务谈判中，文化因素蕴含在思维方式、风俗习惯、价值观等多个方面，贯穿于谈判的全过程。商务谈判表面上只涉及经济利益的合作与交流，其内核则是谈判各方所具有的不同文化内涵之间的碰撞、摩擦与融合。

1. 谈判风格

我们常常看到不同文化的谈判者有不同的谈判风格，以对时间的态度为例，美国人通常时间观念很强，比较讲究效率。希望在谈判时只讲关于谈判的事，希望在谈判终结时，一切小问题都会被完美商定下来。除此之外，美国人通常都很直接，不会过多地讲

① 哈佛商学院的助理教授 Alison 曾经做过这个实验，本书参考了他的实验设计。Alison 在对这个实验进行总结时说，“带着愤怒去谈判，就好比扔了一个炸弹在谈判桌前，对谈判的结果定会产生深远的影响”。

客套话，他们总是会率直地表达自己的想法，沉默则会使他们不舒服，或被认为是麻烦的前兆。德国人时间观念也很强，很守时，也要求对方守时。日本人很重视建立关系，他们需要在谈判过程中投入时间，以便双方能够相互了解，并确定是否希望建立长期关系。在时间利用方式上，有学者把时间的利用方式分为两类：单一时间利用方式和多种时间利用方式。前者强调“专时专用”和“速度”，北美人、瑞士人、德国人等具有此类特点；后者则强调“一时多用”，这些文化也倾向于拥有更加宽松的时间观念和一定程度的信息反馈延期接受性，中东和拉丁美洲文化具有此类特点。

美国、意大利和德国三个国家的谈判者具有不同的风格，见表 5-1。

表 5-1 美国、意大利和德国的谈判者的风格特点①

美国	意大利	德国
知道何时需要妥协 在谈判开始时确定自己的立场 拒绝一开始就让步 一点一点地暴露自己的意图 只有在僵局时才接受妥协方案 既要展示总体战略也要展示单个要点 在初始阶段不排除任何可能的方案 尊重对手 清晰地表达自己的立场 知道推动一个议题的正确时机 了解自己的事实、数据以及所有议题 知道日程安排而且遵守日程 试图从对手那里获得直白的陈述信息 为了获得对谈判进程的控制，允许对手提出方案	具有表演性偏好 不管是真实的还是伪装的，不隐藏自己的情绪和感情 知道运用面部表情和手势 喜欢引用历史 不信任任何人 在修饰外表上投入很多，而且了解外在表现的价值 相信个人行动胜过集体行动 知道如何成为一个好伙伴和让人喜欢 非常活泼 从不承诺任何立场 为了麻痹对手，能够突然改变谈判风格 老练和精细地运用权力 喜欢使用诡计 知道如何运用奉承的方法 能够让其他谈判者陷入特别困难的境地	使用演绎的谈判风格 偏好体系化和结构化的交易 试图用论证的方式说服对手 尝试明白反对立场 尝试妥协，同时牢记整个情境和自己的目标 冷静 经常被认为喜欢卖弄学问、无所不知 重视信任关系和可信度 尝试运用经济、外交的力量 考虑同盟和与人结盟

学生讨论

时间观念的不同

虽然埃及人很容易结交，但洽谈生意往往需要很长的时间。因为有的埃及商人对谈判的时间抱有宽松的态度，常常不依照约定时间行事，埃及人认为这样反而显得有风度。所以谈判者与埃及人谈判不要对此流露出不满，一定要有耐心。另外，埃及人主要是想多了解一些谈判对手的情况。所以，与埃及人谈生意，要想一次谈成很难。埃及人口头上会耐心地冲你点头微笑着说“请等 5 分钟”这句话。因此，一次会谈结束时还得为下次洽谈约定时间。

①理查德·H. 所罗门，奈杰尔·昆内. 美国人是如何谈判的. 中国现代国际关系研究院译. 北京：时事出版社，2012.

讨论：中国人有怎样的时间观念？如果你和埃及人谈判，如何协调时间观念的不同？

2. 思维方式

思维方式是影响国际商务活动沟通的一个重要因素。东西方文化差异造成的最为显著的思维差异在于，它们对于辩证思维和逻辑思维的倾向性不同。其中，西方人更认同逻辑思维，而东方人更认同辩证思维，习惯于从事物的两面性看待问题，不偏不倚。

在国际商务谈判中，受思维方式的制约，东西方谈判者呈现出对事物的不同理解和对问题的不同处理方法。根据东方文化的思维定式，在原则和细节的关系问题上，东方人一般注重"先谈原则，后谈细节"。在谈判时首先要设定一个最基本的原则框架，喜欢先谈概括性的事项，然后再制定谈判的若干细节，往往把具体内容安排到最后的谈判中解决，认为这有利于以后的讨价还价。一旦原则确定，就会坚定不移，寸步不让，而在具体细节的处理上，则表现出较强的灵活性。

西方文化则不同，尤其是美国人，他们喜欢从具体事物入手，认为细节才是问题的本质，如果他们认为在某一个问题上占有优势，可以获得主动，就会首先谈判这个内容，而在原则问题上比较宽松，不受原则框架的限制。在本书第九章"战略"一章中，我们将具体解读思维的知识点。

3. 宗教

宗教会影响谈判者。世界上较为常见的宗教有佛教、基督教、天主教、伊斯兰教、印度教和东正教等。不少国家对于宗教信仰是十分重视的。如果与我们进行商务谈判的人来自宗教信仰盛行的地区，而我们又对其信仰不够了解，这种情况下，我们就容易触碰别人的忌讳而不自知。这一情况会直接影响谈判的结果。谈判者对宗教情感和礼节要有所了解。例如，在埃及，斋戒期间忌谈生意。另外，当进入埃及客户的办公室洽谈时，请注意与在场的人轮流握手，如果办公室勤杂人员也在，也应与其握手。再如，印尼人、斯里兰卡人待人热情，拥抱、贴脸、握手、合掌礼、拍打对方的肩膀是其主要的礼仪表达方式。穆斯林教徒会将右手贴近胸口处来表示诚意。商务谈判者要尽量避免宗教习俗对谈判的影响。在宗教影响下也形成了不同文化之间的差异，谈判者要尽可能地避免宗教问题商业化或商业问题宗教化。

4. 风俗习惯

风俗习惯是生活在特定的社会文化区域内历代人民共同遵守的行为模式或规范。在中国，人们经常将由自然原因造成的不同进而产生的行为规范差异，称之为"风"；将由社会文化原因不同造成的行为规则差异，称之为"俗"。谈判者应了解风俗习惯，如西方人比较喜欢喝咖啡，东方人更偏好喝茶，在谈判房间里准备些茶或咖啡，会使谈判气氛更融洽。埃及人忌讳左手传递东西，使用左手为他人服务是蔑视人的做法，含有侮辱人的意思。对于中国人来说，当我们对别人的表现赞不绝口时，我们会竖起大拇指来表达敬意和鼓励，但是在伊朗、伊拉克等绝大多数中东国家，竖起大拇指是一种挑衅行为。着装也是习俗的一部分。俄罗斯特别注重节日着装，在盛大节日里俄罗斯无论男女老少都要认真打扮，穿上色彩艳丽的服装。去俄罗斯谈判，一定要知道俄罗斯人对于正式场合的着装要求非常高。

5. 合同差异

文化差异可能会使合同或协议的形式有所不同。一般来说，美国人喜欢尽可能详细的合同，他们希望合同能包含所有可能发生的情况，他们认为“交易”就是合同本身，每个人都必须以这个合同为依据来处理可能发生的新情况。中国式谈判通常将建立和维护良好的关系置于重要位置。谈判初期，双方会花时间进行非业务相关的交流，以增进彼此的信任和理解。在谈判中，一方面，中国谈判者会坚守一些基本原则，如涉及国家利益、法律法规、企业核心利益等方面的条款；另一方面，在一些非关键问题上，又具有一定的灵活性，愿意根据对方的合理诉求进行调整和妥协，以达成双方都能接受的结果。例如，在国际贸易合同谈判中，对于产品质量标准等原则性问题，中方会严格按照国家标准和行业规范执行，但在交货时间等方面，可以根据双方的实际情况进行协商调整。在合同执行过程中，若出现问题，也倾向于通过友好协商的方式解决，尽量避免破坏双方关系。这和中国人在贸易中更注重关系的文化传统有关。

6. 等级制度

在西方，交流的过程中虽然也会就其他主题交谈，但是大都比较平和，不存在任何冒犯性质，如谈论今天的天气或者是对对方某一特质的夸奖。在任何谈判中，了解对方是如何组织的、谁有权做出承诺以及如何做出决定都很重要。一个极端的等级制度是谈判小组由最高领导人全权决定所有事项。许多美国人都倾向于采用这种方法。在其他国家的谈判等级分配中，尤其是日本和中国，强调团队协商和共识决策，等级制度在谈判中发挥的作用并不明显。当你与这样一个团队进行谈判时，可能不清楚谁是领导者，谁有权做出承诺。在第一种类型中，谈判团队规模通常较小；在第二种类型中，谈判团队规模通常较大。例如，在中国就一项重大交易进行的谈判中，美国人带着 3 个人坐在谈判桌边，而中国人带着 10 个人坐在谈判桌边，这种情况并不少见。东南亚国家也认为等级十分重要，男性长者普遍享有较高的社会地位，在谈判中，长者希望受到尊重。

7. 风险倾向

风险倾向会影响谈判者承担风险的意愿。日本人在谈判中需要大量的信息，依赖于复杂的群体决策过程，他们倾向于规避风险。相比之下，美国人是冒险者。美国人认为自己是风险承担者，而在法国人、英国人和印度人中声称自己是风险承担者的比例也很高。

8. 正确对待文化差异

谈判者应正视和尊重文化差异。中国谈判文化在于，重情讲义，有利于长期合作，具有强烈的集体主义、爱国主义精神。事实上，目前许多国家和国际组织都正在把中国文化中的“群体取向”“和合”等观念作为多边合作的基础。这表明，中国传统文化是中华民族几千年来经过总结研究提炼出来的精华，对于推动人类社会的发展具有重要价值。中国谈判者应将中国谈判文化应用于经济活动中，使之产生巨大的经济效益，同时，中国谈判者也可以积极学习和接受西方文化，保持美美与共的美德。

好的谈判者需要具备跨文化的知识背景，并依赖这些知识促进谈判成功。谈判者可以引用文化、历史等知识进行交流，找到文化融通的点。

学生讨论

在贸易的拓展中，文明也在融合，我们现在使用的语言中留下了大量的痕迹，如现代英语中的商队（caravan）、支票（check）、风险（risk）、糖（sugar）、棉花（cotton）、炼金术（alchemy）等词语都来自阿拉伯语。中国对世界文明的影响也十分深刻。汉唐时期的中国已经是经济大国，中国工匠流落到中亚西亚，造纸术就由西亚传播到西班牙。1150 年，西班牙出现欧洲第一家造纸厂。宋人毕昇发明了活字印刷术，至少在 12 世纪朝鲜已学会用金属活字印刷朝文书籍。又过了两个世纪，德国人古腾堡才用活字印刷机印刷出《圣经》①。

以上知识是否可以成为你在国际谈判休息时间里和对方拉家常的内容？一个谈判者应如何积累自己的跨文化知识呢？

好的谈判者，特别是那些涉及国际商务的谈判者可能会在不同的文化场景下工作，不断面对文化冲突，进行文化学习，在这种情况下做文化的心理调整十分重要。有学者提出了 U 型曲线假说，认为个体对一种新文化的适应模式沿袭一种英文字母“U”的曲线走势。在 U 型曲线假说中，跨文化的适应可被分成四个阶段。第一个阶段是蜜月阶段，即个体对新环境中的一切均感到新鲜有趣。第二个阶段是文化冲突阶段，意指个体在新环境中碰到各种各样的问题，并要面对这些问题。第三个阶段是调整阶段，意指个体对新文化变得更加熟悉。第四个阶段是完全适应后重新进入蜜月阶段，意指个体已经完全融入新文化中②。然而，个体对跨文化的认知和调整并不是一次能完成的，U 型曲线可能拓展为 W 型曲线，如图 5-3。

图 5-3 展示了谈判者跨文化的自我调整。

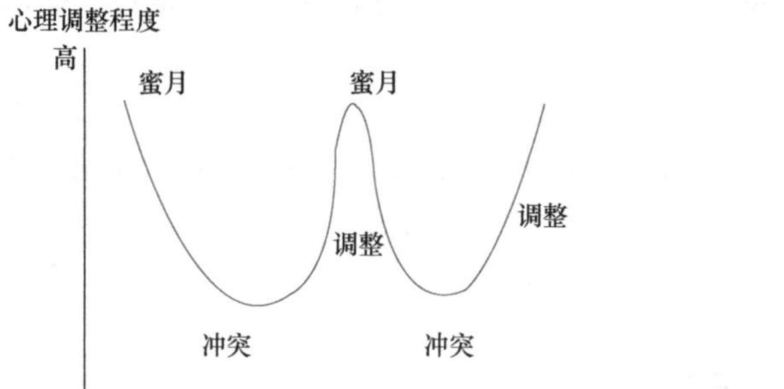

图 5-3 跨文化的自我调整（W 型曲线）

好的谈判者能找到不同文化中的共性，搭建跨文化的桥梁。笔者曾经参加一次中国与欧盟的大型论坛，论坛在法国、比利时、意大利等多个欧洲国家同时举行，按不同议

① 彭彦华. 中华文明与中国模式的崛起——基于中华文化对世界文明贡献的考察. 山东省社会主义学院学报，2017（1）：18-26

② 吴文丽. 论文化休克理论和 U 曲线假说在跨文化旅居者适应过程中的相关性. 长春师范学院学报（人文社会科学版），2010，29（3）：18-22.

题邀请嘉宾。在农业议题上，中国方面派出了多名学者和官员，欧盟方面要求中国农民参加。中方担心农民的外语水平不过关，欧盟方认为，只要是农民，就能理解农业问题，语言不是问题。欧盟方的回答对笔者有两方面的触动：第一，谈判者能够在一个桌子上谈判，说明谈判者已经有了共同基础，要学会找到共同基础的本质；第二，大量的交流是通过非语言渠道进行的。非语言交流包括面部表情、动作（个人空间）、肢体动作（肢体语言、手势等）、触觉（通过触摸进行交流）和视觉（眼神交流）。这些面部表情几乎是普遍的。例如，在所有的表情中，惊讶、恐惧、愤怒等的含义在任何文化中都是相同的。

事实上，任何文化都基于人性，人类感受恐惧、愤怒、爱、欢乐、悲伤和羞耻的能力，与他人交往、玩耍和锻炼自己的需要，以及观察环境的能力等都是属于人性层次的。如何表达这一切取决于文化，如何形成独特的风格取决于个体。图 5-4 是解释了谈判者受人性、文化和个性影响的情况。令人惊讶的是，只有很小的空间分配给个性，每个谈判者都是独一无二的，但整体上，谈判者会表达出共同的人性和某种文化特质。

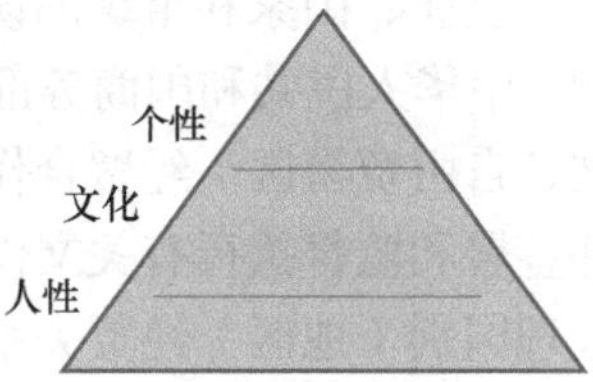

图 5-4 谈判者受人性、文化和个性影响

学生阅读

霍夫斯泰德的文化维度

霍夫斯泰德的文化维度包括以下内容。

（1）权力距离。该指标用于衡量人们对组织或机构内权力分配不平等这一事实的接受程度。权力距离大的文化视权力为文化的基本因素。权力距离小的文化强调权力的合法性，而权力距离大的文化强调指示性权力。

（2）个人主义/集体主义。该指标用于衡量个人与群体的关联度。个人主义文化注重个人目标；相反，集体主义文化更强调集体目标。

（3）刚柔性。该指标用于衡量对男性和女性社会角色是如何认识的。阳刚型的文化赞扬雄心、物质、成就和决断性，而阴柔型的文化关注质量、服务、关心他人和养育后代。

（4）对未来不确定性的态度。对不确定性规避程度较强的文化往往有明确的社会规范支配社会所有行为；不确定性规避程度弱的文化下的社会规范和原则就不那么明确和严格。

（5）长期导向性。

（6）自我放纵程度是某一社会对人享受生活的允许程度。

资料来源：周安菊. 国际传播人才的跨文化调适策略：基于霍夫斯泰德文化维度理论的分析. 中州大学学报，2024，41（2）：87-92.

六、资格

谈判者是实际参加谈判的人，是自然人，通过自己的具体行为直接完成谈判任务。谈判者参加谈判，可以是直接为自己而进行的谈判，也可以是代表企业、国家、组织进行的谈判，无论哪种情况，谈判者都要有一定的资格[①]。

谈判者的资格是指能够进行谈判、享有谈判权利和履行谈判义务的能力。谈判者的资格不合格，指谈判者本身不具备参加谈判的资格，不享受谈判的权利，也不能履行谈判中的义务，更不能承担谈判的后果。

这里的谈判资格指以自己的名义参与谈判并承担谈判后果。法律上将自然人分为具有完全行为能力、限制行为能力和无行为能力的三种类型。年满 18 岁的公民具有完全行为能力，8～18 岁的公民具有限制行为能力，未满 8 岁则无行为能力。作为谈判者，必须具有相应的行为能力。

企业、国家和组织的谈判需要借助自然人进行。国家依法给予自然人谈判资格。例如，中华人民共和国商务部（简称“商务部”）主要谈判职责为：拟订我国多双边（含区域、自由贸易区）经贸合作战略和政策，牵头负责多双边经贸对外谈判，协调谈判意见并签署和监督执行有关文件，建立多双边政府间经济和贸易联系机制并组织相关工作，处理国别（地区）经贸关系中的重要事务，管理同未建交国家的经贸活动，根据授权代表我国政府处理与世界贸易组织的关系，牵头承担我国在世界贸易组织框架下的谈判和贸易政策审议、争端解决、通报咨询等工作，负责对外经济贸易协调工作[②]。而商务部的对外谈判功能是由具体谈判者承担的。例如，根据商务部网站，2017 年，钟山部长出席 WTO 第十一届部长级会议并发言，此时钟山部长代表的就是我国政府。

政府间的国际组织则必须具备一定的法律资格才能进行谈判。国际组织是一个有限的主体，它的有限性表现在国际组织参与谈判的权利和义务能力受本组织的章程限制，不具备完全的法律行为能力和权利能力。1949 年，联合国通过联合国大会核准，联合国具有法律人格，同年，国际法院在其咨询意见书中明确认可联合国是国际法的主体，具有国际权利与义务能力[③]。由此，联合国才逐渐被认可，在与自己相关的谈判中，可以直接参与并承担后果。

学生阅读

WTO 的谈判资格

WTO 的法律地位在《马拉喀什建立世界贸易组织协定》的文件中有明确的规定：

---

① 自然人是指享有民事权利主体资格的基于自然状态而出生的人。自然人不仅指国家内享有公民权利的人，也包括外国人或无国籍的人。法人是具有民事权利能力和行为能力，依法独立享有民事权利和承担民事义务的组织。法人的这种权利就是法人从事民事活动所具备的法律人格，法人可以以自己的名义参加谈判，签署合同或协议。法人包括企业、机关、事业单位和社会团体。国家具有谈判资格，国家不仅是在国际法上享有谈判资格的主权实体，而且在国家内部也具有民事权利能力。国家对外有主权，对内有统治权，这使国家能够对外签署协定，并能在国内履行协定。

② 国务院办公厅关于印发商务部主要职责内设机构和人员编制规定的通知. https://www.gov.cnHuwu/2014-02/22/content_2618700.htm.2017-04-01.

③ 国际法院对国际经济组织的法律人格的认定提出四个前提条件：第一，为达到共同目标而设立的比协调各国行动的中心更高级的组织；第二，建立本身的机构；第三，具有特定的任务； 第四，独立于成员国，能表达其本身的意志。国际经济组织具备上述条件，特别是根据各成员国授予的权利，具有独立于各国自主地表达自己意志的特点，这就决定了国际经济组织具有独立的法律人格。在章程授权范围内，能够独立地与成员国或非成员国以及其他国际组织进行交往，自主地发展对外关系，包括派遣和接受外交代表，缔结双边或多边条约等。国际经济组织的权利是由国际经济组织章程规定的。

第 8 条，WTO 的地位：

8.1 WTO 具有法律人格，WTO 每一成员均应给予 WTO 履行其职能所必需的法定资格。

8.2 WTO 每一成员均应给予 WTO 履行其职能所必需的特权和豁免。

8.3 WTO 每一成员应同样给予 WTO 官员和各成员代表独立履行与 WTO 有关的职能所必需的特权和豁免。

8.4 WTO 一成员给予 WTO、其官员及其成员的代表的特权和豁免应与 1947 年 11 月 21 日联合国大会批准的《专门机构特权及豁免公约》所规定的特权和豁免相似。

8.5 WTO 可订立一部总协定。

从上述条款中可以看出，第一，WTO 具备法人资格，享有本协定和联合国“专门机构特权及豁免公约”所规定的特权与豁免，WTO 可以谈判。第二，WTO 的法律资格以及特权和豁免是 WTO 成员给予的，而不是它自身所固有的，它是一个有限的谈判主体。第三，WTO 可以订立一部总协定，这个协定是其谈判的依据，并为 WTO 的其他谈判提供依据。

资料来源：世界贸易组织. 乌拉圭回合多边贸易谈判结果：法律文本. 北京：法律出版社，2000.

模拟谈判

学生分成三组，一组是美国公司，一组是日本公司，一组是日本政府代表。美国公司希望在日本设立美国独资子公司，并基于下面材料筹备谈判。

日本对外国股权投资有限制。未经政府批准，任何外国公司不得在日本设立子公司或成立合资企业，但自由化业务除外。在日本，通常只会在外国公司占据少数地位的基础上才能获得批准。

美国公司 A 希望进入日本通信市场，按照日本投资政策，美国公司只能采取合资形式，于是 A 与日本通信公司 B 进行投资谈判。美国公司的成败将取决于与日本商人和政府官员的无数次谈判。尽管美国人了解如何在欧洲国家销售、投资和运营，但在拥有独特东亚文化的日本却不是这样的。为了建设性地与日本人打交道，需要谈判者具有相当丰富的经验。美国公司 A 研究日本人的性格、心理模式，认为日本人的敏感性、偏好、行为模式和心理等方面是可取的。日本人和意大利人一样容易情绪化，但日本人的情绪是针对他人的，而意大利人的情绪可能只反映他自己当时的情绪，与他人无关。更重要的是，日本人千方百计掩盖自己的情绪。日本人不喜欢大胆使用权力，并试图避免这种情况发生。在日本，和其他东方国家一样，“面子”是一个重要因素。有时，一个组织会决定某个方向，不是因为经济或政治原因，而是为了给某个重要人物保留面子。在谈判过程中，让来访者感到困惑的是日本人不愿意参与争论。当受到质疑时，日本人通常不会反驳、争论，甚至在他认为自己是对的时候也不会进行争论，他只是保持沉默。日本人喜欢娱乐，认为娱乐为人们提供了远离会议桌紧张气氛的机会，日本商人也经常利用娱乐来增进亲善。

美国公司A发现，在谈判时，至少涉及三方，谈判结果也必须让日本政府感到满意，这会增加好几倍的难度。但是，政府的参与有时可能会给日本公司带来便利。如果外国公司的条款严苛，政府无疑会要求放宽这些条款。

模拟谈判要求：①查找美国和日本的谈判文化文献；②明确谈判中的人物及其利益关系；③模拟30分钟的谈判。A和B公司代表陈述谈判问题，表达合作愿望。在陈述中尽量表现出美日文化的区别。

第六章

关　系

参加谈判的各方构成了一个对立统一的整体，共同处于一种相互依存、相互联系的关系中。本章研究关系的本质，提出“和合力”“关系场”等概念。将我国文化中的和合概念带入到谈判学中，丰富谈判学的内容，这是一种创新性尝试。本章将介绍外部关系、内部关系、建立长期关系、第三方介入等与关系有关的谈判知识。

一、对立统一的关系

中国把事物视为既对立又统一的一个整体，各方处于各种可能的相互关系转化之中。他们之间固然会存在着互相排斥、互相矛盾的一面，但必须看到他们之间还有互相吸引、互相统一的一面。谈判者与对手处在一种相互依存、相互联系的关系之中。

参加谈判的双方显然在某个议题上是互相依存的。以买卖双方的谈判为例，如果没有买方，也就不存在卖方的概念，反之亦然。买方自然是想购得卖方的产品以满足自己的某种需要，而卖方则是想要向对方推销自己的产品以获得一定利润。这就是组织一次商务谈判的起因和动力。

谈判学研究关系，实际上是研究谈判者与他人的相处之道，以便协调、化解人与人之间的冲突。人与人之间的关系涉及许多具体内容，如公与私、义与利、强与弱等，在这些关系的处理中，完全取此舍彼是极端的。处理关系的关键就是使这些矛盾朝正向的和合方向发展，集利为义，化对立为合作。

维护好关系有利于谈判各方实现双赢，主要体现在三个方面：一是可以降低交易的不确定性；二是可以降低交易成本；三是建立市场交易中的信任，从而建立起互惠的关系，达成互惠交易。

学生讨论

如果经理召集你的同事举行一次重要的内部会议，却单单没有叫你参加——尽管你一直是相关问题的权威专家——你肯定会感到不满。你会想是什么导致自己在这个内部的小圈子里失去了地位，你也会担心所有人已经弃你而去。

讨论：你和你的单位之间的关系如何，作为权威专家，你应采取哪些方法维护关系？

二、关系的本质

1. 关系的本质概要

谈判是一个利己主义主导的合作过程，每个谈判者都希望维护自身的利益，坚守自己的权利，但同时谈判者希望对方让渡其权利、利益以实现合作。如果双方都固守在自己的世界中不做出让步，不去合作，谈判就无法进行。因此，谈判者关系的本质是自主权和合作性的取舍。自主权和合作性这组矛盾构成了关系的本质，认识它们，了解它们的作用，可以帮助你构建谈判关系。

合作性表示的是你与谈判对方的交往取向。稳定的、富有建设性的谈判关系来源于合作。合作性的对立面是自主权，自主权是指你践行个人意愿的能力，不被外界强加的不当干涉扭曲。为了建立合作关系，谈判者或多或少要让渡自主权，自主权和合作性是一组矛盾，关系就是反映这组矛盾的统一体。

关系是一组矛盾的统一，这组矛盾是自主权与合作性的矛盾，能否使自主权和合作性保持平衡是建立和谐关系的关键。人的自我意义是内嵌在人与人的关系中的，人通过与其他人打交道来实现自我意义，个人自我价值实现的过程就是满足他人需要的过程，所以自主权和合作性是关系中最本质的内容。在企业合并中，高级管理层寻求建立单一的组织体系，而每个部门都会竭力保持文化和政策上的自主性。像联合国这样的国际组织也在致力于促进全球合作的同时，保持对各会员国独特价值的尊重。图 6-1 体现了关系的本质。

2. 关系的和合

第三章介绍了和合谈判，和合谈判的重要内容之一就是建立关系的和合，谈判和合的实现依赖于关系的和合。

关于关系本质的论述，中国“和而不同”的哲学思想给出了较为贴切的答案。《国语·郑语》中提出的“和实生物，同则不继”，意指只有性质不同的事物结合在一起才能产生新鲜事物，同种元素相结合是不能继续发展下去的。“和而不同”的最终目的是通过调和事物间的各种矛盾，最终实现统一。真正的统一不是没有分歧和冲突的一团和气，而是在交锋中相互理解、相互包容并协调后达成的一致。商务谈判中，谈判双方的目的是通过调节矛盾，在矛盾中寻求融通，杂乱中观其统一，以形成新的意见，最终达成共识。

中国儒家学派代表人物孔子提出了“君子和而不同，小人同而不和”的哲学思想。孔子认为，君子能够以一种包容的态度处理各种矛盾，在和谐关系中凸显各自的独到之处；而小人则处处迎合，一味盲目苟同，毫无原则。孔子将“和而不同”这一思想应用到了社会关系领域，也可以作为谈判者处理关系、加强修养的原则。

谈判者处理关系，要向图 6-1 中的和合方向努力。这种和合状态如同一曲美妙的交响曲，有各种乐器发出的不同声音，正是因为其中虽有不同，但却仍以其内在的和谐构成新的意境。和合的思想渊源可以追溯到中国古代的“整体论”“和合论”“共存论”思想。数千年来，“和合”展示了中国人一种能承认差异性的、相互包容的关系境界，这是以“不同”之“和”达成“大同”之“天下”的价值追求。

和合不否认变化。图 6-1 将关系描述为背离、薄弱和和合三种状态，每种状态都有关系程度的区别。和合的状态是多元的、多样的。例如，酸甜苦辣咸，按照不同的比例进行融合，就可以产生不同的新味道。谈判者就是做美食的厨师，将各种调味品按一定比例和步骤交互达成一致，最终形成平衡状态。在和合关系中，要动态看待关系，强调变化。中国文化强调变化，认为“变则通”，变化能够使得事物消除闭塞阻碍，推动谈判的成功进行。

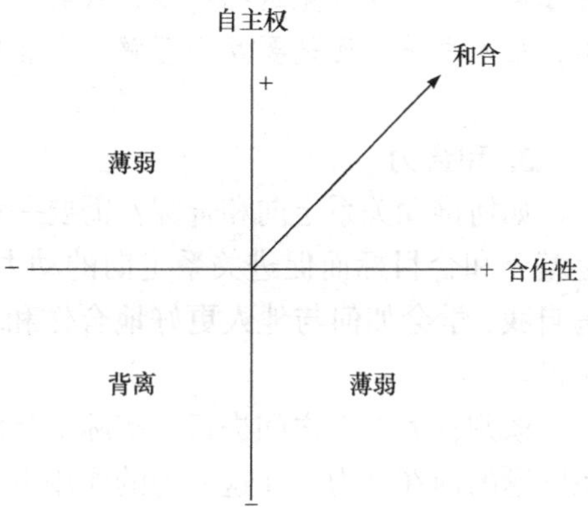

图 6-1 关系的本质

学生阅读

费孝通的十六字箴言

“各美其美，美人之美，美美与共，天下大同。”费孝通提出的这十六个字是有逻辑顺序的，基本思路也是十分清晰的，即从文化自觉，到文化互鉴，再到实现天下价值的统一。

首先，“各美其美”，地球上各个民族、各个国家的文明发展都有其独特的历史渊源。费孝通认为，全球化时代，国与国之间、文化与文化之间、区域与区域之间，有着明确的界限，这个界限是社会构成的关键。不同的政治、文化和区域实体依靠着这些界限来维持内部的秩序，并形成它们之间的关系。费孝通对西方的“文明冲突论”等思潮做了许多评论。他指出，近二三百年来，西方思想在世界学术界起着主导作用，但在面对全球问题的时候，西方的一些基本思路却有很大的局限性，引发出一些新的矛盾。如近百年来“自我中心主义”“西方至上主义”“殖民主义”“极端国家民族主义”“种族主义”等思潮，成了20世纪两次世界大战的催化剂，也是造成很多国际性问题的重要原因。

其次，“美人之美”就是要求合作共存时必须具备的对不同文化的包容的态度，是在民族之间平等的频繁往来之后，人们开始对别的民族的美的东西给予真正的理解和包容，甚至是赞美。这是高一层次的境界。

再次，“美美与共”是指对不同人群不仅能容忍其不同价值标准的存在，进一步还能赞赏不同的价值标准，由容忍上升为认同，在人文价值上取得共识，多元接近了一体，这是更高的境界。“美美与共”的含义就是“和而不同”。

最后，“天下大同”，这个境界再一次升华，就是真正建立一个大家共同遵守的价值观，把很多标准融合成一体，实现人们理想中的“天下大同”。

总之，费孝通认为，现在全世界在经济上已经休戚相关、兴衰与共，但人类在文化上却还是各循其理，缺少一个能够共同遵循的价值标准，如果不解决这个问题，人类就会爆发灾难。要避免这种灾难，人类必须要有理智，不能以我之是，强人之是，以我之美，强人之美，而是要互相理解、互相容忍，求同存异。

3. 和合力

如何推动关系走向和合呢？需要一种“力”，本书将之称为“和合力”。这种和合力是基于和合目标而促进关系走向的动力，这种力量试图帮助我们在人与人的关系中认清自我，学会如何与他人更好地合作和相处。在关系的处理过程中，找到这种力量非常关键。

谈判在人与人之间进行，实际上是解决人的问题。和合力是一种解决人与人之间关系问题的内在动力。在这种力的作用下，人与人会减少冲突，促进合作。那么，和合力到底是什么力？我们在上文讨论了人性，指出人性是跨文化沟通的桥梁。中国儒家认为处理人与人之间的关系要强调“仁”，谈判者具有“仁”的内在修养就会走向和合。这时，仁就是和合力。

和合力是一种使谈判者找到共鸣的力量。例如，在某种情况下，某些价值是不可侵犯的，侵犯这种价值的任何一个组成部分，都会构成对事物整体的侮辱。和合力可以让人合作，应对任何冒犯行为。共同使命可能会成为和合作用力，聚在一起协商解决民族政治争端的谈判专家都肩负一个共同的使命，就是让他们的子孙后代有一个光明的未来。

商务谈判中的“和合力”是和合谈判的关键概念。正是由于和合力的存在，谈判者之间找到了价值认同，也就找到了打开和而不同新局面的钥匙。和合力可大可小，在一场交易中，谈判双方可能因为对环境保护有共同认知而产生合作愿望，也可能企业家彼此认同而产生合作愿望。

谈判中负向力量也存在，这种力量会使人与人之间的关系走向背离。这种负向力量放大了谈判者之间的差异性，把合作性降至最低，将人际关系中好的一面全部抛到脑后，想起来的全是坏的一面。在某个特定的封闭的谈判环境中，我们把自己和对方的身份固化，不再倾听对方的意见，而是批评、谴责，这个时候，关系就处于背离或者薄弱地带。

4. 谈判者关系偏好的类型

谈判者可以依据图 6-2 评估自身偏好的关系类型。自我主义型谈判者非常注重自我利益的实现，在谈判中强调单赢；竞争型谈判者喜欢挑战、追求胜利；乐于合作型谈判者接受竞争、自我主义的概念，但追求共同福利的提高，希望把馅饼做大。牺牲型、自虐型、受虐型、侵犯型和利他主义型谈判者并不多见，但在现实中确实存在这样的人。

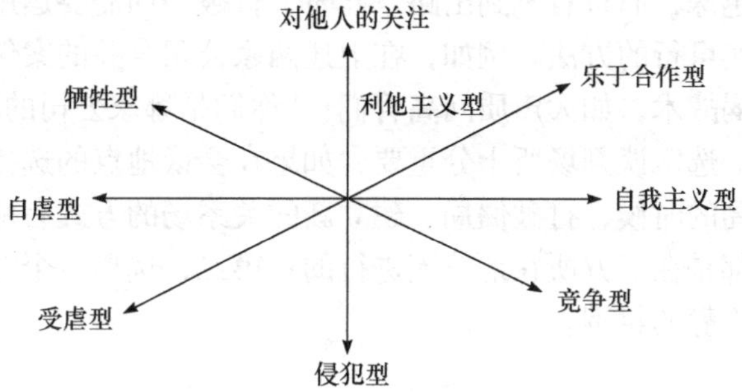

图 6-2 谈判者的关系偏好[①]

5. 关系场

谈判达到和合是一个动态的、开放的过程，难度非常大，它受到多种因素影响。关系场是指谈判时的气氛。为什么谈判中的关系场很重要呢？如果谈判者在谈判中发生扭曲，进入充满负能量的关系场中，谈判者的关系就会恶化。

学生讨论

建立新关系

试想一个常见的情景：两家公司的首席执行官同意将企业合并。纸上的协议说得很好，合并可以保证利润暴涨，但当双方的高管落实协议时，整个形势却变成一场灾难。新建立的隶属关系导致了地盘之争：由于员工在并入新合并的组织过程中没有得到适当的引导，他们仍然保持对原有组织的忠诚，竭力避免原有组织遭受潜在损失，结果使新组织无法运行。

讨论：两家公司的职员是否仍习惯于原组织的关系场？如何在新组织里建立更好的关系？

长期嵌入在一种稳定的关系场中的谈判各方要有破局的能力，这是一种开拓性能力。第二次世界大战结束后，中美之间长期对峙达二十多年，双方官员未曾有近距离接触，双方长时间是敌对国家。接触的初始阶段，双方之间不存在互信。基辛格于 1971 年 7

① McClintock C G, van Avermaet E. Social values and rules of fairness: A theoretical perspective//Derlega V J, Grzelak J. Cooperation and Helping Behavior. New York: Academic Press, 1982, 43-71.

月秘密访问北京，周恩来全力推进谈判。伴随着谈判一轮轮推进，谈判者之间逐渐形成了一种比较亲密的情感关系。周恩来和基辛格会毫不掩饰地表达对对方的欣赏。周恩来认为：位高权重的基辛格能采用瞒天过海之术，获取秘密访华的成功，保密本领堪称一流；而基辛格则对周恩来只凭纸片上的只言片语，就能洞察天下事的本领表示钦佩。谈判者之间如此沟通，改变了中美谈判场的气氛，营造了相互信任和默契的气氛，建立了一种新的关系场。

谈判中，双方有时会进入到一种静止的谈判关系场中，也就是在谈判中产生冲突，在冲突中陷得越来越深，而且看不到出路。此时，打破僵局需要运用极端战术，当头棒喝战术就是一种切实可行的方法。例如，在上述两家公司合并的案例中，新组织中的领导可以采用当头棒喝战术，如大声质问高管们："你们是哪家公司的职员？"

在商务谈判中，选定谈判场所十分重要，如果在会谈地点的选择上出现僵局，尤其是双方关系进入僵局的时候，打破僵局、建立新的关系场的方式有两种：第一，轮流做东，很多国际谈判都是在双方所在地轮流进行的；第二，选择一个对双方都有利的中立空间，营造出一种冷静的氛围。

学生讨论

中美的初次接触

1971 年中美恢复邦交的初次接触中，中方营造了谈判的关系场。基辛格 1971 年 7 月在巴基斯坦的会议中"佯装肚痛"之后使用了金蝉脱壳之计，秘密访华。基辛格只能充分利用在华停留的 48 小时，进行高强度、高密度的"客场"谈判。在历时 21 小时的谈判中，17 小时用于和周恩来举行会晤，4 小时用于商讨起草《基辛格访华公告》。美方担心：①中方能否信守诺言；②基辛格此行能否生成美方期望的成果——《基辛格访华公告》。谈判时间的压力以及对谈判成果的高度期盼缩减了美方在谈判中游刃的空间。此外，基辛格因担心房间中安放了窃听器，不敢和他的助手在房间里做任何讨论，他们所有商量对策的谈话都是在散步中进行的，而中方则相对拥有更多的主动权。

资料来源：郑华. 外交谈判中的权力研究——以中美关系解冻的系列谈判为例（1969—1972）. 国际论坛，2007（4）：7-12，79.

讨论：中美谈判处于怎样的关系场中，如何评价中方的策略。

三、外部关系

在国际谈判中，每个国家的谈判代表都面对三种关系。一是在谈判桌上，与对方形成的关系；二是没有出现在谈判桌上，但影响谈判的外部关系，如第三国的关系状态会影响谈判走向；三是一国的内部关系，国内的利益集团、执政党等对谈判代表会产生影响。商务谈判涉及各个谈判方的某种特定关系，这种关系并不是无序的，而是围绕商业活动的游戏规则展开的，参与商业活动的各方构成了外部关系。图 6-3 描述了以某公司为视角的商务活动中相互依赖、相互作用的参与者及其关系。

图 6-3 描述的公司外部关系中，在垂直方向，有公司的顾客和供应商；在水平方向，是与该公司相互作用，但并不发生交易关系的参与者，他们是替代者和互补者。公司的顾客可能不买公司的东西而去买替代者的产品，从顾客角度，可口可乐和百事可乐就互为替代者。公司和替代者之间也可能存在谈判关系，如协商市场价格，进行竞争管理。互补者是指顾客买他们的东西是互为补充的。例如，软件和硬件公司就是互补关系。软件和硬件公司会因为捆绑销售而发生谈判。

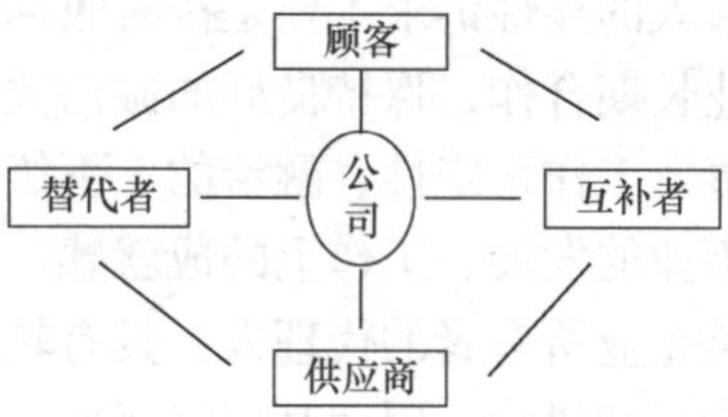

图 6-3 某公司的外部关系

学生讨论

危机中如何处理与供应商的关系

1997 年亚洲金融危机爆发，印度尼西亚（简称“印尼”）受到影响，印尼盾市值几乎为零，所有交易要用美元，致使许多公司陷入困境。中国福耀玻璃的主要供应商之一——印尼的浮法玻璃生产商求助福耀玻璃，希望中国能够购买他们的产品。此时，中国企业可以趁机以最低的价格购入或者减少购入量。福耀玻璃的老板曹德旺却以过去的价格买了浮法玻璃生产商的 80%～90%的货物。曹德旺认为，从产业链的理论上讲，上下游企业是买卖关系，但是企业间不是各自孤立存在的，要想福耀健康发展，需要有健康的供应商。

资料来源：曹德旺. 心若菩提. 北京：人民出版社，2020.

讨论：你如何评价曹德旺的做法？曹德旺是否帮助了供应商，福耀是否可以严谨地把和供应商的关系定位在买卖关系上？

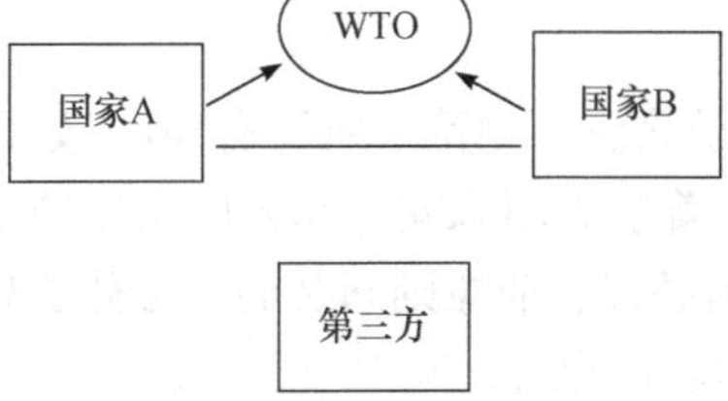

图 6-4 WTO 争端解决的参与者

国家间的商务争端通常通过某一仲裁机构或争端解决机构解决，在这样的谈判中会形成特定的外部关系。如图 6-4 所示，国家 A 和 B 发生贸易争端，到 WTO 争端解决机构去寻求解决，依照 WTO 规则，有国家以第三方的身份加入争端解决过程。

一般来说，任何一个谈判者和其谈判对手都很少会唱独角戏。每个谈判者的幕后都是有同伴支持的，同时也涉及各种利益相关者，谈判在各自不同关系的人群中展开，这些关系就像那些通过婚姻、家庭或社会组织成员所形成的关系一样，是可以描述出来的。谈判者应该在谈判前摸清关系，画出关系图谱。

四、内部关系

1. 内部关系概要

对企业生存具有重要影响的是债权人、员工、企业经营者、股东等之间的关系。债权人的显性诉求主要是按时收回本金及利息，而隐性诉求则是希望企业与供应链相关企业长期合作，保持良好的诚信关系。员工的显性诉求主要是薪酬的回报、工作环境的改善、工作稳定性、融洽的上下级关系等，具体包括薪酬、期权等方面。隐性诉求是个人事业的发展、工作上的成就感、得到肯定和晋升、实现自身效用最大化等。企业经营者是企业所有者的代理人，具有较强的管理能力和丰富的工作经验，并承担了更多的经营责任和风险，因而其回报要比一般雇员高。各种内部关系有共同的诉求，如企业获得发展，但他们之间也有利益冲突，如股东与企业经营者的追求利益目标不同。股东的目标是实现投入资本的保值增值，实现企业财富最大化。经营者虽然能从财富最大化中得到好处，但其往往追求公司成长而非公司收益。股东、企业经营者与员工的利益也有冲突，企业认为盈利是资本增值的结果，员工薪酬不过是成本支出。假设一家企业要进行并购活动，首先要注意到以上内部关系，以便制定企业的整体对外谈判策略。

国际经济贸易谈判会受国内利益集团的影响。在国际层面，各国政府谋求最大限度地满足国内各种关系的诉求。在某种意义上，一个国家参与国际谈判是国内国际两股力量相互作用的结果。只要各国相互依赖，而且都是主权国家，那么国际经济贸易谈判就涉及国与国之间的外部关系和由国内利益集团构成的内部关系。在国内利益偏好一致的情势下，国际谈判代表更容易展开谈判。国际谈判代表在谈判前要处理的是内部关系，必须协调好国内决策机关、政府部门、利益集团、自己的顾问班子以及谈判代表团内部等关系。1999 年 11 月，中美就中国加入 WTO 进行最后阶段的谈判。中国代表团由中华人民共和国外交部（简称“外交部”）、中国人民银行、中国证券监督管理委员会等部门的官员组成。中美代表在最后的 7 个问题上展开谈判，这 7 个问题涉及国内各部门的利益，因此，从部门利益角度看，中国代表团内部官员的谈判立场并不完全一致。但是，在国家利益前，中国政府必须统一立场，协调国内利益关系是中美谈判的关键。读者可参考本书第十三章中提到的双层博弈论来理解内部关系。

2. 谈判队伍

商务谈判的人员构成是一种内部关系的建立，包括台前人员和幕后人员。台前人员指直接上谈判桌的人员，幕后人员是指不直接与对方谈判，而为台前人员出谋划策或提供服务的内部人员。

谈判者就如同战争中的将领，是十分难得的。《孙子兵法》中论“将”有 40 多处，精辟地论述了将帅的地位、作用及素养，指出将帅担负着事关国家安危和人民生死的重大责任，是国君的辅佐。“夫将者，国之辅也。辅周则国必强，辅隙则国必弱”。《孙子兵法》认为将帅应具备五德，即“将者，智、信、仁、勇、严也”。

台前人员主要包括主谈人、谈判组长、技术人员、商务人员、财务人员、法律人员、翻译、秘书和记录员等。主谈人是谈判桌上的主要发言人，应熟悉业务、思维敏捷、深思熟虑、掌握谈判的主动性，有帅将风度，情绪可控。谈判组长是谈判团队在前方的领导人，肩负完成谈判目标的使命，谈判组长可以让主谈人发言，但出现偏差时，可以做出严肃的否决。熟悉生产过程的技术人员也会经常参加谈判，对合同细节、技术参数给出自己的意见。商务人员应熟悉市场情况，对价格变化趋势等问题有预测和把握的能力。财务人员应熟悉企业或本组织的财务情况，对合同交割等财务细节有把握能力。法律人员可以由本单位的法务人员出席，也可以外聘。秘书、记录员和翻译是团队的重要组成人员，细节有时候会关系到谈判的成败，因此这些人员也很重要。其中，翻译人员在国际商务谈判中是必不可少的，要具备专业素质、熟悉谈判领域，能够准确传递信息。

幕后人员包括：领导者、智囊团和提供谈判支持的团队。领导者虽然不参与谈判，却是真正的决策者，领导者在谈判中具有最高的法律地位。在2018～2020年的中美贸易谈判中，两国元首是谈判的领导者，谈判过程中，中国国家主席习近平和美国总统多次会面，展开元首外交。但是，这两位元首的领导风格非常不同，特朗普总统事无巨细，每天发个人推特在互联网上指挥谈判，基本上是负面的抱怨、指责、威胁；而中国元首在高层外交出现时都是表达积极促谈、构建人类命运共同体的愿景。

幕后人员中，智囊团和支持团队非常重要。2018～2020年的中美贸易谈判中，两国的智囊团规模史无前例，甚至是得到了举国关注，很多学者自发参与讨论，出谋划策。支持团队一般是由国家内部各部门人员建立起来的联合小组，承担准备资料、分析问题等任务。

学生讨论

关系的转化

A、B、C三家汽车生产商，每家都通过打折占领市场，每一次都是其中一家公司宣布折扣方案，另外两家就跟进打折，结果三家公司发现，他们都在亏损。A企业决定改变这种情况，和B、C两家公司联合宣布结束折扣战。这一策略使得汽车交易的重心从卖方转移到了买方。

讨论：这场汽车联合谈判结束价格战包括哪些内部和外部关系，两者如何转化关系。

五、关系策略

1. 谈判者对立状态下的关系转换

一般情况下，如果谈判者固化认定谈判对方是自己的对立面，谈判的难度会随之加大。谈判者不应该想当然地把对方固定在某种身份或关系之中，而应观察对方的策略，并使用关系转换的策略。关系转换策略主要有三种：互惠、互补和转换。A和B两位谈判者，若A使用了某种策略，B采用了相同的策略作为回应，这个过程就是互惠，互惠表明谈判双方有共同的视角；若A使用了某种策略，B采用了相似的策略，这个过程是互补，互补表明了谈判一方对对方意图不确定；若A使用了某种策略，B却采用了截然相反的策略，这个过程就是转换，转换的目的是改变无效的谈判方式，让谈判结果朝着自己渴望的方向发展。

2. 交易关系的构建

好的谈判者敢于设想，甚至可以把对方的谈判成员变成自己的合作者，这种方法就是寻找对方内部的代言人。假设有一位建筑师B，十分喜爱自己亲自设计建造的别墅，但因为刚刚再婚，新婚妻子对他前妻的遗产有所忌讳，她想卖掉别墅。买方A多次接触建筑师，即便报价一直在提高，建筑师仍不肯出售别墅。这时候，卖方 B 和买方 A 之间的关系是有限的，没有拓展空间的关系是不成熟的，如图 6-5 所示。

买方 A 开始对建筑师 B 做更多的背景调查，寻找房地产代理商 C 进行房产市场的咨询。A 发现 B 的新婚妻子是希望卖掉房子的，但是担心房价会走低。在 C 的帮助下，A 展示了交易的收益估计，说服了 B 的妻子。在 B 的新婚妻子的帮助下，别墅交易顺利完成。那么，B 构建了新的交易主体关系，如图 6-6 所示。

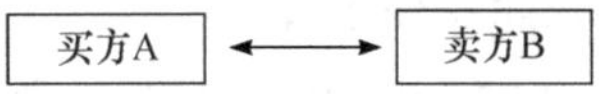

图 6-5　不成熟的交易关系

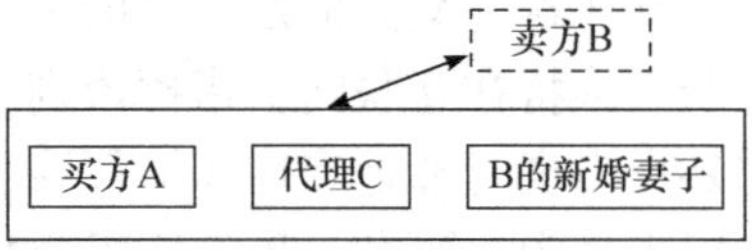

图 6-6　成熟的交易关系

3. 和朋友谈判

相较于陌生人，和朋友谈判可能更需要注意自己的行为。谈判者的讲话、手势、语调都可能被对方捕获，影响谈判。在朋友关系中，友谊要求谈判者应关心对方的福利，而谈判却要求谈判者为自己赢得一笔满意的交易，友谊使谈判者处于两难境地。

在朋友关系中，关系并不总是平等的。有些关系，如师生、亲属关系，不具备互惠性，谈判者有时不得不向关系低头，放弃谈判立场。

有的时候，随着时间的推移，谈判者很难准确判定谈判双方关系会发生怎样的变化，一般情况下，新形成的关系比已经存在的长期关系更容易观察和测量，谈判者应注意引导新建立的关系，向积极的方面引导，走向和合。有的时候，与存在长期关系的朋友谈判更难，长期关系使谈判者之间的界限模糊，谈判者不好意思张口讨价还价，与已经具有长期关系的谈判者谈判，一个策略是建立处理关系的机制，将谈判放在正式的谈判机制中，确定交流的频率、需要解决的问题等事项，这样可以避免因为关系界限模糊而导致谈判的纠缠和无效率。另外一个策略是重新定义关系，打破原有的关系，寻找一个新框架，使谈判处于可谈的情境下。

学生讨论

关系转化策略

坦桑尼亚首任总统朱利叶斯·尼雷尔的治国之道颇为经典。坦桑尼亚生活着 125 个族群部落，因此在身份认同问题上，国内民众存有意见分歧是普遍现象。但是尼雷尔把国家认同置于部落认同之上。他在大部落中分享政府权力，避免让某一个部落独掌全部大权。他宣布禁止对个人的部落背景进行公开普查；命令所有阶层和部落都必须义务服兵役。尼雷尔主张在全国广泛建立乌贾马村，将居住于不同地区的人们集中到一起共同劳动、共同生活。这一构想有利于消除部族的界限，对加快坦桑尼亚的民族建构步伐起到了重要作用。

资料来源：姜玉峰. 试论尼雷尔的民族建构思想与实践，黑龙江史志，2008（16）:

83-84.

讨论：请评价尼雷尔的关系转换策略。

六、建立长期关系

1. 维护长期关系的钥匙

某知名电子产品制造企业A专注于智能手机的生产。A企业需要从芯片、显示屏到外壳、包装材料等方面与各类供应商合作。为了快速组建产品生产线，A最初选择了一家报价较低且承诺短时间内可大量供货的小型企业B。A与B的合作模式较为简单直接，双方签订短期合同。每次合作结束后，若有新的订单需求，再重新洽谈合作细节。随着A产品定位逐渐向中高端转变，对产品质量要求大幅提升。B生产的外壳在耐用性测试中频繁出现问题。A认识到商业合作中长期关系的重要性，A与B重新谈判，签订长期合作框架协议，明确双方未来3—5年的合作意向，并强调B要加强质量管控。

建立长期关系的关键首先是寻找现实需要，然后是寻找和合力。这两种因素好像是处于两个世界，即真实的经济世界和神圣的价值世界，找到这两个世界沟通的方法，就找到了维护长期关系的钥匙。

最常见的现实需要是商务利益间的交换需要。谈判双方的利益关系是一种对立统一、互为条件、我方对对方的需要以及对方对我方的需要，也正是这种双方都互相有需要的现实，使得双方的需要紧密联系在一起。

维持长期关系的最好办法是发现存在于谈判者之间超越经济利益的和合力，这种和合力是谈判者基于共同价值的认识。长期关系的维护更依赖于和合力。WTO漫长的农业谈判中，维护长期关系的初衷发挥了重要作用。20世纪80年代后以美国和欧共体成员为代表的国家对农业生产者进行补贴，在国际市场上造成了农产品供过于求的混乱状况。中小农产品出口国比较优势被削弱，蒙受了巨大的经济损失。为了防止美欧之间的农业补贴战升级，澳大利亚、加拿大、巴西、阿根廷、马来西亚、泰国等14个农业生产和出口国多次举行会议，达成了建立凯恩斯集团的共识，共同推动农业贸易的自由化。20世纪90年代，乌拉圭回合开始后，农业贸易问题被推到了谈判的中心位置，凯恩斯集团发挥了重要作用。多年来，凯恩斯集团以推动农业贸易自由化为己任积极活动，其成功的原因是凯恩斯集团的成员都具有农业资源的禀赋优势，19个成员国的农产品出口总和超过全球总量的25%[①]。

2. 长期关系的维护

图6-7介绍了建立长期关系的策略，即提出了四种谈判策略，讨论了关系和利益权衡下的谈判策略。

① 相关数据来自凯恩斯官方网站，参见：https://www.cairnsgroup.org/.

图 6-7　建立长期关系的策略

（1）当谈判双方都认为利益和关系都重要，同时也十分注重维护长期关系时，那么双方的策略应该是尽可能的合作，建立建设性合作关系。

（2）当谈判者在良好关系和追求利益之间更倾向于前者的时候，会采取全面让步的策略。

（3）如果整个谈判中利益比关系更重要，谈判双方追求单边的赢输，会采用严格竞争战略。

（4）当双边关系和利益都不重要时，就应该采取积极回避的策略，表示双方对谈判都不感兴趣。

以上四种策略是从一方谈判者的视角设定的，要评估策略的可行性，还需要从对方角度，以同样的方法进行评估。

七、第三方介入

（一）第三方介入的情形

第三方是指那些不直接介入谈判，但可以帮助谈判双方解决问题的人。有的时候，第三方是谈判双方的熟人，或者共同了解和信任的人，有的时候，第三方是专业人士或者机构。谈判双方要求第三方保持中立，不偏不倚。

选择第三方介入，多发生在“伤害性僵局”（hurting stalemates）背景下，这个时候，谈判陷入困境，持续的僵局给谈判双方带来痛苦，因而考虑让第三方介入。谈判者选择第三方介入意味着谈判双方的关系是可以修复和改善的，并没有完全破裂，也意味着双方寻求谈判结果，与花费时间去调整关系相比，谈判双方更在乎结果，希望能达成交易。第三方介入会产生激冷效应（chilling effect），谈判双方预测到第三方让双方“各让一步”的时候，谈判双方会妥协[①]。

常见的第三方介入的情形：①谈判双方情绪未处理好，谈判中充斥着很强的愤怒和挫败感；②谈判双方沟通不顺畅，或者已经完全中断，抑或是双方都想在谈判中压倒对方；③谈判双方的地位和企图已经没有谈判的可能性；④谈判双方变得很消极，不主动；⑤谈判双方在什么信息是有用的、可靠的问题上，存在严重分歧；⑥谈判双方对问题的看法上不能达成一致；⑦谈判者的价值观相差甚远，谈判双方在“什么是正确的”这个

① Lewicki R J,Hiam A, Olander K W. Think Before You Speak : The Complete Guide to Strategic Negotiation. New York: Wiley, 1996.

问题上不能达成共识；⑧在解决争端的问题上，谈判双方并没有开展有效的谈判；⑨谈判关系陷入僵局[①]。

谈判双方让第三方介入，需要一些客观条件：①谈判双方都希望解决争端，他们更在乎结果；②谈判双方有可能修复、改善关系；③第三方可以起到简单地阻止争端的作用。

第三方介入的优势在于：①冲突双方在将他们的问题陈述给第三方的时候，他们得到了一段缓和的时间，并可以让自己冷静下来；②因为第三方的介入，双方的交流变得正常起来；③双方有机会对议题进行排序，因为要告诉第三方优先等级；④解决冲突的框架被自如地建立、解除或重新建立；⑤双方可能恢复关系。

选择第三方介入也会对谈判双方产生负面影响。当邀请第三方介入的时候，谈判双方可能会觉得丢脸，好像双方没有能力解决自己的问题似的。第三方介入会影响双方主动控制谈判及其处理谈判关系的能力。在第三方介入的过程中，如果有一方对第三方不满可能会导致介入失败。

（二）第三方所扮演的角色

第三方常扮演调停者、斡旋者、仲裁者和调查者的角色。图 6-8 区分了第三方介入的各种类型，从谈判过程和结果两个维度对四种第三方所扮演的角色做了区分。

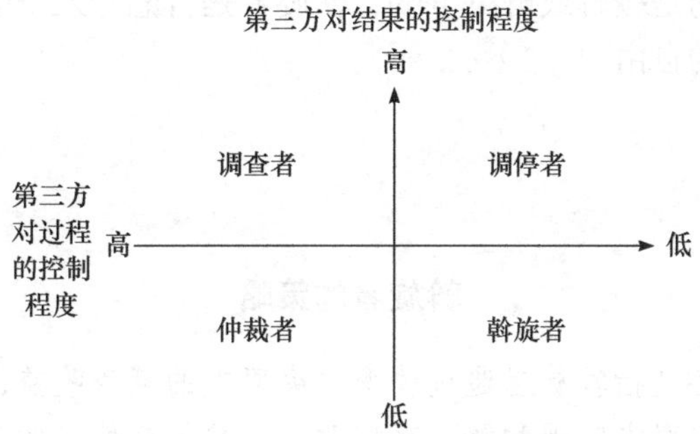

图 6-8 第三方在谈判中所扮演的角色

1. 调停者

调停指在一般意义上的谈判不能展开或不能取得谈判成果的背景下发生的特殊谈判，调停者不是严格意义上的争端当事方，它的特殊作用在于通过采取各种方法帮助争端各方重新展开谈判并促使解决争端。在国际贸易、国际投资、债务索赔、离婚、消费者投诉等各种谈判中都可能存在调停者。

调停者需要公平、中立、没有偏见和有信用。调停者应该熟悉谈判的问题，甚至是该谈判领域的专业内容，熟悉谈判所涉及的法律、合同和先例。调停者应具有谈判者的素养、技能。

调停者在刚刚介入谈判的时候会比较被动，要和谈判双方见面，听取意见，深入了解问题的本质。有些时候，调停者会和谈判双方同时见面，但是当双方关系恶化时，调

---

① Lewicki R J, Hiam A, Olander K W. Think Before You Speak: A Complete Guide to Strategic Negotiation. Hoboken: John Wiley & Sons Inc. 1996.

停者也会分别和谈判双方见面，并努力为谈判双方找到解决问题的方法。调停者可以在谈判双方互相让步的过程中帮助谈判双方保全面子，并向谈判者提供能够达成一致的帮助。一旦谈判者能够自如地进行谈判，调停者可以退出谈判，走向幕后。

国际组织，如联合国、WTO 始终是国际社会重要的调停提供方，中国政府在很多外交事件中扮演调停者的角色。伊朗和沙特由于在宗教、民族、国际影响力和领土主权问题上的分歧颇多，两国纷争不断。2023 年 3 月 10 日，在中华人民共和国调停下，沙特和伊朗两国在断交七年后同意恢复外交关系。随后，中国、沙特、伊朗三方签订《北京协议》并发布联合声明，声明称：沙特与伊朗达成“北京和解”。沙特和伊朗两国都愿意选择中国作为最终调停人的考量是多维度的。首先，两国认为大国中只有中国有能力保证对方的政治承诺能够落地。其次，双方都有意将中国引入中东安全体系，对冲美国对中东安全的霸权影响。最后，两国与中国的相互依存关系不断加深，选择中国能够进一步加强两国与中国的关系①。

2. 斡旋者

春秋战国时期，诸侯并起，各国的外交使节、仁人志士八方游说，往来如梭，殚精竭虑，这类活动主要指斡旋。斡旋是和平解决争端的方法之一，第三者不介入具体的争端，主要运用外部手段协助争端当事人谈判，促使达成协议。斡旋者是开展斡旋活动的主体，斡旋者通过游说使争端双方重新认识自己的利益，进而促使冲突双方达成协议。斡旋者介入争端的目的是缓解或解决争端，斡旋者是自愿介入争端的，是否接受斡旋者的提议是争端当事人的自由。

学生阅读

斡旋者的策略

直接改变收益策略是指斡旋者通过改变冲突双方的期望收益，使和解的收益大于冲突的收益，从而使冲突双方实现和解。直接改变收益策略的目的就是要改变冲突双方的态度和行为。实施这一策略的具体方法包括改变双方的期望、使双方认识到不达成和解的后果、对妥协行为给予奖励、对不和解的行为进行惩罚或恐吓等。

信息明确收益策略是通过增加信息，使冲突双方认识到和解的收益大于冲突的收益，从而使冲突双方实现和解。信息明确收益策略的主要内容包括第三方通过与冲突双方交往，获得双方信任，并让双方重新认识各自的利益、给双方传递信息、提出一个能被双方接受的框架协议等。

程序改变收益观念策略是通过增强冲突双方的谈判耐心，使之认识到和解收益大于冲突的收益，从而使他们实现和解。这一策略是要创造一种有利的谈判环境，逐步改变冲突双方的观念，使他们由不愿意谈判变为愿意谈判。

资料来源：漆海峡. 国际斡旋的成败分析. 国际政治科学，2005（4）：24-51，4.

① 马小东. 供需视角下中国成功调停沙伊冲突相关问题分析，国际关系研究，2023（6）：81-101，155-156.

3. 仲裁者

仲裁是解决争议的方式之一，是指在当事人的申请下，将案件争议提交至具体仲裁机构，由仲裁机构对案件进行审理并做出裁决的活动。仲裁常用于解决商务冲突，如劳动关系、企业和工会的关系等方面。

当仲裁者介入的时候，谈判双方依旧保持他们对谈判的一定的控制权，但仲裁者却掌握和控制着结果。谈判者在选择仲裁者的时候有相对独立的自由意志。很多商务合同包括仲裁条款规定，当事人可以自愿选择对商务交易有利的仲裁机构和仲裁者。

中国对仲裁者的任选有明确的规定。2017 年《中华人民共和国仲裁法》第十三条规定了仲裁员的任职条件。2019 年，中共中央办公厅、国务院办公厅印发了《关于完善仲裁制度提高仲裁公信力的若干意见》，将提高仲裁公信力作为仲裁理念。在实践中，《中国（上海）自由贸易试验区仲裁规则》率先引入仲裁员开放名册制，开始允许当事人在仲裁员名册外挑选仲裁员，充分尊重争端双方的意愿。

在商务仲裁中，由于仲裁者可能来自不同的国家和地区，代表着不同的法系背景，与谈判者所熟悉和认知的法律文化并不相同，每个仲裁者的身上难免会烙有本国法律的印记，这些法律文化和背景的不同，直接或间接地影响着每位仲裁者内心的公平公正观念。所以，谈判双方要谨慎选择仲裁这一第三方手段。

4. 调查者

在商务谈判中，第三方调查者是指独立于谈判双方之外，受委托或根据相关规定对谈判所涉及的特定事项进行调查、收集信息、提供客观评估和专业意见的个人、组织或机构，如市场调研公司、知识产权调查机构、资产评估公司等。这些机构拥有专业的调查团队和丰富的调查经验，能够针对不同领域的问题进行深入调查和分析。行业协会或专家组织也可以是调查者，他们熟悉行业内的情况和规则，能够从行业的角度提供专业的意见和建议，在涉及行业标准、技术规范等方面的谈判时常会发挥重要作用。调查者应保持独立性，并保持中立的立场，不受谈判双方的影响和干扰，以客观、公正的态度开展调查工作。

模拟谈判

曙光社区团购网站的谈判

社区团购是社区内居民团体的一种购物消费行为，建立在社群营销基础上，是一种依托真实社区的区域化、小众化、本地化的团购形式。以社区为中心，以团长（社区小店、个人、便利店店主）作为分发节点，消费者可以通过微信群、小程序等第三方工具进行采购，拼团的产品主要以生鲜产品为主。社区团购是一种社群分享类电商模式，用户既是消费者也是宣传者，相较于传统电商，更有利于提升产品和平台的曝光度，减少商家的引流成本。

曙光社区的居委会拟建立社区团购平台，现准备谈判。主要谈判信息如下：①目标用户。目标用户包括团长和消费者，居委会把申请团长的门槛设置得较低，符合条件的个人及商户都能成为团长。消费者主要是曙光社区高频购买生鲜需求的用户，主要以已婚女性为主。②商业模式。社区团购涉及平台、团长和社区居民等。平台—团长：平台为团长提供商品、物流、售后等支持，团长收取10%左右的佣金。团长—社区居民：团长利用自身的私域流量，向社区居民推荐商品。社区居民—平台：居民通过平台下单购买产品，平台为居民提供售后服务。③团长运营。社区运营的最重要的组成部分是团长，与消费者不同的是，团长对所获得的利润十分敏感。由于入驻门槛低，团长的能力参差不齐，居委会要求申请团长职位的人应有一定的互联网经验。由于现在团长获得的利润有高有低，因此只有不断培养新的优质团长，想办法提高他们的收入，才能完成留存、激活、变现的全过程。招募和培养团长是居委会最重要的任务之一。只有快速拓宽团长资源、优化运营才能提高转化率。④物流的选择。物流是团购网站的重要支撑，在物流的选择上，曙光居委会基本上有两种选择：一种是自建物流体系；另一种是引入专业物流公司。

模拟谈判要求：①请三名同学自愿申报扮演曙光社区居委会的工作人员。②请居委会工作人员整理此次谈判参与人员之间的关系，以及角色分配情况。③每个角色小组通过头脑风暴的方式讨论并画出以自我为中心的谈判关系图谱，标明利益关系。④居委会工作人员进行开场白式的谈判人员介绍，每名谈判人员进行自我介绍并阐明合作意向。

资料来源：笔者根据众多资料自行整理。

第七章

利　益

谈判是满足谈判者彼此的需要、实现利益的活动。在谈判学中，利益并不只是简单的经济收益。利益具有复杂性、交易性和创新性。谈判者在谈判中应注重利益实现的原则性方法。在传统谈判思维中，人们习惯基于实力和权利展开谈判，也有学者强调谈判应基于利益展开。和合谈判是基于关系的谈判，这是一种基于长期利益的谈判。

一、立场与利益

在汤普森的谈判学中，利益被定义为一个人的需求、渴望、顾虑和担心，概括起来就是一个人所关心和想要的事务，利益是人们在谈判中的立场基础①。汤普森的定义过于

---

① 利·汤普森. 汤普森谈判学. 赵欣，陆华强译. 北京：中国人民大学出版社，2009.

简练，谈判者个人有自己的利益，但作为谈判代表，他必须陈述所代表的企业、国家或者组织的立场和利益。

商务谈判中，谈判者往往以陈述立场作为开场白，这容易使人误解，认为立场就是谈判者的利益。立场是谈判一方向另一方公开提出的、希望对方认知和尊重的身份、权利、关注点。虽然谈判者会在阐述立场时公开要价，但是这不代表立场就是利益，利益通常隐藏在表面立场背后，是谈判的原动力。

按照传统的谈判模式，谈判者一般采取基于立场的讨价还价来解决问题，也就是说，谈判双方首先各自持有一定立场，然后一方面维护自己的立场，另一方面设法令对方让步，最后通过妥协达成协议。若妥协不成，则谈判随之趋于破裂。仅基于立场的谈判被看成一场你死我活的战争，谈判者单方面寻求对方的让步，追求单赢的结果。事实上，谈判的目标是双方达成协议，不是要将对方置于死地。那么，如何看待立场和利益之间的关系呢？

首先，立场是谈判的重要前提，是必不可少的。立场反映谈判者的背景、出发点和基本主张。谈判的立场背后涉及许多的利益因素，应该将立场和利益作为一个整体来看待。凯恩斯集团是 WTO 农业谈判中形成的一个联盟，这些成员国农产品丰富，是农产品生产和出口国，他们的谈判立场是农业自由贸易，这是凯恩斯集团对农业谈判的总体希望。这一立场背后的利益表现在涉及农业谈判的各种议题上，如市场准入、国内支持、出口竞争、农业多功能性等方面。基于农业开放的立场，凯恩斯集团在以上议题的具体讨价还价中实现他们的谈判利益。

其次，立场和利益又是对立的，谈判者不能走进立场的死胡同，错误地认为坚持立场就是坚守利益。如果谈判者在立场上发生争执时，他们会使自己更加陷入其中无法自拔。谈判者越澄清自己的立场，越抵抗别人对它做的攻击，谈判者就越会执着于此。于是，谈判者越设法让别人相信自己不可能改变立场。如果发生这样的情况，谈判者可能有了保住"面子"这项新利益，但是，谈判者忽视了议题上的利益，也就越不可能达成一项调和双方最初利益的明智的协议。在立场上投入的注意力越多，越不会注意如何调和双方利益。

避免立场误区，就要重视利益，并从利益的角度反视自己是否僵化在某一立场上。在立场和利益的关系中，立场是出发点、是原则，但是，谈判者应适当跳出立场外寻找利益，这样会使谈判更具灵活性。在许多谈判中，仔细观察双方对立立场背后的利益，就会发现双方的共同利益，或者可协调的利益，这些利益要多于冲突性利益。

《与贸易有关的知识产权协议》规定，地理标识（geographical indications）指识别一货物来源于一成员领土或该领土内一地区或地方的标识，该货物的特定质量、声誉或其他特性主要归因于地理来源。《与贸易有关的知识产权协议》对地理标识保护主要体现在第 23 条，即对葡萄酒和烈酒地理标识的保护。酒的销售利润丰厚，酒质、味道往往与其制造地的气候、水质、土质等地理因素和传统工艺有关，所以对酒类地理标识的特殊保护也就被最早放到 WTO 的谈判桌上。

学生阅读

2001 年 11 月，在卡塔尔多哈召开了 WTO 第四次部长级会议，启动了 WTO 新一轮多边谈判，其中议题之一是讨论将《与贸易有关的知识产权协议》中对葡萄酒、烈酒地理标识的保护扩大到其他产品地理标识上。这时，谈判的立场分化，被称为新世界国家与旧世界国家间的谈判，与传统的按照发达国家和发展中国家的划分无关。旧世界主要由欧洲国家构成，拥有较多传统地理标识；新世界则主要由美洲和大洋洲国家构成，多是移民国家。旧世界国家（欧盟成员国、瑞士、土耳其、巴西、肯尼亚、印尼、巴拉圭、埃及、泰国等），坚决要求在《与贸易有关的知识产权协议》中将葡萄酒、烈酒的地理标识保护扩大到所有产品上，即扩大保护范围；而新世界国家（美国、澳大利亚、新西兰、加拿大、阿根廷等）在地理标识资源上不具有优势，坚决反对扩大保护范围，并建议重新定义地理标识，以地理标识保护扩大成本过高为由拖延谈判进程。

资料来源：穆忠和. 葡萄酒与烈性酒地理标识多边注册谈判进展情况. WTO 经济导刊，2003（3）：47-48.

二、利益的特性

1. 利益的复杂性

商务谈判的利益涉及多个要素，而且这些要素是相互融通的，甚至是变化的。谈判中的每一方都包含多种利益。例如，一个建筑工程队在进行承包谈判时，想得到的利益包括：一个有利的承包协定，以及想要少费力、低成本、高效率、与对方保持良好关系等。谈判是由谈判者操作的，谈判者作为人，有基本需要，这些个人需要也可能构成谈判利益。人的安全感、民族感、被人尊重和要主宰自己命运的意识等都是利益的一部分。谈判者如果能考虑这些人性化需要，达成协议的可能性就会增大。人们常常以为谈判唯一的利益是“钱”，事实并非如此，许多谈判中所涉及的人性需要不仅仅是钱，而且还有安全感、民族认同、个人尊严等更高层次的需求。请阅读下面案例，在案例中，俄罗斯政府建立国家公园的政策使俄罗斯土著人面临多重利益选择。

学生阅读

1995 年 1 月 1 日，经过长达 7 年的谈判，《与贸易有关的知识产权协定》（Agreement on Trade-Related Aspects of Intellectual Property Rights，TRIPS）最终被纳入世界贸易组织的贸易规则之内。从 TRIPS 的谈判过程来看，规则的制定基本上是由发达国家主导的，发展中国家大多处于被动、被迫接受的地位。从谈判结果来看，TRIPS 要求无论成员国社会发展状态以及经济技术水平如何，对知识产权的保护至少要达到协议确立的最低标准。而这种最低标准，绝不是低水平，它在很多方面超越了发展中国家的科技、经济和社会发展的阶段。2000 年，联合国促进和保护人权小组委员会评估了 TRIPS 对国际人权带来的影响，宣称 TRIPS 的履行没有充分反映所有人权的基本性质和整体性，包括人人享有获得科学进步及其产生利益的权利、享受卫生保健的权利、享受食物的权利和自我决策的权利。

非洲地区面临着多种严重疾病的威胁，这些疾病给非洲国家的公共卫生系统带来了巨大压力，大量患者需要获得有效的治疗药品，但高昂的药价和药品供应不足等问题长期存在。TRIPS 在推动全球知识产权保护的同时，也在一定程度上影响了非洲国家药品的可及性。药品专利保护使得一些新药价格高昂，非洲国家难以负担，而本地制药企业又因知识产权限制在生产仿制药等方面面临诸多困难。

在 2001 年的多哈回合谈判中，发展中国家呼吁 TRIPS 理事会成立特别会议，专门针对专利权和药品可得性问题进行深入讨论，为解决相关问题提供一个专门的多边平台。

资料来源：张敏. 后 TRIPS 时代知识产权国际保护的迂回之路——以发展中国家为视角. 河南教育学院学报（哲学社会科学版），2009，28（3）：120-123.

利益可以分为一次性利益和长远利益。一次性利益反映了谈判最直接、最实际的需要，是当下谈判的重点。长远利益一般较为抽象，难以确切把握。随着谈判的深入，谈判各方会对长远利益有更清晰的定义。随着谈判时间的延长，谈判的内外部环境发生变化，谈判者的利益诉求也会发生变化，长远利益是动态的。

在许多一次性利益的商务谈判中，如在一个旅游点买卖纪念品，卖家和买家都可能认为这是一次性买卖，不会再发生第二次，买卖双方会有交易一次就走的想法。这种认为一次性买卖只存在一次性利益的想法是不对的。事实上，每次交易都在累积着买卖双方的交易信用，达成交易的手段会影响商业信誉，进而影响到买卖双方的长远利益。

利益的复杂性使谈判者经常处于鱼和熊掌不可兼得的两难状态，谈判是平衡的艺术。谈判各方具有很强的依赖性，谈判各方不能只图眼前利益，应该在一次性利益和长远利益之间保持适当的平衡。有时为了长远利益，先要吃一点儿小亏，即做到中国人常说的“舍得”。

利益的复杂性还体现在有的利益是隐蔽的、很难察觉的。显性利益是指谈判者最容易看得见的、直接可以用货币等指标衡量的利益；隐蔽利益是指不容易被谈判者发现的、容易被忽视的利益。在商务谈判中，谈判者可能会将注意力集中在某些显性利益上，而忽视了某些技术细节，或者“想都没有想到的交换条件”，往往这些细节中包含着隐蔽利益，而这些隐蔽利益往往涉及问题的本质。

利益还可以分为全局利益与局部利益。全局利益和局部利益之间有包含关系，但全局利益绝不等于所有局部利益的简单相加。一方面，各个局部利益并不总是一致的，社会局部的最小单位，也就是个人之间，经常发生利益冲突。另一方面，全局作为一个整体，有自己的整体利益，就像整体的功能绝不等于部分的功能之和一样，全局的整体利益绝不是各局部利益之和①。

利益的复杂性还会涉及多方谈判者内部和外部的关系，一般来说，多方或多边谈判所涉及的利益关系更错综复杂。谈判利益的实现要体现在谈判方案或谈判协议中，不同方案代表不同利益的分配和平衡。

2. 利益的交易性

谈判即交易，谈判是满足彼此需要、实现利益的活动。

绝对利益原理的提出者亚当·斯密认为，每一个国家由于自然禀赋或者后天人为因素存在差异，因此会在一些产品的生产上占据某些有利位置，如绝对成本低等，而在另外一些产品的生产上占据不利位置。每个国家都应当把自己的资源集中到自己绝对有利

① 杨龙，王祥. 论长远利益和全局利益是一种政治利益. 理论与现代化，1997（3）:28-31.

的产品的生产上去，放弃自己具有不利条件的产品生产，实行国际分工，然后在专业化生产的基础上进行国际贸易，这样对各国都是有利的。亚当·斯密之后，各种贸易理论都在解释贸易产生的原因及如何实现贸易利益。贸易理论解释了商务谈判利益的特性，即商务谈判利益具有交易性。谈判者掌握的资源具有差异性，使得谈判者都能找到各自的比较优势，并通过交换满足各自利益。谈判利益的交易性为谈判者提供了谈判合作的可能性及谈判合作的必要性，使谈判者之间相互依赖，任何一方谈判利益的实现都有赖于对方提供的资源，只有这样，谈判者才能通过利益交换实现共同利益。

谈判利益的交易性不仅包括经济利益交易，还包括更多形式和种类，既有长远的也有一次性的，既有全局的也有局部的，既有经济的也有政治的。仅仅基于绝对利益原理去理解利益的交易性是不够的。

3. 利益的创造性

谈判是一个价值创造过程。

首先，谈判者通过谈判这一劳动创造实现了价值再造。谈判是一种创造性活动，创造性活动具有如下属性：①创造性活动的主体是自然人，只有人才具有创造能力。②谈判是谈判者的创造活动，谈判是谈判者有目的的行为过程，在这一行为过程中，谈判者实现自己的目标。③创造性活动所产生的成果必须是前所未有的新的物质或精神成果，这便是它的创新属性。④谈判者参与谈判，在谈判过程中付出了劳动。

其次，谈判的创造性表现在利益的创造性上，即谈判者之间的异质性需求是价值创造的重要来源，谈判活动所创造的成果是有价值的。利益的创造性表现在谈判者在谈判过程中付出劳动，谈判不仅实现了谈判各方的利益交易，而且通过谈判方案获得更多的利益，甚至创造新利益。真正富有创造性的谈判者应该尽量构思各种互相受益的方案，选择其中能最大限度地满足双方需求的方案来达成最终协议。谈判者往往无法在谈判一开始就想得到唯一的最佳答案，而要提供各种可能的选择方案，谈判的结果可能既不是A的方案，也不是B的方案，而是具有突破性的新方案，这种新方案使不同利益变为互补利益，达成利益交易，进而实现了利益创造。

学生阅读

20世纪60年代，一家美国公司K希望在智利投资铜矿。K公司在较早时间前已经与智利政府签订了合约，由其经营智利国内的一个大铜矿。智利政治局势不稳、动荡使得重新谈判该铜矿经营权的风险相当高，智利政府可以单方面任意修改旧合约，甚至违约，强行收回该铜矿的经营权。此外，智利政府占据着谈判的绝对主动地位，而智利本国资深的经营者也跃跃欲试。

K公司在继续经营的谈判中处于尴尬境地：要么同意新条款，要么被强行剥夺经营权。K公司采取了通过创造利益的方式处理这次危机。首先，主动提出将其拥有的该铜矿大部分股权转让给智利政府，通过长期合同将扩张后铜矿的矿产品出售给北美和欧洲的客户，并由欧洲、美国和日本的多个金融机构组成一个经济组织来代理其货款的收款权。

这些活动从本质上改变了将要进行的谈判。首先，它提高了智利政府可获得的经济利益和政治利益（拥有其铜矿的主权）；其次，它引入了包括新国际金融机构等新的参与者，从而使得智利政府所面对的谈判对象不再仅仅是K公司，而是一个范围更大、成员更复杂、涉及利益更多更难取舍的利益相关者集合。这些新成员和智利在金融、工业和公共产品等领域有密切关系。K公司通过谈判改变了谈判的范围、内容，创造了更为广泛的利益。

资料来源：根据众多资料，自行整理。

三、利益实现的原则性方法

在大多数商务谈判中，不管是你想得到融资，还是各国之间缔结贸易条约，抑或是巨额资本运作，都是利益攸关的。虽然利益攸关，但是获得利益却应该取之有道，以下是几种原则性方法。

1. 注重长期利益

如果谈判者认为合作时间是有限的，往往会有“一锤子买卖、趁机捞一把”的想法，采取“压榨”的方式扩大利益范围，甚至可能采取不正当的方式获得利益。如果谈判者认为合作是长久的，则会兼顾一次性利益和长期利益。由于长远利益比较模糊，谈判者可能会在关系发展过程中发现长远利益，并通过谈判创造利益。

谈判者如果过分关注一次性交易所得的利益，缺乏建立关系和获取长期利益的战略意识，那么，这种“一锤子买卖”的做法容易使谈判者的信誉受损，不但容易造成谈判破裂，还很难有后续的合作。

2. 注重全局利益

在商务谈判中，谈判者代表着一种全局利益，有的时候，全局利益和局部利益的矛盾表现为主体间的利益冲突。例如，中国与其他国家关于自由贸易区的谈判中，中方谈判代表就是国家全局利益的代表。但是，中方内部的代表团成员来自国务院的各个部委，几乎囊括了国务院的绝大多数职能部门，不同的部委有着不同的政策立场，也有自己的利益。商务部是国务院主管国内外贸易和国际经济合作的主管机构，具体分管对外经济事务，其中就包括贸易谈判，立场倾向自由化。中华人民共和国工业和信息化部主要负责工业、通信业行业规划和产业政策的制定，肩负着对外为国内重点产业寻求出口市场、对内扶持重点产业和保护弱势产业的任务。在自由贸易区的谈判中，中华人民共和国工业和信息化部往往会为那些在自由化进程中利益受损的企业和行业寻求保护，其政策立场有时较为保守。在对外谈判中，各个部委必须以国家全局利益为首要考虑因素，服从全局利益。

有的时候，全局利益和局部利益的矛盾表现为谈判内容之间的冲突，显性的经济利益往往和政治利益冲突。谈判是人们的逐利活动，经济利益是可计量的，用货币、关税额、贸易量等来表示。谈判者往往忽视谈判问题中隐含着的其他利益，包括政治利益的得失，以及社会公平和社会秩序的得失等。有的学者把涉及社会公平、社会秩序等的利益称为公共利益。谈判者常常不能自觉地感受到公共利益的存在，也无法准确地度量它。谈判者应从全局角度去看待利益，确保经济利益和公共利益的一致。这条原则并不是一条高标准原则，而是一条底线原则。

3. 注重国家利益

商务谈判要注重国家利益。一般说来，国家利益在于维护和寻求有利于本国生存发展的环境，其内容包括政治利益、安全利益、经济利益和文化利益等。政治利益涉及政治独立、国家主权、国际地位等方面的内容。安全利益涉及国家生存的基本条件，它包括自然与社会两个方面，前者主要指对各种自然灾害的防御和自然环境的保护，后者主要指本土安全，包括保卫国家主权、领土不受侵略，保卫国家经济、文化、科学发展不受破坏，保卫人民生命财产和生活方式不受威胁，等等。商务谈判，尤其是国家间的商务谈判，要以国家经济利益为重，但应兼顾国家各方面的利益。

4. 创造兼容性利益

为了更好地实现双赢谈判目标，谈判当事人应该积极探讨各方对利益的不同期望和偏好，挖掘相容利益。这样做既可以提高谈判的灵活性和交易的成功率，也会为各方利益的优化创造条件。只要谈判各方积极沟通，把注意力更多地放在探寻相容利益上，就会发现彼此不相容的利益并不像想象的那么多，某些不相容利益可以通过相互启发和引导转化为相容利益，产生“1+1>2”的利益扩增效应。处理利益冲突的有效方法是寻求共同点。双方找到共同利益，就可以进行协调，从而以和平的方式解决利益上的冲突，并形成合作关系。

（1）将蛋糕做大是创造谈判价值的一种方法。在输赢谈判中，假设你拼命讨价还价，最后从一个1000万元的蛋糕中分得了600万元的价值，对方得到了400万元。但是，如果你们双方不是在分蛋糕，而是都把焦点集中在怎样把蛋糕做大50%上，使之达到1500万元，然后再进行分割。这时，谈判双方的所得会更加可观：你分得850万元，对方分得650万元。

（2）创造兼容性利益的另外一个方法是对利益进行重新安排设计，找到新的价值点。请讨论下面的案例。

学生讨论

一个利润微薄、厌恶风险的上市钢铁公司正在与一家利润丰厚的个体废金属公司商议建立合资企业。谈判桌上的提案是共同建立和经营一家现代化的特制品钢铁厂，由钢铁公司生产，使用废金属作为原料。提案要求两家公司平均分担投资成本、经营成本，并承担将来的融资义务，平均分配未来的收益。提案看似对双方是公平的，这样的交易结构很快就使谈判陷入了僵局。问题出在哪里？上市公司对任何可能损害其收入、降低其股价、增加其投资成本的风险都极其谨慎，并因此踌躇不前。与之相反，废金属公司对风险的态度则很积极。

怎样看待两家公司对风险偏好的差异？废金属公司接受超额的损失，作为交换，它可以获取更多份额的利润。结果，双方都赞同以钢铁公司下滑的利润作为底线。作为交换，如果利润上涨，废金属公司可以得到更多份额。

讨论：指出双方的利益点，讨论双方通过把更多风险分配给较不反感风险的一方，而用更高的未来收益给予其补偿，实现利益创造的思路。

5. 灵活使用互惠原则

互惠的英文是“reciprocity”,《新英汉词典》将该词的一般含义表述为：第一，相互关系、交互作用；第二，交换、交流、互惠、对等；第三，互易性、可逆性。中国儒家强调互惠，这种互惠与物质利益、情感利益、经济利益、政治利益等相关联。此外，儒家强调以情感为基准，寻求人与人之间长期利益及一次性利益的均衡。“仁”，就是心的互惠。

在国际商务谈判中，互惠原则被经常使用，表面意思为两个谈判主体相互或对等地做出行为反馈。总的来说，互惠包含两个基本要素——条件和对等，即一方给予利益、优惠、特权或豁免，另一方应以对方做出相应回报为条件。因此，互惠的本质是谈判中对等的讨价还价、对等的利益分配。

在英文的语境中，互惠包含了“以善报善，以恶报恶”的两个视角，更能体现互惠中积极和消极的两面性。在2018～2020年的中美贸易争端中，美国政府以对等为原则和中国谈判，使用了威胁性手段，在这场贸易争端中的美国谈判语境中的互惠，是消极层面的索取，威胁大于积极层面的给予、合作。鉴于“互惠”不能完全体现英文词义，中文翻译有时用“对等”。

商务谈判中坚持互惠原则，这是因为：首先，互惠体现了“相互性”“相互依存”，尤其是中国儒家的互惠思想，更上升到了长期关系，即心的相互性这一高度。谈判不是对立的，而是建立在相互依存关系的基础上。其次，互惠强调了有条件的回报，即坚持“给予-回报”的原则。本书提倡的和合谈判思维也是一种“给予-回报”模式，即中国文化中所倡导的舍得。互惠和舍得是有区别的，互惠是当下交易的原则，舍得是基于长期关系的、具有时间性的一种交易思维。舍得思维更加具有长期性、战略性。再次，有时候，对等是残酷的交易，包括对等使用“恶”的手段。例如，在两国的贸易争端中，一国使用贸易制裁工具的时候，另一个国有理由实施报复。最后，互惠应该追求公平、等价的交易。交换就其纯粹形态来说是等价物的交换。商务谈判的协议应在权利和义务方面对等，避免不合理的交换，防止一方对另一方的绝对占有和掠夺。

6. 合理把握利益界限

谈判者不能只想获得更多的利益，当接近临界点时，必须保持清醒和警觉，当止即止。谈判的每一方利益都应该重视，如果把其中一方置于死地，那么最终大家都会一无所获。凡是成功的谈判，每一方都是有限的胜利者，谈判实际上是一个利己主义的合作过程。谈判满足各方最低需要的点就是防止谈判破裂的界限，谈判者不能一味地要求对方让步，也不能自己一味地让步，各方应在合理的区间内达成协议。

谈判者可以向对方说明自己的利益是什么，以便对方可以提出以最小的成本来满足谈判者利益的方案。然而，这并不是说谈判者应该透露他的真实利益、谈判预算、谈判方案，谈判者只是应该把利益的界限呈现出来。谈判者在表述利益界限的时候不要欺骗对方，因为利益上的欺骗会对双方合作造成不良影响。

谈判者可以利用谈判技巧去说明利益界线。例如，在一场对峙的劳工谈判中，在公开场合，劳工谈判者会采取大量虚张声势的行动，甚至夸大利益空间，但离开公众视野，谈判者可以私下向对方传递信号，说明利益底线。

学生阅读

雷·弗里德曼和布鲁斯·巴里在《谈判学》这本有关谈判的文集中发表了《你应该是一名谈判者吗？》一文，文章研究了个体特性和谈判利益、结果之间的关系。谈判者分为三类：外向型谈判者好交际、健谈而且容易兴奋；平易近人型谈判者倾向于慷慨、愿意合作而且头脑灵活；尽责型谈判者则是有组织的、不屈不挠的而且是有计划的。

外向型谈判者可能在对方一开始出价很高时被对方提出的过分的初始价格所左右。平易近人型谈判者有同样的问题而且最后带着留给自己的更少的利益离开。尽责型谈判者会意识到个性影响谈判利益的获得，而去寻找避免输赢的方法。

对于外向型和平易近人型的谈判者来说，可以采取提高利益界限的方式避免失误。高要价或高期望值常常会转化为更好的结果。事实上，一些缺乏经验的谈判者，并不花时间去事先认真地想一想他们希望从对方获得什么，常常由于忽视对利益的评估、设定而造成利益减损。

雷·弗里德曼和布鲁斯·巴里也研究了其他类型的谈判者，其中有一种创造型谈判者，他们可以从创造性问题的解决中获得共同的收益。创造型谈判者可以对困难的议价问题提出有创造性及良好结构的解决方案，能够创造出一个更大的馅饼去分，用创造性的方式去寻求能为双方增加价值的解决问题的方法。

雷·弗里德曼和布鲁斯·巴里发现：对于输赢谈判来说，个性很重要但智力却不重要；对于双赢谈判，个性并不重要，才智或者说创造性才更重要。

资料来源： 约翰·奥德尔. 世界经济谈判. 孙英春译. 北京：世界知识出版社.

四、基于利益的谈判思维方法

谈判者往往具有稳定的谈判思维模式，这种思维模式是指看问题的方法以及在这种方法下设计、展开谈判的方式。谈判者进行谈判设计时会有一个切入点，这个切入点能反映出谈判者的思维模式。常见的切入点有利益、权利和实力。

基于利益的谈判者着眼于了解谈判者之间的利益构成，了解对方的根本需求、期待和顾虑。基于利益的谈判者会强调各方最迫切的需求，希望通过协商调和各方的利益。

基于权利的谈判思维强调谈判中的标准，价值上强调公平。谈判的标准可能来自谈判者的法律地位、来自法律规定或者合同条款。谈判者会强调先例、法定权利或规范要求。在争端型的谈判中，弱势一方经常基于应得的权利进行讨价还价。例如，在美国，底特律公立学校的老师们对他们的薪酬不满，他们就开始罢工，希望获得公平的待遇。在国家间的谈判中，发展中国家强调其经济发展的落后，不能和发达国家同步开放市场，要求特殊和差别对待，这种特殊和差别对待就是一种权利。

基于实力的谈判者会利用实力达到目的，具有实力的谈判者可以强迫其他谈判方去做某件事情，这样的谈判者希望的是单赢的谈判结果。实力不仅指经济方面的优势，还包括职位上的、能力上的优势。基于实力的谈判会经常使用两种策略，即威胁和竞争。

表 7-1 概述了谈判的三种思维方法。基于权利和实力的谈判都可能导致单赢，只有把利益纳入到谈判思维中，并成为主导性思维时，谈判才可能走向双赢。

表 7-1　谈判的思维方法

	利益	权利	实力
谈判的常规目标	实现自己的利益	公平、公正	胜利
谈判者的焦点关注	当下的利益	过去（过去的例证说明了什么，如何保障其权利）	将来（将来应采取哪些措施来压倒对方）
谈判者的常规策略	妥协	选择诉讼的 BATNA	可以使用威胁、竞争等手段
谈判可能的结果	可能单赢、可能双赢、可能赢多输少	胜者和输者之间的分配，不会双赢	胜者和输者之间的分配，不会双赢
对未来关系的影响	增加了解、增进关系	争出是非曲直、你错我对	怨恨、可能会反击报复
应做出的改进	通过挖掘各方的需求扩大馅饼，实现双赢	除非注重利益，否则很难扩大馅饼	除非注重利益，否则很难扩大馅饼

学生讨论

雇佣谈判

有人去某大型网络平台公司面试，雇主这样回复他："我恐怕给不了你要求的薪水，不能给你医疗保险方面的承诺。但是，我希望你能够认识到在我们公司工作是一次绝佳的机会。"

讨论： 假设你是去找工作的人，你会如何进一步和雇主谈判？请你从利益角度、权利角度和实力角度分别思考，看看你的答案是否一样。

在真实的世界中，基于实力的谈判到处可见。假如你具有基于利益进行谈判的思维，在谈判中处于弱势，当有实力的谈判者对你发出威胁的信号时，你应该怎么办？如果你原计划让步，那么也不要在对方实施了无礼或不正当的行为之后立即让步。否则，你就是对你不喜欢的行为进行了鼓励。终止对方行为的最有效的方式之一就是不做回应，就这么简单。做出单方面的让步可能会被看成鼓励对方重复实施这种行为。

即便拥有基于利益的谈判思维，谈判者也不应忽视实力和权利。如果你处于弱势地位，对付威胁的办法仍有很多：①寻找谈判同盟者，改变自己的谈判实力；②主张自己的权利，通过诉讼的方式威胁对方；③适当地采取以牙还牙的方式进行回击，但要明示谈判利益，主张谈判解决问题；④试着对谈判过程进行干预，努力将对手带回到基于利益的谈判中，可采用重新界定问题、多重报价、透露重点关注事项等谈判技巧将对方拉到利益的谈判桌前；⑤策略性的冷却，在受到威胁和打压的时候，要控制自己基于权利的回应或急于展示实力的对抗，留出一段冷静期，让自己摆脱权利和实力思维，重新评估自己和对方的利益，设置新的利益结构，提出更好的谈判方案；⑥要有 BATNA，在企业与供应商谈判的例子中，企业的 BATNA 就是寻找其他供应商，或者企业在与供应商谈判前已经进行了一年的原材料储备，或者还有更多的备选方案。

谈判者建立基于利益的谈判思维并不等于放弃对权利和实力要素的考虑。有的时候，当各方利益背道而驰，在价值观不一致、重大利益（如国家安全、民族利益）无法协调时，基于权利和实力的思维会主导谈判。

第八章

环　　境

在任何谈判开始前，都要熟悉当前谈判所处的环境。形成谈判战略的实质就是将谈判与其所处的环境建立关系，对外部影响做出应变。本章从经济、技术、法律、自然、政治和社会六个方面研究环境。

一、商务谈判的环境

环境一般是指事物的周围状况和条件，其要素构成可以从不同的角度来看。例如，从自然角度看，环境是指自然界客观存在的，不受人为干预的物质世界的总和。本章讨论的商务谈判环境是从谈判角度分析谈判所处的环境，泛指影响谈判的外部因素。环境可以是一种正式的制度要素，如一国的经济、政治、法律；也可以是一种非正式制度要素，如信任水平、风俗习惯等；还可以是经济发展状况，如行业竞争、经济发展水平；

等等。

学生讨论

某个拥有多家亚洲制造工厂的实业家与西方某公司进行谈判，他提出除非西方公司的最高管理层愿意先飞到他所在的城市见面，否则他不会与西方公司合作。他的解释如下："如果他们不先飞到我所在的城市，不先体验行车需要近3小时离机场却只有20公里的工厂，就不能了解这里的经营环境。若他们不了解，我们的沟通就会出现严重问题。一旦他们看到我们的经营现状，我们之间的合作会变得更富成效。"

讨论：这位亚洲实业家的想法是否自负？他是否希望与西方公司建立长期关系？让西方公司看到现实是否会影响谈判？

PEST 是评估商务活动环境的一种方法，即政治（political）、经济（economic）、社会（social）和技术（technological）等方面的环境因素会对企业开展商务活动产生影响。借鉴商务活动的 PEST 分析框架，我们赋予商务谈判环境更广泛的含义。除了 PEST 涉及的四个环境要素，商务谈判环境还涉及自然环境、法律方面的因素。图 8-1 提供了分析商务谈判环境的一种思路。

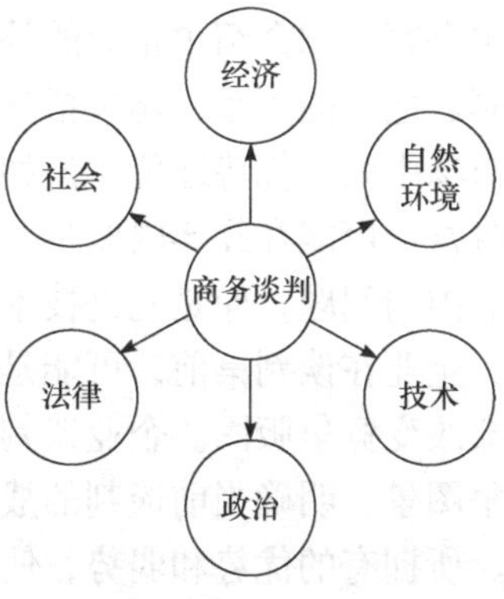

图 8-1 商务谈判环境要素

谈判者对外部环境变化做出判断，并与当前谈判、谈判者自身的内部优势和劣势相结合，做出谈判的战略设计。研究全局性的战争指导规律，是战略学的任务。对全局的谋划离不开对外部环境的评估。对商务谈判来说，形成谈判战略的实质就是将谈判与其外部环境建立关系，谈判战略的设计是建立在对外部环境评估的基础上，战略是对外部影响的应变。

二、经济环境

经济环境包括经济周期、经济发展水平、国家间的贸易关系、竞争结构等内容，不同的经济环境对国际商务活动有不同的影响，因而决定了谈判内容的设定。谈判者根据经济发展水平、经济周期，以及对方国家的经济制度、投资环境等方面能够判断谈判方案的可行性，并决定谈判的内容。经济发展包括经济增长、结构变化和社会进步等。经济发展的内容不仅包括量的一般扩大，而且还包括这种扩大所带来的经济变化以及进一步扩大的潜能。经济发展水平是一个国家或地区整体发展实力的体现。谈判者衡量经济发展水平，不仅应从量的增长上看一些指标，如人均国内生产总值，而且还应从质上分析产业结构的调整、技术进步、资源配置情况等指标。例如，就经济发展水平来说，一个国家所处的发展阶段不同，经济结构、国民收入会不同，消费者对产品的需求也不同，从而直接或间接地影响着商务谈判的内容拟定。

经济周期是重要的经济环境要素。自 18 世纪下半叶工业革命以来，资本主义市场经济经历了各种繁荣、衰退、萧条和复苏的周期性经济波动，被称为“商业周期”、“贸易周期”或“经济周期”。引起经济波动的因素包括生产技术的革新、新产品的开发、气候的变化、原材料和能源价格的变化等，它们主要是通过移动生产函数来发挥作用的。企业应根据实际生产情况做出反应，变动价格和工资，调整企业的生产活动。

当经济处于萧条时期，经济增长停滞，失业率不断增高，消费水平下降，企业生产能力大量闲置，存货积压，利润减少。进入复苏时期，企业订单增加，但恢复生产的成本相应增加，待生产、销售增加以后，利润水平才能得到恢复。经济繁荣时期，市场环境好，企业获利容易，生产扩张，新产品推出频率加快。经济进入衰退时期，各国国内生产总值下降，需求萎缩，企业利润也出现下降。在不同的经济周期，企业参与商务谈判的经济环境不同，谈判的内容也会发生变化。例如，经济发展出现明显过热时，企业应该保持清醒的头脑，抓好产品质量，优化产品结构，适当收缩投资规模，把企业商务谈判的工作重点放在提高企业经营效益等方面。

本书第六章介绍了企业的外部关系，其中提出企业间的谈判所涉及的关系远远超过了谈判者之间的关系，还包括各种外部关系。例如，一个企业不受潜在的进入者威胁，并在市场中处于优势地位，但如果它同时还有一个先进的、低成本的替代者存在，该企业的收益仍可能在几年内变少。在这样的情形下，企业和相关企业的谈判内容设定就不是行业内的问题，而是先进技术所引发的替代性威胁。外部经济因素的影响与短期影响不同，企业在谈判桌前，可能是在谈近期的合作，但是当各种竞争力量汇集在一起时，可能会改变竞争版图。企业谈判战略制定的关键就是要将谈判视野拓展到外部环境，分析竞争图景，明确当前谈判的战略价值。研究竞争势态可以使企业认识到其所处的竞争位置、所拥有的优势和弱势，使战略可能产生的最大回报清晰起来。

三、技术环境

第一次工业革命发生于 18 世纪 60 年代的英国，以蒸汽机、纺织机的发明和应用为主要标志，人类从工场手工业时期进入机器大工业时代。工业革命促使世界市场的形成和发展，在国际贸易中表现为初级产品比重下降，工业制成品比重逐渐提高。以电的发明及广泛使用为主要标志的第二次工业革命促使产业结构再次发生重大变化，发达国家之间工业部门的内部分工逐步形成，建立了具有规模经济能力的产业优势。随着经济全球化的发展，生产过程日益全球化，商品、投资、服务等在全球生产网络中跨境流动，全球价值链成为主要生产范式，一种产品成为多国制造，中间品的贸易量不断增加。以互联网技术为依托的第三次工业革命将人类社会带入信息时代，一批新兴产业开始出现，电子商务盛行起来。第四次工业革命始于 20 世纪与 21 世纪之交，是在第三次工业革命的基础上发展起来的。同互联网相比，物联网变得无所不在，移动性大幅提高。第四次工业革命将重塑全球价值链，5G、物联网将使价值链的部分环节发生变化，技术突变会形成一系列新的产业，如围绕数据形成了云储存、云服务产业，围绕 5G 形成一些硬件、软件产业。每次工业革命都改写了企业竞争的历史，改写了游戏规则，首先进入工业革命的国家和企业会赢得竞争优势，而缺乏竞争优势的企业会面临被淘汰的危机。

企业进行商务谈判的时候一定要认清企业所处的技术时代，以及所掌握的技术诀窍，明确企业所面临的技术发展趋势。例如，在互联网和物联网时代，使用互联网技术与大数据能够帮助企业间形成循环互动的关系。企业重视技术，可以通过互联网技术和云计算获得大量的数据信息，利用大数据分析市场状况，能够更好地找到发展方向，提高自身的市场竞争力。

技术变化会推动市场的变化。持续的技术进步能够创造出新的产品，这就意味着创造了更多的竞争机会，从而增加企业的谈判竞争优势。例如，电信产业是最早进入自然垄断的产业，早期进入电信产业的企业提供相对统一的产品，迅速普及了消费者对电信产品的认知，当时自然垄断更具有经济效率。在20世纪50年代，技术进步使得控制电话的市场条件变得复杂起来，用户开始要求不再由电话公司提供电话线设备，用户开始要求拥有自己的电话机，并希望由自己喜欢的公司提供这些服务。后来，技术改变了电话单一传输的性质，长途电话开始由无线电话发送，这是一种使用密集线路并具有规模经济的技术，私人线路服务开始出现竞争，电信市场通过竞争得到了快速发展，企业间的力量结构发生了变化。因此，企业在与其他企业的商务谈判中，不应仅仅局限于当前业务范围，还要认识到技术也是战略的一部分，技术是不断发展和创新的。只有认清自身竞争优势，才能更好地理解谈判内容，将技术纳入战略性内容部分，综合考虑谈判方案的合理性。

四、法律环境

一国政府定义法律制度框架，企业在此框架内从事商务活动。由于各国法律制度不同，商务谈判所面临的法律环境十分复杂。本书仅以知识产权保护、合同法和争端解决为例，说明法律环境对商务谈判的影响。

（1）知识产权保护。知识产权属于私权，《与贸易有关的知识产权协议》明文规定了知识产权保护的内容。多数国家也有自己的知识产权保护制度。企业谈判也应注重知识产权问题。例如，专利指准许一个新产品或新设计程序的发明者制造、使用或出售该发明的专有权；版权是作者等知识产权所有人和出版商出版或以适当的方式传播的专有合法权利。商标具有识别商品来源的功能或者说商标具有识别性，通常需要官方登记，商人或制造商用以称呼或区分其产品。

（2）合同法。合同法是平等主体之间商品交换关系的法律规范的总称，学习商务谈判，必须对合同法有所了解。合同是商务谈判的文件，它规定了交易发生的条件以及交易双方的权利和义务。合同法是管理合同执行的法律实体，当一方感到另外一方违反了协议条款或精神时，双方可以依据合同法进行调解。签订合同的当事人有合同自由，即有签订或不签订合同的自由，有决定与谁签订合同的自由，有选择合同内容和形式的自由，有变更或解除合同的自由，有选择仲裁或诉讼解决合同纠纷的自由。可以说，合同自由原则是指合同主体在进行合同活动时意志独立、自由和行为自主，即合同主体在从事合同活动时，以自己的真实身份来充分表达自己的意愿，根据自己的意愿来设立、变更和终止民事权利义务关系。

《中华人民共和国民法典》（简称《民法典》）于2021年1月1日生效，其中有详细的关于合同的规定。《民法典》指出“合同是民事主体之间设立、变更、终止民事法律关系的协议”；“依法成立的合同，受法律保护”。“依法成立的合同，仅对当事人具有法律约束力，但是法律另有规定的除外”。《民法典》对合同的订立、效力、履行和保全，合同的变更和转让、合同权利义务终止、合同违约责任等都有明确规定。

学生讨论

债权担保的表现方式有五种：一是定金；二是保证；三是抵押；四是质押；五是留置。其中，定金是指当事人约定的，为担保合同的订立、成立、生效、履行，由一方预先向对方给付一定数量的金钱或者其他代替物。《民法典》对定金有明确规定，例如，明确规定“定金合同自实际交付定金时成立”，“定金的数额由当事人约定；但是，不得超过主合同标的额的百分之二十，超过部分不产生定金的效力”。

订金，根据我国现行法律的有关规定，其不具有定金的性质，只是单方行为，不具有明显的担保性质。交付订金的一方主张定金权利的，人民法院不予支持。

一般情况下，交付订金的视作交付预付款。交付和收受订金的当事人一方不履行合同债务时，不发生丧失或者双倍返还预付款的后果，订金仅可作损害赔偿金。

讨论：假如你现在去购买一套公寓，卖方要求你交付定金，你应如何进行谈判？

（3）争端解决。谈判者要有法律意识。任何合法的谈判活动，都是在一定的法律意识的作用下完成的，因为一切谈判中权利义务关系的调整，都要受法律的制约。谈判者通常具有较强的法律意识，首先表现为在谈判中对法律的尊重、理解和运用上。例如，在音像制品的买卖谈判中，谈判者应该考虑盗版问题、版税问题，如果谈判者忽视法律的约束，可能会造成无法估量的商务利益损失。其次，谈判者运用法律解决争端。例如，在跨境电子商务活动中经常会出现退款、发货、商品质量、网络欺诈、虚假促销、霸王条款、订单问题、物流问题、退换货难、网络售假等争端，在电子商务不断发展的背景下，卖方和买方需要依据法律解决纠纷。最后，谈判者还可以运用法律保护自己。现代市场经济条件下，消费者由于在经济结构、交易习惯、知识能力、经济实力等方面长期处于弱势地位，难以与处于强势地位的生产者和经营者抗衡，处于这种弱者地位的谈判者应通过法律途径寻找自我保护的机会。企业参加任何谈判都要考虑运用法律手段保护权利，解决争端的问题。

模拟谈判

费列罗金莎巧克力案

2014年2月初，消费者杨某（67岁）准备请孙辈到家共度元宵节，在A网购买了345盒费列罗金莎巧克力，订单显示卖家为东莞市B贸易有限公司，杨某花费了共计3万余元。杨某收到货后发现，巧克力从说明、保质期、生产日期到配料表等标签均无中文说明。杨某认为此产品不符合食品安全标准，与A和B进行协商，两轮协商未果后，杨某表示要向东莞市第一法院提起诉讼，认为B贸易公司销售不符合食品安全标准的食品，A网怠于履行审查义务，根据《中华人民共和国食品安全法》(简称《食品安全法》)相关规定，要求被告承担10倍赔偿款，并赔偿住宿费、交通费等相关费用，总计约42万元。

在开庭前夕，A网邀请B贸易公司和杨某进行调解。请将学生分为三组。第一组扮演消费者方（原告），假定杨某一方手中持有购买巧克力的订单凭证，能证明交易事实。巧克力实物确实无中文说明，不符合我国食品安全相关法规对进口食品的要求。消费者一方知道诉讼过程耗时耗力，若不能快速达成和解，可能会花费大量时间和精力。第二组学生扮演B贸易公司，该公司希望尽可能降低赔偿金额，否认自身存在销售不符合食品安全标准食品的主观故意，希望通过协商解决，避免对公司声誉造成过大影响。A网作为主持方，希望撇清自身责任，强调已履行平台应尽的审查义务，不承担连带赔偿责任。若无法完全免责，也希望将赔偿金额控制在最低限度。

请以上三组学生查阅《食品安全法》的相关规定，进行模拟谈判。谈判过程中，各代表要保持冷静、理性，尊重对方观点，避免情绪化的表达和冲突。

五、自然环境

自然环境指一个国家或地区的自然资源、土地面积、地形、气候等方面的情况。自然环境影响经济生活。例如，地理环境可以决定生产力的布局，从而影响国家的经济和公共政策，因此政府应关注人口问题、资源问题、能源问题以及生态环境的变化。充分了解自然环境对于制订谈判方案具有重要意义。

当前，环境和商务的关系越来越紧密。美国中西部发生过一场纠纷，环保主义者和农民反对某电力公司修建大坝。在纠纷处理过程中，环保主义者、农民和电力公司能够通过各自坚定的立场，看到他们背后隐含的利益，从而梳理出了一个高明的交易设计。纠纷发生的背景是，农民担心大坝下游的水流量减少，环保主义者关心的焦点是濒危动物美洲鹤在下游的几处栖息地受到破坏，而电力公司则既需要尽快增加发电量，也需要树立环保的形象。三方构想了一份三方互惠的协议，他们都认为谈判比打官司更可取。这份精心设计的互惠互利的协议涉及的是一系列全新的问题和利益，包括修建一座小型大坝，来保障水流顺畅，保护下游的鸟类栖息地，以及建立信托基金，扩大美洲鹤在别的地方的栖息地等。这个案例说明，通过创造性思维，谈判者可以解决复杂的自然环境与商务之间的纠纷。

学生阅读

中国石油投资哈萨克斯坦

哈萨克斯坦石油工程服务市场前景广阔、潜力巨大。哈萨克斯坦国土面积约为272万平方千米，拥有已探明可开采石油储量非常丰富，居世界第7位。中国石油、中国石化、中信集团等计划对哈国进行投资。环境保护是当今工业企业在生产作业过程中尤为关注的一个重要问题。油田企业在生产过程中不但要使用相当多的有毒有害物质，而且还会生成许多对环境造成污染和破坏的产物。因此，油气田的环保工作是各项工作的重中之重。

在国外投资石油勘探开发炼化行业的中资公司，在油气生产中必须遵守资源国的环境保护法，必须对当地所处的环境有一定了解。认真剖析资源国的自然环境和社会环境状况，分析油气生产中产生的污染源，并采取相应的环保措施，将环境污染和环境破坏程度降到最低，才能避免高额的环保罚款，也才能在当地与资源国政府和居民形成良好的合作氛围，从而获得企业自身的发展空间。

PK 项目的油气田及勘探区位于哈国南图尔盖盆地，地形为低地平原，海拔在 165 米以上，在该地区投资必须剖析从勘探上游到炼化下游及工程作业当中的油田环保方面可能存在的污染源。油气田区块是梭梭树的分布地区，种类单一，树林面积不大，哈萨克斯坦禁止砍伐这些梭梭树，除非进行卫生采伐。钻井过程中产生的固体废弃物主要有废弃泥浆、钻井岩屑和生活垃圾等。PK 项目钻井阶段产生的固体废弃物交给当地有资质的公司处理，不直接排入自然环境当中，固体废弃物对环境的影响较小。PK 项目在钻井过程中不仅会占用土地、破坏地表植被，而且还会排放废弃钻井液、机械冲洗水等污染物。PK 项目应专门修建废水池，保护自然环境。有专家建议，PK 项目应制定油气开采区的绿化规划和景观设计方案，并提出在油气开采过程中采取生态环境管理措施。

资料来源：杨智刚，浦世照，张永利，等. 哈萨克斯坦油田环保影响因素剖析——以中国石油 PK 项目为例. 新疆石油科技，2016，01：77-80.

六、政治环境

政治环境包含的内容十分广泛。商务谈判是一项复杂且关键的活动，涉及多方利益的协调和博弈。在谈判前进行充分的准备工作，特别是对政府政策的分析，对于确保谈判的成功至关重要。经济是政治的基础，政治是经济的集中表现，国家的政治制度总是与一定的经济制度相联系。一场谈判开始前，谈判者要清楚对方政府的类型以及对于工商业，尤其是该国政府对待贸易的态度。商务谈判者要明确对方国家的政策决策机制，应考虑到在较长的时间内可能发生的政治变化。有的国家实行多党制，政策受国会立法程序制约，政策的稳定性受制于政党轮流执政的现实，商务活动可能会受突发的政治事件的影响。以谈判对方政府的换届为例，谈判者需要考虑，双方谈判和签约的时间是否是在对方国家大选和政府换届的时间段内，如果是，谈判者应考虑合同是否会因此受到影响、是否应在换届后再签署协议等一系列问题。

学生讨论

美国科技公司为了维护自身在数据收集、使用和商业开发等方面的利益，投入了大量资金进行政治游说。一方面，这些公司通过聘请专业的游说团队，与美国政府官员、国会议员等进行沟通，强调过于严格的隐私法规可能会抑制创新、影响美国科技产业的竞争力，试图影响政策制定者的决策；另一方面，这些公司积极为政府参与国际组织的谈判提供资料，试图影响国际规则的制定。

讨论： 查阅关于企业游说方面的文献，讨论如何看待外国企业的这种游说行为。

政治环境还包括对方国家政府和消费者对外资企业的态度。政府的态度反映在政府的政策上，如关税、优惠政策等；消费者的态度反映在消费者对产品的认同上。企业面临复杂的政治环境，如中国产品价廉物美，畅销全世界，但是一些国家对中国产品既爱又恨，离不开中国产品的同时，也经常抱怨低廉的中国产品冲击了本国产品，影响了本国就业。

政治环境包括国际政治环境要素。国际政治环境要素与其他政治环境要素相比，表现出更为鲜明的特点：一是国际政治环境复杂多变；二是其复杂性超过了其他政治环境要素；三是国际政治环境要素与国内政治环境要素之间呈犬牙交错状，联系较为紧密。国际政治局势对商务谈判的影响是巨大的。以 2022 年 2 月以来发生的俄乌冲突为例，俄乌冲突爆发之后，美国、欧盟等国家纷纷对俄罗斯进行经济制裁。在这样的背景下，企业的商务战略要重新调整。2022 年 3 月 1 日，美国苹果公司发表声明称，将暂停在俄罗斯销售苹果公司的产品并限制苹果支付功能。苹果的停售是回应 2 月 25 日乌克兰负责数字业务的副总理米哈伊洛·费多罗夫亲自写给苹果 CEO 蒂姆·库克的公开信，信中他要求苹果切断俄罗斯与其产品、服务和销售的联系。不过，3 月 1 日当天，苹果的股价下跌，日内跌幅约为 1.2%。苹果每年在俄罗斯平均销售 400 万部 iPhone[①]，俄乌冲突会在一段时间内影响苹果的销售业绩。

学生阅读

TikTok 在美国的遭遇

移动应用数据分析公司 Sensor Tower 的报告显示，2020 年 4 月，海外 TikTok 全球累计下载量已突破 20 亿次，其中美国下载量达到 1.65 亿次，相当于美国总人口的一半。2020 年 6 月，TikTok 在全球 Apple Store 和 Google Play 的营收超过 9070 万美元，为 2019 年同期的 8.3 倍。这些成绩对全球互联网产业的推进和变革有着重大影响，但本质上都威胁到了美国在文化及科技领域的霸主地位。

2017 年 11 月，TikTok 对美国某短视频软件的收购就引发了美国外资投资委员会的关注，并以发现“潜在的国家安全风险”为名进行调查。此后美国更是接连不断鼓动各国政府在数据保护和审查上对 TikTok 等移动应用程序发起质疑。

美国认为，TikTok 作为美国用户使用数量增速最快的社交媒体，尤其它还是一家中资控股企业，令习惯于向全世界输出价值观的美国难以接受。美国担忧的问题主要有两个，即用户的信息资料和充满意识形态的各类资讯、观点的传播，任何一个问题都可以上升到国家安全的高度。

美国总统特朗普曾对 TikTok 比较反感。2020 年 6 月，特朗普在举办一场集会活动时对外声称有 100 万人预约了活动门票，结果活动当天只有大约 6000 人到场，原因是有

---

① 苹果、脸书、微软、推特……西方企业纷纷“战队”，“撤离”俄罗斯的队伍一再扩大. https://www.tmtpost.com/6025300.html，2022-03-02.

人在 TikTok 发起活动，鼓励大家申请门票但不去现场，使特朗普的活动尴尬冷场，TikTok 则被看作此次事件的背后推手。

资料来源：匡文波，张琼. 地缘政治环境下中国社交媒体全球化发展困境——以抖音海外版 TikTok 为例. 对外传播，2020（11）：4-6.

七、社会环境

与商务谈判有关的社会环境包括文化环境、社会风气、宗教等。

文化环境所包含的内容是十分广泛的。跨国企业在与东道国企业进行谈判时要注重文化因素。例如，在营销方面，企业应根据所在地区的经济状况和消费结构选择合适的广告媒介，并根据所在地区的风俗习惯、民族节日适时推出符合当地情况的促销策略。

社会风气是指整体或局部社会在一个阶段内所呈现的风俗习惯、文化传统、行为模式、道德观念以及时尚等要素的状态。社会风气具有在群体中传播、竞相模仿和流行的特点，直接影响绝大多数人的思想观念和行为方式。"观风俗，知得失。"在社会经济发展变革中，许多新的社会风气会形成，社会风气呈现出多元化的发展趋势，商务谈判的环境日趋多元化、复杂化，需要谈判者认真把握社会风气。以信用为例，在好的社会环境中，商务欺诈行为和不良动机的投机行为都不被允许，信誉良好的企业得到社会认可，消费者个人的不良行为被约束。双方在与社会环境差异较大的背景下进行谈判时，适当增加风险防御条款是非常必要的。

学生讨论

小刘想购买一台二手电脑，和好友小李说了自己的想法。小李说可以将自己的电脑卖给小刘。在谈判过程中，小李介绍电脑配置等情况时，小刘基于对小李的信任，没有过多地质疑和询问细节。小李表示因为是熟人，给小刘一个相对优惠的价格。小刘虽然觉得价格还是略高于市场平均价，但考虑到两人的交情，还是选择购买。然而，在使用过程中，小刘发现电脑存在一些隐藏的问题，如电池续航能力差，但因为是从熟人那里买的，他觉得不太好意思去找小李解决问题。

讨论：结合自身的经历和观察，讨论熟人之间以及陌生人之间的谈判有什么区别。

模拟谈判

伊利收购韦斯特兰

19 世纪 40 年代，当英国移民来到新西兰时，发现这里的气候非常适合发展畜牧业，于是从英国引进了绵羊和乳牛。如今，畜牧业生产占地 1352 万公顷，为新西兰国土面积的一半。乳制品与肉类是最重要的出口产品，新西兰农牧产品出口量占其出口总量的 50%，羊肉和奶制品的出口量均居世界第一。

新西兰创造了全世界独一无二的围栏放牧法，他们用木桩和铁丝把大片草场围成一片片的小块草地，将羊群和牛群在小片草地上轮流放牧，先让牛吃高草，然后羊啃低草，草场得到了充分利用。现在，新西兰每公顷草地平均可以喂养8只羊，其利用率大大高于其他牧业国家。

新西兰公司成立于1937年7月28日，是新西兰第二大乳业合作社，位于新西兰南岛美丽而原始的西海岸，原始的自然环境决定了新西兰公司生产出来的产品是优质产品，为客户带来了最新高度的营养品，其主要从事于多种乳制品的生产、加工和销售，包括蛋白粉、黄油、高温灭菌产品以及婴幼儿配方奶粉等。

内蒙古伊利实业集团股份有限公司（简称"伊利公司"）于1993年6月创立，总部位于内蒙古自治区呼和浩特市，1996年3月12日在上交所挂牌上市。伊利公司主要从事健康饮品及乳制品的加工、制造与销售活动，旗下拥有酸奶、奶粉、乳饮料、液体乳、奶酪、乳脂、冷冻饮品以及包装饮用水等系列产品。伊利公司的产品市场主要以国内为主，部分产品销往国外市场。例如，其高端常温酸奶安慕希系列产品已在东南亚正式上市，安慕希系列产品备受缅甸、新加坡等国消费者的喜爱。

伊利公司不断加快海外市场的开拓，跨国并购是相对简单、快速地占据海外市场的有效途径，不仅可以降低其创建成本，而且还可以减少其营运成本以及销售成本，更重要的是通过跨国并购可以直接获取当地消费者的忠诚度和满意度。

2019年3月18日，伊利发布公告，将通过全资子公司香港金港商贸控股有限公司收购新西兰韦斯特兰 100%股权，股权总对价不超过人民币11.34亿元。韦斯特兰董事长Morrison当天表示，公司董事会认为，提议中的交易对公司奶农股东来说是"最好的结果"。同年8月1日，伊利完成收购，100%股权交割仪式在新西兰的奥克兰举行，交易对价为每股3.41新西兰元，股权总对价为2.44亿新西兰元。韦斯特兰前董事长彼得·莫里森发表讲话："加入伊利，对于韦斯特兰和新西兰西海岸的乳业而言，具有划时代的意义。能够与伊利一起实现'成为全球最值得信赖的健康食品提供者'的企业愿景，韦斯特兰无疑做出了一个双赢的选择。"

跨国并购的过程大致分为五步，即并购目标的选择、控制权的选择、支付对价、支付方式的选择以及交割时点。伊利公司的并购过程包括以下环节：第一步，并购目标的选择，为了获取优质的奶源供应，拓宽海外市场，增强公司竞争力，伊利公司2019年3月18日发布公告拟选择新西兰公司为目标。第二步，控制权的选择，为了在新西兰公司占据主导地位，对其决策实施控制，伊利公司收购新西兰公司100%的股权。第三步，支付对价，为了获取新西兰公司的控制权，双方同意以每股3.41新西兰元为交易对价，股权总对价为2.4377亿新西兰元，折合为人民币其股权总对价大约为11.34亿元。第四步，支付方式的选择，双方协定以现金支付。第五步，交割时点，交易双方于2019年8月1日完成上述交割事宜，伊利公司全资子公司于当日支付交割款项，交割事项已全部顺利完成。

模拟谈判要求：

（1）将学生分为两组：一组代表伊利公司，另一组代表韦斯特兰。

（2）谈判的时间假定为2019年1月，伊利公司对韦斯特兰进行了初步研究后，开始准备收购方案。伊利公司向新西兰韦斯特兰发出第一次谈判邀请。

（3）谈判的资料准备：①对两个国家经济环境的评估，包括国家经济发展情况、行业发展情况。②对两个国家政治环境的评估，包括投资政策、行业发展政策。③对此次收购的法律风险进行评估。④对文化环境进行评估，尤其着重评估文化差异对企业整合后的经营管理的影响。

（4）在谈判中，双方介绍谈判小组的情况，并就以上资料中准备的问题进行咨询，谈判以摸清双方的合作意愿为目标。

资料来源：黄军. 新西兰的“绿色经济”. 沿海环境，1999（8）：30-31.

第九章

战　　略

在摸清了谈判各方的情况和利益后，谈判者要考虑谈判战略。谈判战略是指谈判人员为取得预期的谈判目标而采取的措施和手段的总和。它对谈判成败有直接影响，关系到双方当事人的利益和企业的经济效益。本章主要介绍两种常见的谈判战略，即分配式谈判战略和整合式谈判战略，另外还将简单介绍几种常见的长期战略。

一、谈判战略

任何战略都必然要适应特定的形势或外部环境。谈判者需要对外部环境的变化做出判断，对机会做出鉴定，并构筑一个框架。制定谈判战略的目的是使环境变化所产生的负面影响最小化，同时利用环境变化带来的机会，追求更大的谈判空间和利益。战略的重要特征包括以下几个方面。

第一，全局性。一个高明的谈判专家能够在复杂的环境中把握全局进而做出战略部署，谈判中的一切活动、战术都要从全局出发。谈判者要树立全局观念，从战略角度出发，考虑谈判的方方面面，包括谈判的阶段、走向、内容、方案等，要有一盘棋的观念。例如，在多议题的谈判中，某些议题所处的环境可能发生变化，高明的谈判者洞察全局，可以利用外部变化影响整个谈判的走向。战略的全局性还意味着妥善处理全局利益和局部利益的关系，在两者出现矛盾的情况下丢卒保帅。

第二，长期性。战略更注重长期利益。例如，如果一个产品在短期内会赚钱，但从长期看市场潜力不大，无助于企业核心竞争力的提高，从战略角度考虑，商务谈判者应将这类产品划入非优先事项的谈判清单中。

第三，适应性。战略应该具有较强的灵活性及弹性，能不断适应变化，谈判者应注重对谈判外部环境动态变化的跟踪，并给予战略回应。“敌变我变，以不变应万变”，也就是谈判战略的辩证法，谈判战略的目的是不变的，但是战略本身应当随机变通。谈判者在制定战略的时候，应考虑已有优势、劣势，建立谈判的缓冲地带，使谈判方案具有一定的机动性。另外，谈判战略的实施要具备一定的条件，只有在条件成熟的情况下，战略才能开花结果。古语云：“圣人之行事，似缓而急，似迟而速，以待时。”这就是说，谈判者应在条件不成熟的时候耐心等待，这样好像缓慢，实际上对于实现谈判目标来说是比较高效的。

学生讨论

党的二十大报告明确提出建设数字中国，加快发展数字经济，促进数字经济和实体经济深度融合。已有研究表明，数字时代企业面临着更加多元变化的外部环境，数字技术的应用加剧了企业间竞争。《中小企业数字化转型分析报告（2022）》显示，47%的中国中小企业缺乏数字化转型战略和顶层设计，18%的企业领导层数字化转型意识薄弱；仅有9%的中小企业主动调整战略，适应数字化趋势。

资料来源：王彦林，夏美媛，王子行. 数字化赋能中小企业核心竞争力提升.宏观经济管理，2004（6）：59-66.

讨论：企业如何辨析什么是长期性的问题？企业如何处理战略设计中的“变”与“不变”？

二、常见的谈判战略

现有的谈判学对战略的研究颇多，较为典型的战略是分配式谈判战略和整合式谈判战略。分配式谈判是在零和条件下进行的谈判，即以谈判的一方获得收益而另一方付出代价为前提，这是一种非赢即输的谈判。整合式谈判认为，谈判是一项资源创造任务，谈判者通过交换信息，来实现收益最大化。整合式谈判被形容为一种扩大馅饼的谈判，可以创造出额外价值。

不同的谈判者往往有不同的思维和行为方式，这些对其战略构建有着根深蒂固的影响。美国政府在国家间的贸易谈判中经常采用分配式谈判战略，美国要求其他国家做出让步，但自己却拒绝做出任何让步，单方面追求自己的利益。在这一战略习惯下，谈判代表常用的战术就是竞争、进攻和威胁。1969 年，美国与日本针对纺织品贸易进行了谈判，美国要求日本接受一个长达 5 年的双边协定，对日本出口美国的羊毛、合成纤维纺织品和服装进行总量限制。美国提出的方案具有进攻性，体现为试图夺取谈判对方的利益。经过两年毫无收获的谈判，美国总统尼克松使用了公开威胁战术，提出单方面限制日本，这时日本被迫接受了美国提出的条件。

使用分配式谈判战略的谈判者并不总是大张旗鼓地进攻、威胁，在国际商务谈判中，更为常见的是“切香肠”式的分配。这一方式可以形象地表述为：“你想得到一根意大利香肠，而你的对手把它抓得正牢，这时你一定不要去抢。你先恳求他给你薄薄的一片。对此，香肠的主人不会在意，至少不会当真计较。第二天你再求他再给你薄薄的一片，第三天还是如此。这样日复一日，一片接着一片，整个香肠就会归你所有。”[①]商务谈判中，将议题分成若干子议题，一个问题接着一个问题的解决，这就是以蚕食的方法所实施的“切香肠”战略。

整合式谈判战略强调谈判各方达成一个彼此都能受益的协议。这一战略的实施需要进行一系列的部署，包括认清问题的本质，处理问题的时候对事不对人，发现潜在的可能方案，将馅饼做大或者烘烤一个不同的馅饼等。在实施整合式谈判战略的过程中，谈判者一般不会发出威胁，不会实施进攻战术。表 9-1 列举了分配式谈判战略和整合式谈判战略在战术上的特点。

表 9-1　分配式谈判战略和整合式谈判战略在战术上的特点[②]

分配式谈判战略	整合式谈判战略
隐藏你的情绪	开放、诚实，践行道德导向的策略
别把所有的牌都放在桌子上	明白利益和感情是相互联系的，人们不总是依照他们的利益行事
掩盖你的利益	控制你的感情
利用别人的弱点	试图看透对方的实质
自信和有决断	谈判者特有的天分表现在对人和事的了解上
奉承别人	不会使用诡计使人迷惑
永远不要在公众面前显示你是一个聪明的操纵者	谈判双方建立友好的关系
	耐心并等待出现有利的时机
	避免直接冲突，仿佛你的对手与你站在同一立场一样

事实上，在国际商务谈判中，单纯使用分配式谈判战略或单纯使用整合式谈判战略的情况并不多见，谈判者通常会使用混合战略，即在谈判过程中，某一阶段会使用整合式谈判战略，而在某些时候，谈判者会使用分配式谈判战略来进行谈判。谈判通常以整合式谈判开头，谈判一方主动提出议题，表达达成合作的愿望。第二次世界大战后，美国主张由各国政府合作共同创立一个新的、永久性的国际组织。美国财政部长亨利·摩根索主持了布雷顿森林会议，他的开场白是带有整合式谈判战略性质的：“我们只有像合作伙伴而不是像谈判对手那样坐在一起，才能完成这个艰巨的任务——我们彼此间并不

① 雪映. 谈判策略与签约技巧. 北京：中国人民公安大学出版社，2001.

② 根据 18 世纪的外交家托姆·德·菲利普、法国外交家佛朗索瓦·卡利埃、中国学者熊炜的相关观点整理。

是对手，而是一群普通的人，只不过我们都已经意识到，不论是在战争还是在和平时期，我们共同的福祉都取决于相互的信任和共同的努力……为了建立一种充满活力的世界经济，我们必须迈出坚实的脚步……在遍布世界各地的战场上，我们这些国家的年轻人一起倒下了——他们是为了一个共同的目标倒下的。我们有能力让所有国家的年轻人都能共同地生活——把他们的能量、技能和期望融入共同富裕与和平的进程之中。”①但在接下来的谈判中，美国却使用了分配式谈判战略，美国坚持自己对新的国际组织拥有否决权，并坚定拒绝了英国提出的建立一种新的国际货币的建议，以保护美元的地位。

三、环境与战略：战略的拓展

对外部环境有感知的谈判者会拓展分馅饼游戏的战略空间。市场条件是谈判者制定谈判战略的依据，有的谈判者对市场条件的感知只停留在眼前的议题上，如购买某些原材料、生产某种产品。企业所在行业中参与竞争者的数量、它们的竞争能力以及竞争范围等因素影响着眼前的议题谈判。假如，某企业所在的行业竞争不充分，行业中的企业都对眼前的市场环境满意，保持着一种“俱乐部”式的气氛，每个企业都对自己的位置感到满意，并害怕打破这种秩序，那么，该企业关于新产品创新的谈判可能会遇到瓶颈。假如市场发生变化，谈判者应做出战略调整。例如，如果企业认识到自己的产品生命周期长，市场需求稳定，那么，企业在与经销商的谈判中就可以寻求一个长期的偏低的价格。如果经销商告诉企业，产品的生命周期在不断缩短或市场不可预测，那么，企业应意识到创新需求增加，技术或处于变革之中，企业可以在动态变化的市场环境中寻求高位获利的可能。

学生讨论

到20世纪70年代，每个美国家庭的电冰箱、电视机、收音机、电熨斗的拥有率已经达到99%，洗衣机、烤面包机的拥有率已经超过90%。日本企业想在饱和的市场中寻求进入美国市场的机会，于是与美国电器零售商进行谈判。按照传统的谈判思维，日本企业采取的策略是降价、增加保修年限等。

讨论：如果你是日本企业的销售谈判代表，在了解到美国市场饱和度的情况后，你将怎样设定谈判策略？你的销售谈判是否可以拓展到生产、创新领域？例如，你是否可以建议企业生产多功能的延伸产品、开拓现有产品的其他用途以打破饱和界限？你如何将这样的战略拓展与眼前的销售谈判挂钩？

四、判读环境的方法

1. 直觉分析法

对于谈判者来说，不管是长期的还是短期的外部环境变化，采用最多的分析方法是直觉分析。谈判是人所掌握的艺术，那些具有丰富经验的谈判者对自身和环境的变化十

---

① 约翰·奥德尔. 世界经济谈判. 孙春英译. 北京：世界知识出版社，2003.

分敏感，对各种信息的认定多是在经验、判断、洞察和“感觉”的基础上进行的。这种直观分析方法比任何其他技术方法都要有“力量”。这种力量来自谈判者自身，是谈判者的内在能力。谈判者可以对自身所处的外部环境、自身的资源状况和能力，以及谈判对手的权力结构、期望和博弈技术进行研究、了解，只有这样才能培养自身直觉，使谈判者对未来的变化具有直觉分析能力。

2. 可能性矩阵

这是一种简单的矩阵分析技术，根据各种环境变化发生的概率以及对谈判的影响进行分析，如图 9-1 所示。

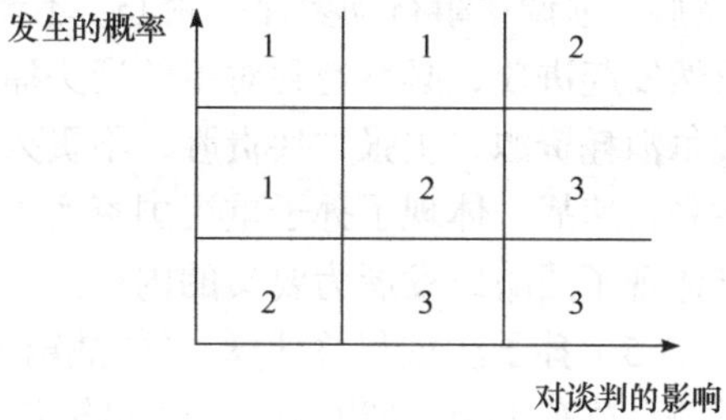

图 9-1 环境变化影响评估矩阵

注：1 代表优先考虑；2 代表一般考虑 ；3 代表次要考虑

如果经过谈判者的评估，认为某个变化发生的概率大，而且处于矩阵中 1 的位置，谈判者就应关注这种变化。如果情况相反，经过评估，环境发生变化的可能性落在了右下角，那么在行动上，谈判者可以把它放入谈判战略考虑的次要位置。如果落入中间区域，谈判者可以采取“既来之，则安之”的态度，采取相应策略予以应对。

3. 模拟设想法

模拟设想法就是对未来的各种环境变化的可能性进行判断，对未来变化的趋势和结果提出设想，描述各种不同的场景，预测将来会发生什么样的事情，然后进行谈判的一种方法。例如，假如即将要进行一项关于长期购买石油的谈判，谈判者可以模拟如果爆发地缘政治危机或局部战争，在石油供给、消费者购买力以及市场所面临的政治压力等方面可能会发生的变化。如果地缘政治危机真的发生了，谈判者可以更为有效地做好协调工作，按照模拟设想中的步骤进行重新谈判，并采取补救措施。

五、长期战略

1. 从《孙子兵法》看中国人的战略观

《孙子兵法》通过对兵法的研究叙述了蕴含着独具中华传统文化特性的谈判思维体系。

（1）孙子强调了战略的重要性。《孙子兵法》开篇就强调：“兵者，国之大事，死生之地，存亡之道”（《始计篇》)，认为战争是关乎国家生死存亡的大事，只有做好充分准备，提前进行周密规划，才能赢得胜利。

（2）《孙子兵法》中的战略是大战略，是国家战略，这种战略是从国家整体出发的一项长期性战略。国家战略的本质是加强国家实力建设，在《始计篇》中所说的“五事”中，“道”“将”“法”三者即是增强国家实力需要遵循的重要原则。“道者，令民与上同意，可与之死，可与之生”，这是指一国要有共同的思想、目标，政府与人民同心。“将者，智、信、仁、勇、严也”，这是指国家遴选具备武德的将领。“法者，曲制、官道、主用也”，这是指国家应调整军旅制度，使之能适应作战情况。国家战略的制定要看外部环境的变化。在“五事”中，天者和地者两项强调制定战略的时候要看天气变化、地形条件等自然条件。可以看出，孙子的战略思维是纵览全局、在认知内在实力和评估外部环境的基础上确定战略。

（3）孙子具有实力思维的特点。孙子强调在未发生战争前要比较敌我双方的优势，如果我方优势条件多，取胜的机会便大，如果我方所占的优势少，取胜的机会就少。孙子提出了要打“不败之仗”的战略目标，即慎战，要打就要不败。

（4）孙子的思维是长期思维，为确保“不失敌之败也”，孙子推崇“待胜”与“速胜”。“待胜”强调军事行动要保持耐心，不能轻举妄动，当实力尚不具备、条件尚欠火候，就贸然发起进攻，必然遭到对手的迎头痛击，导致损失。就“速胜”而言，孙子深知长期战争消耗资源，主张“兵贵胜，不贵久”（《作战篇》），认为速胜才是战争的要义。孙子主张打速战，体现了孙子重视国家实力建设，战争是不得已而为之的战略思维，这种思维体现了战略以发展为要义的内核。

（5）孙子注重利益计算。《作战篇》开门见山算了一笔经济账：“凡用兵之法，驰车千驷，革车千乘，带甲十万，千里馈粮，则内外之费，宾客之用，胶漆之材，车甲之奉，日费千金，然后十万之师举矣。”孙子描述了战争开支项目繁多且数额巨大，一旦战争真正打起来，对于有生力量和物质财富的消耗是巨大的。在利益计算的基础上，孙子特别强调“故兵贵胜，不贵久”。正是基于维护国家利益，孙子尽知用兵之害，才得出慎战的结论。

（6）孙子追求全胜的战略目标。什么叫“最大胜利”？把人杀光，把城打烂，很多人以为，这是最大胜利。但孙子战略却认为这根本不算最大胜利。孙子的主张是保全敌方，也意味着保全自我。战争会使各方都有重大损耗，所以最上策就是既能取得胜利，又能保全自己。因此，不经血战而屈敌人之兵，获得“全胜”，是战略的最高境界。为了全胜，策略上孙子主张“伐谋”与“伐交”是高层次的战略设计。“伐谋”就是在谋略上战胜敌人，“伐交”就是在外交上战胜敌人。

孙子的战略思维体现了中华文明的智慧，给我们以下启示：①在进入具体的战略设计之前，要用科学严谨的方法，对敌我双方的优势、劣势进行对比分析，在此基础上进行预测与研判。要对外部环境和自我实力进行评估，进而制定出正确战略决策。②要有长期思维，孙子的等待时机、注重发展实力等战略思想体现了长期思维的逻辑；③要注重利益计算，孙子对战争中可能出现的最坏的情况有清醒深刻的认知。④坚守和合为主的正向思维。孙子追求“全胜”，认为顶层战略是伐谋、伐交。孙子的思想为和合谈判提供了很好的思路，值得在研究谈判战略时加以借鉴。

2. 以牙还牙战略

在谈判中，以牙还牙是一种应对战略，它的思路很简单，就是在第一次博弈中采取合作的策略，在之后的谈判中就采取谈判对方前一次使用的策略。以牙还牙是一项长期战略，其主张在第一次博弈中持合作态度，表达了合作的初衷，在整个战略的实施过程中，以牙还牙不追求赢得谈判桌上短暂的眼前利益，而是要追求长期收益最大化。

谈判者在使用分配式谈判战略的时候，会采取竞争性、进攻性、威胁性，甚至是侵略性的行为，这些行为会破坏双方的关系，过激的行为还会形成关系陷阱。2018 年 3 月，美国特朗普政府发布“301 报告”，引起了中美贸易争端，直至 2020 年 1 月中美达成第一阶段协议时，美国的谈判行为都是进攻性的。美国试图通过贸易争端使中美双边关系陷入动荡，使中美关系从贸易伙伴关系转向竞争关系，甚至是敌对关系。中国的经济总量尚未超过美国，面对美国的进攻，中国处于矛盾之中：中国如何绕过贸易争端这个最终会导致双方都损失的巨大陷阱？如何在迎接美国挑战、捍卫中国国家利益的同时将美国拉到谈判桌前？如何维系中美关系的长期正常发展？中方最终使用了以牙还牙的战略，即在坚持合作的谈判战略下，针对美方在前一轮博弈中使用的贸易保护主义措施，我国采取以牙还牙的反制措施。

以牙还牙战略是一种应对性战略，该战略的重要特征是通过实施对等报复，向对方显示博弈的决心，传达自己不会被误导的信息，让对方看到不合作的代价，显示出被激怒的态度和行为上的还击能力。这样做可以有效摆脱竞争对手，明确告知对方不合作的代价。

以牙还牙是一种非常简单的战略，对方很快就会弄明白博弈的代价，这种特性可以帮助发动进攻性、侵略性博弈的谈判者认识到合作才是出路。

以牙还牙看似是短期的、被动的回应，但它却是一种极其稳定的长期战略。以牙还牙是重复囚徒困境博弈中的一种策略。以牙还牙战略表明了多次重复、不限时间的博弈志向，这种志向看似是“血战到底”，实际上是“以打促谈”，虽然具有对抗性，但初衷却是合作。以牙还牙的谈判者在对方极具攻击性、侵略性的行为威胁中，没有直接结束谈判、接受屈辱协议或结束双方之间的关系，而是在一种长期博弈的思维导向中建立起竞争性的秩序，走向合作。

3. 心存美好——美好价值确实存在

学生讨论

分配 100 美元

假如在公交车上，一个人手中拿着 100 美元走向你和你身边的人。这个人解释说这 100 美元由你和另一个人分享，前提是你能提出一个另一个人也能接受的分配方案。条件是你不能和另一个人事前商量这个方案，而且你的方案是一次性决定，如果另一个人接受了你的方案，这 100 美元按照方案进行分配，如果另一个人不接受，你们就都得不到这 100 美元。

资料来源：利·汤普森. 汤普森谈判学. 赵欣，陆华强译. 北京：中国人民大学出版社，2009.

讨论：你将提出怎样的方案？依据是什么？如果运用逆向归纳方法，你会如何提出方案？

运用逆向归纳的方法，我们要回到此博弈的最后阶段，这个博弈是一次性的，很容易预测到公交车上的另一个人必须决定要么接受你的任何建议，要么就一无所有。从理性分析的角度看，另一个人会接受一个不公平的建议，哪怕是你得到 99 美元，他得到

1 美元。

在现实中，与博弈论的预测经常是相反的，大多数人不会做非常不公平的分配，一般会建议平分这 100 美元。这就是谈判者心存美好的价值观在起作用。

从另外一个人的角度看，他当然也希望获得公平的分配，他会拒绝得到 1 美元，甚至会拒绝得到 49 美元。他关心的是他的收益与对方比起来如何，而不是自己最后实际会得到多少。人们普遍存在着维持内心平衡的倾向，当出现不平衡因素时，人们总是采取相应的态度和行动，以恢复心理平衡状态。因此，对公平的感知在一定程度上有助于推动谈判向和合迈进。

在现实中还有许多心存美好的例子。例如，志愿者就是通过牺牲个人利益来造福大家的，一群朋友打算晚上去喝酒，志愿者不喝酒，开车把大家送回家。如果没有这名志愿者，整个活动可能就无法顺利进行。

和合谈判学所提倡的战略就是这种心存美好的战略。

第十章

方　　案

本章的学习目的就是把上文内容结合在一起，学习设计谈判方案，并提高谈判的能力。为使谈判方案变得有效，谈判者需要具备四种能力：思维能力、战略能力、运用实力的能力和运用筹码的能力。本章建立了一个设计谈判方案的框架，并重点解读实力和筹码如何运用。

一、提高方案的设计能力

谈判者在制订谈判方案前要认真思考以下问题：①议题的安排，采取哪些策略去把握议题；②明确谁将参加谈判，既包括谈判者及谈判的相关方，也包括谈判桌前没有身影的相关者，同时也要明确谈判各方的关系；③要明确每个人物的利益、各种利益的结构；④要明确谈判所处的环境，要找出环境对谈判的影响，并尝试把这些影响因素变成可以利用的谈判因素，成为方案的一部分；⑤要设定谈判的基本战略。

设计谈判方案不是简单地把各个要素叠加在一起，而是要有能力使方案变得有效。谈判方案设计时应具备以下四种能力。第一，思维能力。谈判者要在对各种资料、信息加工的基础上，判断资料的取舍，并在一个谈判逻辑框架中展开分析。需要强调的是，谈判对方可能有截然不同的逻辑思维习惯，在设计谈判方案时，要进入对方的逻辑轨迹进行比较分析。优秀的谈判者会引导对方进入你的逻辑体系，或者在谈判者之间的逻辑线索中找到交叉之处。本书已经介绍了基于利益、权利和实力的谈判思维，重点介绍了基于关系的和合谈判思维。本书对以上四种谈判思维的介绍是框架性的。具有多年谈判经验的谈判者往往都有自己独特的思维方法，他们并不受一个众所周知的框架限制。第二，战略能力。战略要经过较长时期的安排。和合谈判强调时间、价值观和关系，并从长期的、战略的角度看待谈判。第三，运用实力的能力。谈判者之间的关系结构、议题的定性、利益的分布都与实力有关。一般来说，拥有较强实力的一方会在谈判中占有优势，实力较差的一方在设计方案时应更懂得运用谈判智慧。第四，运用筹码的能力。筹码是谈判者用于交换的本钱，谈判者可以通过方案设计增加自己的本钱。读者已经通过上文了解了思维和战略，本章将进一步介绍实力运用和筹码运用能力。

二、建立分析框架

在接到一个谈判任务之后，谈判者通常要考虑各方面因素，建立起谈判框架，设计出几种可行性方案，并需对谈判方案逐一进行全面详尽的评价，以便从中选出较为满意的谈判方案。

学生讨论

一位买主打算续签一份原料供应合同时遭到了拒绝。卖方提出的几条拒绝理由都没有什么说服力，如原材料的成本越来越高，很难找到熟练工人以及其他种种因素。买主很是不解:他知道这份合同对卖方来说很宝贵，他开出的价码至少与先前的合同一样优惠，卖方似乎没有理由终止他们之间的交易。买主找了其他卖家，发现没有更好的人选可以取代这位特定的卖主，他必须解决问题。他请卖方代表出去吃饭，询问、倾听和考察。渐渐地，问题浮出了水面:卖方代表的奖金是基于新合同而不是续签合同发放的。这时，买主提出对这笔生意改头换面，重拟合同，使之符合“新合同”的规定，与此同时，买主还为自己的公司争取到了稍低一点的购买价格。

讨论：买卖双方的谈判议题是什么？买方和卖方各自的谈判立场和利益是什么？谈判还涉及哪些利益相关者？如何维护买卖者之间的关系？买方的谈判地点是如何设定的？你如何评价最后的解决方案？

基于本书所学内容，笔者梳理出一个制订谈判方案的框架，具体如图 10-1 所示。①一切谈判都从明确谈判的问题开始，认识到问题的本质，并给出根据问题设置议题的主要策略。②谈判者有三个点需要明确，首先应明确谈判桌前的谈判者；其次要明确谈判者之间的关系；最后要考虑是否需要建立长期关系。③利益的分析涉及以下三点：首先明确自己的利益并合理排序；其次要明确对方的利益；最后要寻找可以创造出来的利益，使谈判产生双赢的空间。④一切方案的设定要依赖于对议题、谈判者和利益的分析，通常谈判者设计出几套方案，并明确哪套方案是底线，哪套方案是最高目标、要考虑BATNA。⑤如果加入时间要素，谈判者会反复评估当下方案的战略含义，为长期战略预留谈判的诉求空间。⑥如果谈判的环境发生变化，可以重新界定问题，重新设定议题，重启谈判。

方案设计无一定之规。有的方案适合简化处理，化繁为简。例如，在关于技术标准的谈判中，如果行业内占据主导地位的两家企业首先进行谈判并达成一致，然后再让规模稍小的企业参加进来，而不是一下子展开大规模的、兴师动众的多方谈判，这个方案也许能够较为容易地实施。

建立框架十分重要。一位咨询公司总裁曾这样描述他的工作方法：我会花费三个月的时间去看材料，去分析判断，找到问题的本质，当找到本质的时候，方案就跃然纸上了。这就是说，建立框架的过程就是思考的过程，当思考成熟时，议题、谈判者、利益都是同步载入框架中的，这些要素会形成一个逻辑线，方案自然而然便做出来了。

谈判学是由一系列概念构成的，每个概念的内涵是不同的，掌握概念内涵，并将这些概念以一种思维方式进行加工，便形成了战略框架。在上文，我们已经介绍了立场、利益等概念。图10-1中有一个新出现的概念“实现目标”。利益和目标是不同的。目标是指你在谈判结束时想要得到的东西。在大多数谈判中，目标只有一个，可利益却有很多，这些利益需求可通过实现谈判目标得到满足。例如，在薪水谈判中，你真正的目标应该是过上更好的生活。如果在加薪谈判中，你无法获得工资的提高，那么可以找到其他方案来实现目标，如公司给你多发奖金，或者公司给你更多的休假时间，等等。当以

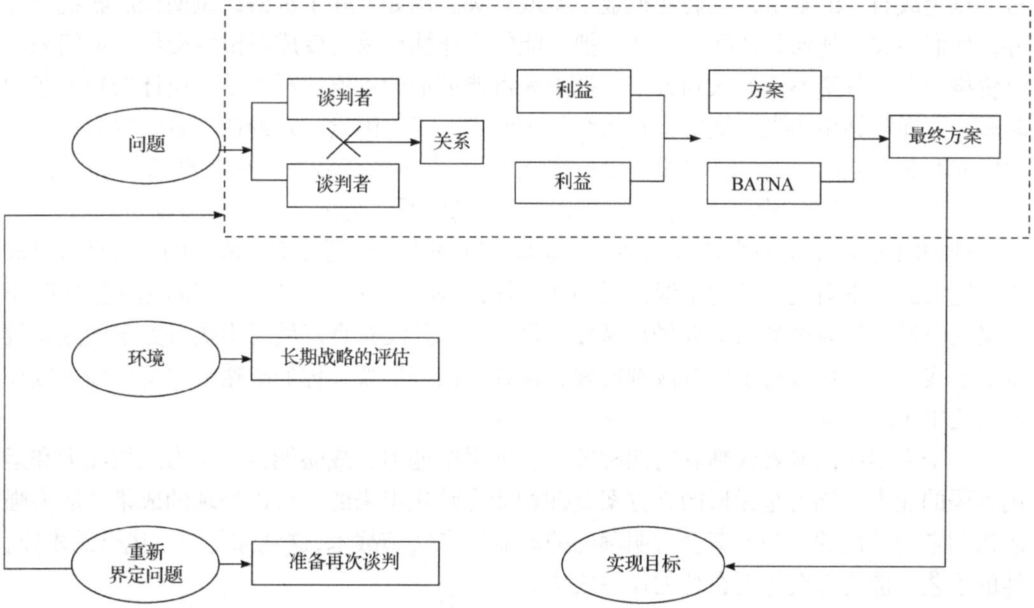

图10-1 谈判方案的基本构架

上方案都被拒绝，你也可以找到 BATNA，那就是你可以跳槽到另外一家公司。在这场谈判中，公司对你的利益需求了解越多，方案就越多，谈判也越有可能成功。

在设计谈判框架的时候，要尽可能将更多的人、利益和方案纳入考虑范围，并对这些因素进行比较。

如果谈判一次次失败，谈判者就应该开始与 BATNA 中的人进行谈判。这种设计路径体现了一种直截了当的工作逻辑，即先与最适当的合作对象谈判，谈判不成功，再与第二合适的合作对象谈判，以此类推。BATNA 是一种跳出圈外（walking away）的谈判方式，谈判者不拘于现有的谈判者，可以在谈判桌之外寻找其他的方案或者合作者。这么做可以帮助谈判者了解哪位可能的合作伙伴更具有商业眼光，还有助于谈判者避免在谈判不成熟的情况下舍弃其他选择。如果第一个谈判对象，即最合适的合作伙伴有回到谈判桌前的意愿，谈判者应随时想办法拉他回到谈判桌前。

要广泛搜索信息，以便画出谈判者之间的关系图，体现相关方之间的主要关系，尤其是谁对谁具有威慑力，谁对谁能施加影响，这种影响是正面的还是负面的等。在设计谈判框架时，要把注意力集中在最难说服的谈判对手身上，这位对手或者是在谈判中有决策权的，或者是有关键话语权的，或者是对达成交易至关重要的，然后按照你的关系图谱继续寻找下一位应重点说服的对象，以此类推，直到你穿过重重迷雾找到最佳方案为止。

在设计谈判框架的时候，要小心谨慎地把各种要素组合起来，形成方案。这就要求谈判者首先要掌握并评估所有要素信息，然后决定在谈判过程中采取什么方案，设计方案时可以组合出哪些方案，考虑哪些部分需要分开或者结合起来，哪些部分应该公开或者私下进行，哪部分利益是重要的，哪些信息是应该保密的，等等。一般来说，谈判者考虑的要素的覆盖面越广，组合成各种方案的空间就越大。缺乏谈判技巧的谈判人员具有“点金成石”的本事，他们能把金子变成石头。例如，除了价格或短期经济收益问题外，他们不关注任何其他问题，结果把可能的合作性交易也变成对抗性交易。他们采用以价格为要、分毫不让的谈判方案，把本来可能创造的价值消耗殆尽。设计谈判方案的时候，要谨防钻牛角尖，把价格看成交易中的唯一考虑因素。好的谈判者会尽力拓展利益空间和关系空间。一位资深投资银行家认为，“大多数交易是 50%的感情加 50%的经济收益”，这句话充分体现出建立谈判要素之间的联系、拓展谈判空间的谈判认知。

图 10-1 试图给出一个四维谈判设计思路。在图中，问题并不是静止的，而是可以被重新定义的，重新定义问题是谈判者构建整体谈判框架的一次升华，当问题被重新赋予含义的时候，谈判框架可能要做出调整。图 10-1 并没有直接呈现出执行方案的战略战术。事实上，当你分析了所有谈判要素，设计了谈判框架，你的战略战术就已经内嵌在方案之中了。

一个方案中内嵌着谈判者的四种能力，即思维能力、战略能力、实力运用能力和运用筹码的能力。能力是无形的，方案是四种能力转化出来的、可以呈现的成果。能力强的谈判者设计出的谈判方案会有明确的战略意图和实施战术，这就像是一个优秀的木匠，他的手艺、能力都会体现在他的作品之中。

三、切入的设计

落实框架的第一步是要具体研究如何从一个角度展开谈判，建立和其他谈判者进行谈话的联系，并希望对方理解、关注，这就是切入式的设计。例如，一位企业家要和员工一起制定企业战略，他将谈话主题确定为“我的理想，你的所得”，由此，他把公司的战略和员工个人的需要联系起来了。切入设计的另一个目的就是要说明谈判的合理性、重要性。

学生讨论

某电子公司不到5年的时间就发展成为国际型企业，创建者为企业的创新文化而自豪。L是公司产品开发部门的主任，他的团队想打破常规，开发一种新产品，这种产品需要2000万元的研发经费投入，可能为公司带来长期经济效益。近期，公司的股票下跌了15%，股东们对行业的前景感到悲观，对研发投入有所抵触。在第一次大股东会议上，L的新产品研发建议被搁置。

讨论：L要和股东们谈的议题是什么？请帮助L出主意，让股东们重新接受L的想法，引起股东的兴趣。

L手下的员工可能认为，股东们在乎的是投入的成本，因而建议L在和股东们谈判的时候从新产品的研发投入不是成本，而是一项投资这一点切入；有的员工建议L从研发金额很小，占公司很小一部分的利润这个角度去说服股东；有的员工建议L阐述研发的重要性，这是企业利润实现长期增长的源泉。L对以上意见进行了评估，最后选定了一个出其不意的角度，他把这个角度写成一句具有危机感的话：“公司的危机与害怕是我们对手最大的资产”。从这个切入点出发，L 阐述了行业内竞争的现状，阐述了新产品可以带来的竞争优势，并重温了公司敢于创新的初心。L的这个切入方法获得了股东的认可。

设计切入点的关键是简单、生动、可评估。简单的切入具有渗透力，让人很容易明白。生动可以使双方共情，从而产生某种程度的心理影响。L用“危机”和“害怕”两个词汇表达了情感，强调了创新的迫切性，激励股东去重温公司敢于创新的初心。可评估意味着你简单地切入能让对方看到闪闪发光的特殊意义。L没有从公司内部财务预算的角度去强调研发经费投入的必要性，而是引入了外部竞争者，强化了研发的意义。

四、实力的运用

实力是理解谈判策略、设计谈判方案的关键变量。实力是一个极其复杂的概念，它既包括有形的资产，也包括无形的能力、名誉等。人们喜欢拥有实力，会利用实力获得谈判中相应的利益回报。一般来说，在谈判中实力优势明显的一方在方案设计中余地较大，如果有人处于实力的弱势地位，那么就需要更具有智慧地去构建谈判框架。

1. 谈判者实力

谈判者个人实力主要依据个人在谈判队伍中的位置、分工来确定。在一个公司中，不同的劳动分工产生了不同职位，每个职位对应着特殊的利益和责任。拥有的内部资源越多，往往说明谈判者的实力越强。

谈判者的风格、能力和技巧的运用也是实力的一部分，谈判者具有领袖气质就是一种实力。有的公司经理，在主管领域表现出色，在部门内部有较为忠诚的追随者，在工作中善于用人，还成立了一批任务小组分别跟踪调研行业内的问题，雇用一些顾问指导公司的战略规划，同事们认为这位经理是一名鼓动者、预言者，这些风格帮助他赢得了一些商务谈判的优势。但是，个人的风格只有和特定的组织体系相协调才能发挥作用。换句话说，个人风格发挥作用是有条件的。试想，如果这位公司经理要受到体系内各种规制的约束，他就需要依赖于制度形成领导力，他的个人风格就不能充分地展现出来。

2. 谈判的结构性实力分布

谈判的结构性实力指谈判者之间的实力关系结构。在制订方案时，即使最强硬的谈判者也必须考虑对方的反应和实力状况。谈判方案的设计来源于对实力关系结构的分析，谈判者实现目标的能力取决于对对方可能采取行为的认识和评价。因此，实力可以被看作一种感知能力。

在相互依赖的关系中，谈判的结构性实力分布取决于彼此依赖的程度，即彼此关系中不可替代的程度。谁被需要，谁不可替代，谁的实力就强。在这种情况下，谈判者之间可以使用 BATNA 来改变结构性实力分布。如果一方对对方的依赖程度是由他的 BATNA 对其利益的满足程度决定的，BATNA 越好，其对对方的依赖程度就越低。BATNA 可以改变谈判者之间的实力分布。

如果在谈判中处于结构性弱势，没有太强的实力，就要学会运用更细微、更不显眼，甚至要让拥有纯粹实力的对方完全察觉不到的谈判策略。瑞典、瑞士、马耳他这些小国在国际谈判中比大国更善于解决冲突，就是因为身为小国，实力较弱，需要认真观察对方，将注意力放在对方身上，从而找到更现实的目标。与实力强大的一方相比，实力微弱的一方往往更富有创造力。

3. 结构性实力的分类

实力不仅是一种物质力量（经济、财富等），而且是一种谈判能力。根据物质力量和谈判能力两个维度，结构性实力可以分为四种：结构型实力、技能型实力、说服型实力和联盟型实力。处于不同实力位置上的谈判者可以使用不同的谈判策略。

结构型实力是最高层次上的结构性实力，具有这类权力的谈判者居于实力结构的顶端，有能力采取强制性做法迫使其他谈判者遵从自己的谈判意愿。

具有技能型实力的谈判者有足够的专业技能和知识储备，长期聚焦某些问题，能够提出令人信服的思路和办法去解决问题，从而具有一定的解决问题的能力。

说服型实力是指谈判者依靠的不是威胁而是协调力、说服力、亲和力或者是“软实力”，以此来构建权力，他们往往充当谈判协调的牵头人角色，对部分谈判议题也具有一定的掌控能力。

联盟型实力多指实力弱小，必须通过联盟才能获得某一领域的谈判权力的类型。

图 10-2 说明了四种实力结构的具体情形。

具有权威的谈判者在谈判中占有先机，会通过议题提出、制度构建等方式主导谈判。更为重要的是，这类谈判者具有反向结构型能力，即如果他不同意，谈判就无法实质性开展，这是基于实力的一种一票否决能力。面对具有结构型实力的谈判者，其他谈判者必须更有智慧，可以通过联盟等手段完成谈判博弈。

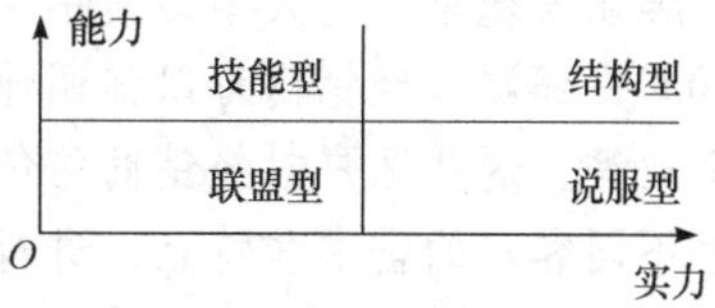

图 10-2 四种实力结构

在国际组织的谈判中，广大的发展中国家只有通过联盟才能获得集体行动能力，提高实力地位。以发展中国家参与 WTO 争端解决机制——《关于争端解决规则与程序的谅解》为例，鉴于实力和能力的差距，非洲国家很少使用争端解决机制。在 WTO 酝酿进行改革的过程中，2019 年 6 月，非洲集体已经提出了建议，旨在增加非洲利用 WTO 争端解决机制的机会，并在《关于争端解决规则与程序的谅解》中获得有利规则，以维护和增加非洲在多边贸易体系中所获得的利益。

在 WTO 的历次谈判中，美国曾熟练利用自己的经济优势等，通过模糊议题设置、分化国家阵营等方法获得了结构型实力。当前美国权力的颓势已经显现出来。美国政府习惯于以最强硬、单边主义的方式进行谈判，在谈判中使用蛮力，这是衰退的表现，这说明该国已经无力控制其他国家的行为，只能用单边的粗暴方式展示其领导力。

实力更是一种杠杆能力，即谈判者利用实力的能力。谈判中的实力结构并不是一个静态、孤立的组合，而是一个不断发展的、动态的博弈系统，杠杆能力是改变实力结构的主要动力。

五、筹码的运用

谈判过程是筹码的交换过程，也就是说，你有谈判对手想要的东西，别人有你想要的东西，双方在谈判过程中进行“东西”（筹码）的交换。筹码通常指一个人所拥有的可以用作谈判条件的本钱，把握住谈判的筹码是赢得谈判的重要条件。

学生阅读

经销商的筹码

在市场中，厂商和经销商之间，谁的地位高谁就掌握话语权。经销商对小厂家可能兴趣不大，但对大厂家，经销商却时常要亲自找上门。一般来说，经销商的筹码包括以下几类。①市场渠道优势。经销商在谈判中会强调自身强大的销售网络和渠道资源。他们会指出，凭借其与各大终端零售商长期良好的合作关系，可以确保新产品迅速铺货上架，并能获得较好的陈列位置和促销支持。例如，他们能够让新产品在当地最具影响力的连锁超市的显眼位置进行展示，提高产品的曝光度，便于消费者购买。②市场推广能力。经销商会在谈判中强调他们拥有专业的市场推广团队和丰富的推广经验。他们可以制定针对当地市场的个性化推广方案，如在当地举办促销活动、与当地媒体合作进行广告宣传等，能够有效提升产品在当地市场的知名度和美誉度。比如，他们曾成功地为某品牌在当地举办过大型的促销活动，吸引了大量消费者参与，取得了良好的销售业绩。③客户资源。经销商可以强调他们积累了大量终端客户资源，包括超市、便利店、餐饮企业等。这些客户对经销商信任度高，愿意接受其推荐的新产品。而且，经销商能够根据不同客户的需求和特点，进行精准的产品推广和销售，提高产品的市场占有率。

在互联网出现前，经销商的筹码优势主要体现在实体渠道上，如果经销商在批发市场有一间门面房，就能招来厂家。那些年，旺铺的门面房就是经销商手中的筹码。互联网出现后，一些经销商的筹码变得很轻了，实体旺铺不再是优势筹码，现在经销商直接面对终端，谁掌控终端渠道多，谁的日子就好过，终端就是经销商手中的筹码。尽管不少厂家一直要“决胜终端”，想开展厂家对消费者的电子商务活动。但现实说明，企业做终端，集聚流量非常困难，不少厂家还得靠经销商来做终端。经销商则需要跟进时代变化，将手中的谈判筹码拓展到网络渠道。

思路是最重要的筹码。当经销商手中掌握的实质性筹码不足以吸引厂家时，就需要提供有效的新思路，拓展谈判空间。有的人靠历史业绩证明自己，有的人靠谋划未来证明自己。如果经销商能够拿出切实可行的方案并且让厂家相信他确实能做到的话，那么这就是经销商最重要的筹码。

资料来源：作者根据相关资料整理。

在设计谈判框架的时候，需要检视双方的筹码有哪些，并将这些筹码进行分类，确定哪些筹码是must，自己非要不可的；哪些筹码是want，可要可不要，可以拿它来交换别人的东西；哪些筹码是give，可以送出去做人情的。分类之后，再到谈判桌上与谈判对手进行筹码的交换。在谈判之前，必须审视自己：到底手中有什么筹码，有几张牌可以打，哪些筹码可以吸引对方，哪些筹码可以让对方让步①，怎样增加自己的谈判筹码以便于让别人愿意跟你进行谈判。

谈判筹码也可以分为正向筹码和负向筹码。正向筹码可以给对方带来收益；负向筹码可以给对方带来损失或对其情感造成伤害。正向筹码的运用意在促使谈判成功。例如，中国驻WTO首任大使孙振宇先生在谈论多边贸易谈判和我国改革开放的关系时指出，十八届三中全会以后，中国设立上海自贸试验区，这么大的改革趋势，给中国在WTO多边谈判桌上增添了很多筹码。负向筹码杀伤力更大，在谈判中被用作威胁策略的武器。很多人在谈判中高举大棒，很容易造成两败俱伤的结果。有的时候，谈判者同时运用正负向筹码，正所谓“胡萝卜加大棒”，谈判才会更有节奏感，也更容易走向和合谈判。

筹码可以是谈判者固有的资源，如市场、资金等；筹码也可以被创造出来。时间就是一种筹码。谈判者可以将设置谈判结束的时间作为筹码。这种方法有时非常有效，能给对方带来巨大的心理压力，促使谈判加快速度。不要小看谈判的最后一分钟，让步与协议往往会在最后一分钟达成。有些企业非常善于利用时间筹码，利用最后三天大促销这样类似的时间营销方式来影响消费者的购买心理，促成交易的达成。时间是很重要的谈判要素，只要合理使用，往往能够在关键时刻促成谈判。谈判者一定要学会恰当掌握时机，因为在谈判过程中，什么时候提出一个议题，什么时候向对方承诺，都会在一定

① 武向阳. 如何增加你的谈判筹码. 中国商人，2016（10）：24，26.

程度上影响到谈判的结果。

稻草人是农民用稻草制作的放置在农田间用来驱赶鸟雀、防止其偷食粮食的偶人，因用稻草扎成，故名“稻草人”。稻草人是一种摆设，并无实际的威力。在国际商务谈判中，稻草人被比喻为无筹码。稻草人成为谈判的筹码就是谈判的稻草人策略，即一个条件的提出对提出者本身并没有多大价值，之所以提出，是因为正准备放弃它，或者把它用于交换，创造稻草人的目的是换取自己真正所需的东西。简单地说，如果谈判对方如同麻雀一样，认为稻草人筹码有威慑力，那么他会与稻草人斗争，并付出代价，而这正是使用稻草人策略的一方希望看到的。

外部环境可以成为谈判的筹码。通过政策的变化创造筹码是一种常见的谈判战术。2002～2008 年，国际铁矿石价格连续上涨。2002 年，中国进口铁矿石平均到岸价只有 25 美元/吨，到 2008 年这一价格上升到 136 美元/吨，增长了 5.4 倍。在这段时间中，中国钢企仅因价格上涨就多支出了约 7000 亿元，相当于同期中国钢铁企业利润总和的一倍多。中国是世界上最大的铁矿石进口国，占世界铁矿石贸易总量的 50%左右。中国和铁矿石供应商进行谈判时，中国宣布或将限制铁矿石的到岸价格，其标准参考日本和澳大利亚达成的 33%降幅的协议，如果高于该价格，将取消进口资质。这一政策调整改变了中国在进口定价方面的被动局面，取得了话语权，被认为增加了中国在铁矿石谈判中的筹码。

第十一章

过　　程

谈判经历从开始到成交的一系列阶段，这些阶段构成谈判过程，包括始谈阶段、摸底阶段、僵持阶段、让步阶段和成交阶段。本章介绍谈判者在各个阶段所面临的问题和可使用的技巧。

一、始谈阶段

始谈阶段基本决定了正式谈判的方式，是实施整体谈判方案的重要起点。始谈的话题及形式的确定，会对正式谈判的议题选择、谈判步骤和内容等起到铺垫作用，整个谈判的方式会在始谈阶段确定下来，谈判由此展开。

学生讨论

19世纪一位杰出的美国政治家决心帮助一位能干的年轻人，年轻人来自某东欧国家，出身贫寒。政治家找到美国某州银行的主席，他指出，有一位才华横溢、雄心勃勃的年轻人很快就会成为罗斯柴尔德男爵的女婿，想要在银行界谋求一个提升很快的职位。没过多久，政治家有一次与男爵谈话，说起人们知道男爵正在给自己的女儿物色适当的婚配对象，于是政治家热情洋溢地推荐了一位精明干练的年轻人，这个年轻人在州银行工作，很有潜力。男爵的女儿觉得这个年轻人魅力不凡。当姑娘和她的父亲都表示同意时，这笔由三个不同方面组成的“交易”就达成了，最后的结果是皆大欢喜。

讨论：请注意政治家是怎样采取行动，怎样设计了最有利的谈判方案以达到他的目的的。他分步骤、按照先后次序安排了谈判，还在每个关口都精明而谨慎地掌控要透露的信息。请讨论如果银行主席、男爵、男爵的女儿和年轻人当初被草草地安排在一起，面对面地商谈婚事，这一方案的效果会如何？

始谈阶段会建立一定的谈判秩序或谈判文化。例如，双方谈判人员谁主谁次，各处于什么位置，拥有怎样的权力，有多大的谈判空间和控制力。谈判各方通过座次安排、人员介绍等方式让谈判各方认知谈判秩序，进而拉开谈判的序幕。在始谈阶段，谈判者初始的谈判态度、情绪会营造出一定的谈判气场，进而影响谈判氛围，甚至会形成一种独特的谈判文化。如果谈判者能在谈判之初就保持一种轻松愉快的关系，抱定积极的态度，谈判就能顺利进行下去。

在始谈阶段，谈判者可以通过轻松的话题拉近关系，如可以通过寻找共同点和寻找共同敌人的方式来拉近关系。一位谈判者叙述了这样的开场白：在一个下雪天，我正在和某人进行谈判。我有些沮丧地开始了谈判：“这雪怎么了?”对方回答说：“事实上，我非常喜欢雪，我的兴趣是滑雪。”听到这儿，我接着问道：“那你觉得下雨怎么样？”我为什么要继续追问天气方面的话题呢？我正在努力寻找一个我们双方共同的敌人。同仇敌忾可以缩小谈判双方的距离，使谈判更加顺利进行下去。人们总是爱抱怨天气，谈判者通过谈天说地，找到情绪上的融洽点，这是非常重要的谈判技巧，有时谈判者还会半开玩笑地抱怨律师、交通等。

学生讨论

一位资深谈判者这样介绍他的谈判经验：40多年来，我最常用的开场白是“一切都好吗？”这看似一个普普通通的问题，但至少包含了四种谈判技巧。第一，这个问题有助于你和对方建立一种良好的人际关系，你一开始就表现得亲切健谈。第二，这是一个问句，提问是一种搜集信息的极佳方式。第三，这个问题表明谈判者是在关注对方，也在关注他们的情绪和感受，而不是谈判本身。第四，这个问题是随意的闲聊，有助于为双方营造一种轻松舒适的氛围。

讨论：你通常用哪些开场白和对方打交道。

始谈阶段，谈判各方要发起“关于谈判的谈判”，即制定谈判的相关规则，谈判的规则是谈判各方应该尊重、遵守的与本次谈判相关的规则，主要包括以下内容：

（1）谈判纪律。例如，在一些商务谈判中，一开始就会制定这样一条规则，即任何议题如果无法在1个小时内得到解决，直接进入下一个议题。因此，谈判可以有序推进，对于那些棘手的问题，谈判各方可以将其作为重点内容再找时间进行重新谈判。这就是所谓的程序性规则，程序性规则可以让谈判者更好地控制谈判进程。

（2）谈判的方法。确定谈判方法指确定与谈判相关的共同使用的技术方法、语言交流模式、交易工具等。例如，在WTO多边贸易谈判的始谈阶段，各国就谈判的技术方法进行磋商。在关税减让的谈判中，谈判者首先要选定关税减让的公式。对谈判方法的磋商就是关税减让的方法，这就是实质性谈判。请结合第十四章乌拉圭回合谈判的案例进行学习。

（3）决策机制。谈判者要明确谈判中如何进行决策，是通过共识还是以多数投票的方式做出。决策机制还包括最终文件怎样被采用，怎样被修改和接受。有的谈判，谈判各方会在某一框架下建立能够领导谈判各方的“秘书处”或者“主席”，这个“秘书处”或“主席”可以是正式机构，也可以是非正式机构，谈判各方应在始谈阶段就讨论决定赋予秘书处或主席哪些权力。

学生讨论

在影片《矮子当道》中，一位主角正在给另外一个人物传授谈判经验，他说“谈判的时候，应该打开百叶窗，务必让阳光照到对方的眼睛，这样对方就会因此而分心。”

讨论：这是不是一种谈判方法？如果是，是否应该被明文禁止或者明文规定可以使用？

始谈阶段，谈判各方要制定谈判的议程。典型的商务谈判议程包括以下内容：①谈判的期限、各轮谈判的时间安排、每次谈判的时间等。②谈判的场地，包括对谈判场所的规定。③谈判的议题，包括核心议题和分议题的设置。④谈判的具体安排，如人员分工等。⑤其他事项，包括礼品、交通、食宿等。

议程一旦经谈判各方同意，就应该被尊重和遵守。但是，即便议程被通过，还有可能面对一些问题：议程是固定的，还是可以变动的？如果需要修改，在什么情况下可以进行修改？谈判者应尽量完善议程的内容，减少谈判过程中在谈判程序上发生纠纷的概率，顺利推进谈判进程。

二、摸底阶段

讨价还价的第一步就是摸底。摸底阶段是开展实质性谈判的开始阶段，进入这个阶段后，谈判者开始就谈判议题进行讨论。摸底阶段的主要任务是表明谈判者的立场并试探对方的意图，做到知己知彼，为进入实质性谈判的讨价还价阶段创造条件。

在摸底阶段，首先要表明我方意图，就内容来看，通常包括以下几个方面：①我方的基本立场；②我方认为本次谈判应解决的主要问题，主要问题下的主要议题；③我方希望通过谈判取得的利益；④我方的疑问。

其次，要表明我方意图，有以下几种表达方式：①完整的书面表达，无口头补充；②书面表达，口头补充；③口头表达。采取书面表达的方式表明我方意图接近最终的谈判结果，没有多少谈判的余地和让步的空间。谈判者选择口头表达的方式，意在营造更多的谈判空间，但采取这种方式时，谈判者要抓住重点，避免在陈述时因动作、表情等暴露自己的意图或机密。此外，可以采用明示或暗示的方式表达我方的意图。其中，暗示指谈判者采取比较含蓄、间接的方式来表明某些问题的立场、观点及利益需求。

摸底阶段，谈判者除表明自己的意图外，还要了解对方的意图。在商务谈判中，谈判者不仅不会透露自己的全部意图，而且还会竭力隐瞒自己真实意图和所面临的压力。可以从对方对议题的看法、对方表达的利益关注来判断对方可以让步的空间，考察对方的诚意。

学生讨论

谈判者必须集中精力，搞清楚对方在谈判桌上所隐含表达的立场背后的利益关系。多数人通过寻找与谈判对手的共同点，以此促成双赢的协议。但事实是，协议中经常被忽略的价值来源恰恰是产生于各方之间的利益差异，或者说来自双方的互补性。

讨论：你是否同意上述关于互补性的看法。

有的谈判者在摸底阶段开始报价。一旦开始报价就要注意锁定价格。当谈判对方率先给出一个价格时，你很容易被锁定，锁定对你的思想有潜移默化的影响。例如，你估算出对方的底线为 4800 万美元，同时你希望她开始报价时就能激进地给出 4000 万美元。如果她的首次报价是 3200 万美元，你就会怀疑自己对对方底线的评估是否准确。对方设定的锁定价格不仅影响你对谈判中对方底线的估算（以及议价区域），同时也影响你的还价。你可能计划将谈判的起始售价定在 5000 万美元，但是当对方出人意料地报出低价时，你就会考虑你的起始价格应该要更低些。如果你被对方的锁定价格影响，对方的策略就生效了。

避免被锁定的方法是当对方激进地进行首次报价时，忽略对方的所有报价。因为锁定价格在谈判中被谈论得越多，锁定价格产生的影响就越大。如果你要求对方检查自己的报价或就报价做进一步讨论，你就能增强你的谈判能力。你可以说："我方考虑了贵方的报价，我认为我们和贵方在这笔生意上有一些分歧，让我们尝试通过讨论来解决分歧吧……"然后你可以把谈话转移到完全不同的话题上，转移后的话题要能帮助你重新控制双方之间的对话。或者，你可以采取这样的方法：你对谈判对手的报价感到惊讶，询问是否存在新的报价的可能。如果没有，请立刻将视线从锁定价格转移到新的议题上，如可以，公开你自己的观点并依你的计划控制谈判。总之，在摸底阶段要避免被对方锁定，从而失去控制权。

三、僵持阶段

商务谈判进入僵持阶段，就是谈判各方对某个问题、内容难以达成共识，谈判各方均不做出让步，谈判进入对抗性较量或者停顿状态。谈判的僵持可以表现为以下几个方面：①情绪化僵持，表现为谈判各方发生言语冲突，谈判走向情绪化，继而无法顺利进行。②策略性僵持。一方故意制造僵局，从而给另一方施压；一方为了试探对方的底线，或者是为了增加自身利益，故意制造难题，甚至是引起争吵，使得对方放弃自己的目标。③实质性僵持，即双方在讨价还价的过程中陷入对峙状态，谈判者对谈判内容，尤其是经济利益均不做出让步。④突发性僵持。谈判的外部环境发生变化导致谈判各方进入某种对立状态。

学生讨论

美国著名的谈判专家卡洛斯通过对 2000 多名谈判人员进行实际调查后发现，一名优秀的谈判者必须坚持“喊价要狠”的准则。在讨价还价的过程中，倘若卖主喊价较高，则往往能以较高的价格成交；倘若买方出价较低，则往往能以较低的价格成交。因此，在谈判桌上，卖主喊价高或买方喊价低的时候，都会给自己产生较为有利影响。

讨论：你是否同意以上观点，这一策略是否会导致谈判进入僵持状态？

在谈判过程中，存在分歧是正常的，可以说如果没有分歧，就不会有谈判存在。但是，僵局是一种具有强烈暗示性的不确定状态，它意味着谈判可能会破裂。因此，针对不同性质的僵持局面要采取不同的策略。

情绪性僵局可能是由谈判者之间的立场、观点甚至是意识形态不同导致的。在谈判过程中，双方各自坚持自己的立场和观点，对对方的立场和观点予以否定，容易导致情绪主导谈判。这时，谈判者要评估自己观点的合理性，是否对对方的观点和立场产生了偏见，并再次评估谈判方案的合理性和可以让步的空间。如果是因自身因素造成的僵局，可以更换谈判人员或者由更高一级的谈判者出面打破僵局，这样能够及时消除不和谐的因素，缓和气氛，减少敌对情绪。针对情绪化的僵局，谈判者要注重使用心理战术。如果对方谈判者性格比较急躁、外露，对外界事务富于挑战心，那么就应该采取马拉松式的战术，攻其弱点，避其锋芒，在回避与周旋中消磨其锐气，做到以柔克刚。实行这种疲劳战术最忌讳的就是硬碰硬，要以柔克刚。在陷入僵局，双方的感情受到伤害的情况下，可以寻找双方都能接受的中间人作为调停人，进行调节和客观的评判，从而打破谈判僵局。

有的谈判者善于制造僵局，使其成为谈判方案中的一部分，这种僵局是策略性僵局。炒蛋策略就是制造僵局的一种办法。谈判者从一开始进入谈判时，就在细节问题上和对方反复纠缠，每次让步都要让对方付出巨大的精力，使对方陷入虽急不可耐，但也毫无办法的境地。

面对实质性僵局，谈判者要采取更为有效的措施，以下是破解的几种办法：①强调互惠的谈判原则。互惠方式是谈判双方均认同彼此的需要，然后共同探讨满足双方需要的一切有效可行的途径。②尝试 BATNA 等方案。如果双方仅仅采用一种方案进行谈判，当这种方案不能为双方共同接受时，就会陷入僵局。为此，谈判者可以将准备的其他可供选择的方案拿出来，供对方选择，使谈判顺利进行下去。③转换议题。转换议题是指先撇开争执的问题，换一个新的议题与对方磋商。当其他议题被成功解决时，再回过头来重新讨论原来陷入僵局的议题。④休会。休会指谈判人员为缓和谈判气氛，共同商定暂停谈判，使双方有机会冷静下来，客观地分析形势，采取相应的对策。休会前应商定再次谈判的时间、地点，并务必向对方重申己方的意见，以引起对方的注意，使对方有充裕的时间进行考虑。

面对突发性僵局，要做到以下几点：①迅速评估谈判环境的变化情况，评估环境的变化对谈判各方的影响；②研究是否需要对已有谈判方案进行调整，如果需要调整，可以和对方一起商讨调整的空间和细则；③双方在原有谈判的基础上可引入例外条款、执行条款，双方继续寻找有效的、合法的补偿机制，以消除突发情况带来的不良影响。

无论是面对哪种僵持局面，当谈判中出现双方争执不下的局面时，谈判者可采用幽默的方式化解矛盾。有个著名的鲱鱼案例，讲述了苏联与挪威进行的鲱鱼交易谈判。在谈判中，深知贸易谈判诀窍的挪威人，开价高得出奇。苏联的谈判代表与挪威人进行了艰苦的讨价还价，挪威人就是坚持不让步。谈判进行了一轮又一轮，代表换了一个又一个，还是没有结果。为了打破僵局，苏联政府任命柯伦泰为全权贸易代表，这位女代表面对挪威人报出的高价，针锋相对地还了一个极低的价格，谈判像以往一样陷入僵局。挪威人并不在乎僵局。因为不管怎样，苏联人要吃鲱鱼，就得找他们买。情急之下，女代表对挪威人说："好吧！我同意你们提出的价格。如果我的政府不同意这个价格，我愿意用自己的工资来支付差额。但是，这自然要分期付款。"一位真正的绅士能把女士逼到这种地步吗？所以，一笑之余，挪威的谈判人员最终同意将鲱鱼的价格降下来[①]。

有的时候，对方行为不当或者是恶意挑衅，对付这种强硬的行为，谈判者需要掌握一定技巧。在谈判中坚持与人为善、恪守谈判素养是必要的，但回击也是必要的。那么，可以采取一种比较有效的谈判技巧，即指出对方行为不当。使用这种简单技巧的时候，谈判者注意不要引火烧身，绝对不要让自己成为问题的焦点。

在僵持阶段，双方都可能带有攻击性。每一方都会不遗余力地坚持自己的立场，希望对方最终做出最大限度的妥协。即使存在一个十分重要的、互惠互利的协议区域，但双方针锋相对、咄咄逼人的立场也会阻止双方进入该协议区域，最终双方根本达不成交易。在这种情况下，双方加强沟通就非常重要了，此外谈判者还要花更多的时间搞清楚对方在意什么，不在意什么。无论大还是小、有形还是无形，无论是在交易之中还是交易之外，无论是理性的还是感性的，谈判者都要扩大分析范围。谈判各方都要努力寻找交易点，可以将一方重视而另一方不重视的东西拿出来进行交换，抑或是将利益蛋糕做得更大。

---

① 庞岳红. 处理商务谈判僵局的原则及技巧探讨. 现代营销（下旬刊），2017（11）：24-25.

四、让步阶段

让步环节是商务谈判中一个不可或缺的阶段。可以说只要有谈判存在，就有让步行动，没有让步也就没有谈判。因为没有让步，谈判各方无法达成任何协议，谈判也就名存实亡，没有任何意义了。

在鲱鱼的案例中，柯泰伦运用了增加附加条件的让步策略。附加条件就是，我同意你的条件，但是我的政府不会同意你的条件，同时我和我的政府都想做成这次交易，那么我愿意用我的工资来支付差价（这只是个借口，事实上是不可能的事情）。

让步的第一层含义就是追求合作。谈判者为了争取共同利益或者长远利益，舍小取大，争取共识，寻求合作。让步的第二层含义是让步应该有回报。让步所坚持的原则应该是互惠，这就是说，你向对方让步的同时，还要让对方明白你具体想要什么作为回报。这个原则保证了你的让步被认知，并可以换取到相应的回报。换句话说，让对方清楚你所作的让步，他才会让步，这样你的让步才有意义。让步的第三层含义是让步要有谋略，让步是一种谈判艺术。

谈判者做出让步时应考虑如下因素：让步方式、让步时机和让步次数。

（1）让步方式。让步方式有很多种，可根据谈判方案的设定和实际情况选择适当的让步方式。①阶梯式让步。让步的幅度一般是递减的，幅度变得越来越小。如某酒楼为了招揽生意，推出了优惠活动：满 20 人，9 折；满 40 人，8.5 折；满 60 人，8 折。这样设置价格梯度给消费者的感觉是酒楼的让步幅度越来越小，根本目的是鼓励消费者增加消费。阶梯式让步是一种蚕食战术，谈判者不断地进行讨价还价，让步幅度比较平稳，每次的让步幅度不大，对方的获利也不大，能有效控制交易风险。缺点是每次让步都会使对方获利，对方只要有耐心就能获得更大利益，当然谈判时间也会比较长。②议题之间的交叉让步。有的议题让步，不再谈了，别的议题则要把要价提高，如谈判中的一揽子谈判方式，就是在议题间寻找让步空间。在四维谈判中，谈判被视为一个持续的过程，谈判者可以在第一次交易中让步，再在未来的谈判中获得回报。中国人说的“舍得”就是体现了这种时间上让步的智慧。③山峰式让步。这是一种先高后低，然后再逐渐拔高的让步形式，灵活而富于变化。这种让步形式需要谈判者掌握谈判的节奏，让步起点高，传递了谈判者的诚意和积极的态度，然后再减小让步幅度，给对方一种谈判快接近尾声的压力。山峰式让步的讨价还价次数多，如果再次加价，会给对方一种不诚信的感觉，谈判者要灵活掌握节奏、时机。这种方式适用于有着丰富经验的谈判者。④断层式让步，这是一种一开始让步幅度很大，中间不让步，最后稍作让步的方式。这一方式的缺点是容易让对方觉得让步空间很大，从而增加讨价还价的压力，而中间不让步，让对方觉得最开始的巨大期望转眼间就化成泡影，会使对方难以适应，影响谈判。⑤一次性让步。这是一种比较坚定的谈判方式，谈判者知道自己的让步空间，在谈判开始的时候，寸步不让，最后关头做出一次性让步，促使谈判结束。

（2）让步时机。让步时机是指让步的时间安排，就是在适当的时机和场合做出适当的让步，使让步的作用发挥到最大。谈判者应掌握让步的正确时机，这件事说起来容易，但在谈判的实际过程中却非常难以把握。有人认为谈判让步的频率应该是越来越小的。也就是说，第二次让步到第三次让步的时间要比第一次让步到第二次让步的时间长。这或许是掌握恰当的让步时机的一种常见策略。让步的重要心理因素是：轻易得到的让步，人们往往不珍惜，不仅如此，对方会因为能从你手里轻易得到让步而拒绝做出相应的让步；相反，对方珍视费了九牛二虎之力从你手里争取来的微小让步，并愿意付出一定的代价。

恰当的时机能够增加谈判达成的机会和可能性，但是恰当的时机并不是指在时间上拖得越长越好。在一场法德两国的商务谈判中，德方得知对方需要在一个星期之后准时回国。这时德方没有着急谈判，而是先陪法方代表在国内进行旅游，以了解德国文化，每天晚上还安排宴会宴请法国代表。谈判最终在第 5 天开始，整天只讨论一些边缘性问题，双方讨价还价的强度也不大。在谈判的第 6 天谈到重点，但这时法方到了该回国的时间，于是匆匆答应了德方的条件。好的谈判者可以创造让步时机，如积极营造“鹬蚌相争”的时机，当双方谈判进入僵持阶段后，可以引入第三方，积极主动营造利己的谈判态势，给对方造成压力，诱使对方做出让步。

（3）让步次数。让步次数是商务谈判中一个值得研究的问题。在销售谈判中，一次性让步 20 万元，与每次让步 2 万元共计让步 10 次，给人的感觉是大不相同的。这是因为，卖方撑到最后，让了 20 万元。买方会认为：好吧，这 20 万元让他让步已经很困难了，价格就这么决定吧。如果你让了 10 次的 2 万元，别人会认为你还有第 11 次，甚至第 12 次的让步。谈判者应将让步的次数控制在合理的范围内。中国人经常说事不过三是有道理的，在进行让步次数的确定时可以加以参考。

学生讨论

让 步 方 式

有一种谈判者，在价格谈判中，每次让步都是 20 元、20 元、20 元、20 元。从表面上看这是一种四平八稳的让步方式，每一次让步幅度都不大，谈判破裂的风险也较低。还有一种谈判者，让步的逻辑是 40 元、20 元、15 元、5 元，第一次让步比较合理，要充分激起买方的谈判欲望。在谈判中期，不轻易让步，最后的让步要表现出异常的艰难。还有一种谈判者以 5 元、15 元、25 元、35 元的次序和幅度进行让步。

讨论：评估你自己是哪类让步者，或许你有其他的让步方式也可以，对以上让步方式进行评价。

在和合谈判中，有些让步看似不够精明，但体现了某种谈判价值观，具体包括以下内容：①向公平让步。谈判者能够按照客观标准衡量得失，摒弃主观好恶和意气用事，在事实面前向公平妥协，这样的让步实质上就是向谈判各方的共同利益让步。②向公义让步。一切谈判的结果都应符合社会公义，不应把谈判引向不法利益、极端私利的方向，而是应该考虑全局利益和社会影响，维护合理合法的谈判主张，放弃不合理、不合法的主张。③向弱者让步。在谈判中，强势的一方不能依据权势欺凌弱者，也不能借此强化分配式谈判战略的不公平结果。向弱者让步实际上反映了谈判者的文明程度。总之，谈判中充满对抗与合作、文明与野蛮，谈判就是相互斗争、相互妥协的过程。积极让步的本质是正向的，符合社会整体发展规律，谈判者应该寻求改变谈判中对抗性的思维方式，走向和合。

五、成交阶段

成交阶段就是谈判双方就各项条件达成一致意向的过程，是签订合同的阶段，也是谈判的最后阶段。在这个阶段，谈判双方都有结束谈判的意向，谈判者应以坚定的语调、平稳的语气，不卑不亢地陈述自己的观点。在回答对方问题时应尽量简单，可以简单回复“是”或“否”，不需要过多地解释。在情绪方面，应由紧张转为松弛，表现得更为自然、亲切、自信，甚至是兴奋，给对方进入成交阶段的暗示。当然，在这一阶段，谈判仍存在一些障碍，谈判者不能急于求成，否则就会功亏一篑。

成交阶段的重要任务就是签订合同或协议。国际商务谈判的结果要以书面合同或协议的方式加以确定，谈判者应该关注合同细节，注意在签订合同的过程中，将合同主体、合同文本、合同履行中可能出现的问题点查找出来，进行最后的磋商。买卖合同中经常会因为谈判人员对业务不熟悉或者谈判经验不足而出现漏洞，常见的漏洞有：质量约定不明确、履行地点不明确、付款期限不明确、付款方式不明确、计量方法不明确等。在签署前，要核对各种材料、批件等，查看条款中是否有谈判过程中忽视的、歪曲的内容，是否加入了不曾进行谈判的内容，要查看合同的条款是否含糊不清、模棱两可。

成交阶段会涉及各种法律问题。有一个“特里尔葡萄酒拍卖会案”非常值得学习。特里尔是德国一个著名的生产葡萄酒的地方，对当地并不熟悉的A先生一天偶然走到了一个地下室酒馆，他并不知道那里当时正在举办一场葡萄酒拍卖大会，在场者举手则视为应价。A先生在并不知晓的情况下向熟人招手，拍卖师随即将A先生的行为视为应价，由于在场的竞拍者当中并没有其他人应价，拍卖师认为A先生应当拍下这瓶葡萄酒。这个案例中，A先生对拍卖行为的性质有重大误解，这样的买卖是否具有效力成为该案的焦点。通过这个案例，我们应该知道，谈判者在成交阶段应避免法律问题的出现。例如，谈判者应考虑谈判产生的任何协议将会对参与各方和他们所代表的群体具有约束力。当一个租户在谈租赁合同时，要看出租人的合法性，避免出现合同无效的情况。《中华人民共和国城市房地产管理法》中规定了“共有房地产，未经其他共有人书面同意的”不得转让。如果消费者与共有人之一签订了租房合同，那么该合同是有风险的。

模拟谈判

辽宁省A公司从事某生物制剂业务，2008年金融危机使该行业的产品价格大幅降低，A公司决定在此时大量买进。A公司做了大量的市场调研，在互联网上寻找卖家，通过对各国产品的对比，最终选定英国的B公司为谈判对象。A公司通过电子邮件联系到了B公司，进行了业务摸底。

在谈判过程中，双方首先因谈判地点发生了争执。A公司以买家的优势希望B公司能够到中国进行谈判，B公司担心A公司的采购量小，试图以接受去辽宁省谈判为筹码，要求A公司增加采购量。金融危机使全球经济不景气，双方在谈判地点上很快达成共识，表示愿意继续推进谈判，B公司接受A公司提议的谈判地点。

谈判进展得比较顺利，双方见面两次后，就对产品品种、数量、进口时间达成了一致。但在价格谈判中，双方进入了僵局。导致僵持的原因是多方面的。首先，双方缺乏交易往来，对彼此的商业诚信仍有疑虑。采购金额大，交货分批进行，合同履行时间为两年，这样的合同要求买卖双方有信任基础。其次，合同的定价涉及未来两年的汇率问题，双方都希望采取对自己有利的价格条款以规避风险。

在僵持阶段，B公司一度威胁要提前离开中国。A公司在休会期间提出带领B公司谈判人员考察中国市场，顺带看看当地的旅游景点。A公司的举措使B公司开始了解中国的市场需求和中国人的谈判风格、商业信用。在走访市场的时候，A公司给B公司看了中国同类产品的价格，虽然质量不如B公司，但价格比B公司的报价便宜两成。A公司还带领B公司走访了A公司的用户单位，让B公司了解A公司的市场口碑。最后，B公司打破僵持，在合理的范围内接受了A公司的价格要求，合同得以顺利签署。

模拟谈判要求：将学生分成两个小组，分别代表A、B公司，依照上述材料，建立各方的谈判框架，A、B公司分别梳理各自在谈判中所面临的困难、难点，A公司和B公司进行一次打破僵局谈判的模拟谈判。

资料来源：根据众多资料，自行整理。

第十二章

语　　言

谈判必须借助于语言，即“以言行事”。语言是思维的工具，谈判者将思维结果用准确的语言表达出来，语言直接影响到谈判预期目标的实现程度。本章主要研究谈判的语言特性及相关技巧。

一、谈判语言的特性

人们通过使用语言与别人交往，建立和保持人际关系，用语言来影响别人的行为，表达自己对事物的主观判断和评价。商务谈判中信息的传递是以有声语言为主要工具的，成功的商务谈判更是谈判双方出色运用语言艺术的结果。

谈判语言的特性主要包括以下几点。

1. 客观性

谈判语言的客观性是指谈判者要言之有物，要尊重事实，理性讨论议题，理性提出谈判条件。谈判要尊重事实，不能胡编乱凑，更不能使用违背职业道德的伎俩。例如，在企业的买卖谈判中，卖方要依据事实介绍本企业情况、商品的性能和质量，将谈判方案设定在合理的范围内，既尽力满足己方需要，又不能忽视对方利益。买方介绍己方财务状况和购买力时也不能夸大其词。

2. 针对性

谈判语言的针对性是指谈判语言要围绕议题，有的放矢，切中要害。谈判过程中不能没有边界地随意讨论议题，要将重点放到此次谈判的中心议题上。谈判内容包括诸多方面，每个方面都有其特定用语或专业术语，谈判时要准确使用专用术语；同时，要根据谈判对手的文化背景、思辨能力和个性习惯的差异而使用相应的谈判语言；每个谈判对手都有其优点和缺点、强项或弱势，而且每个对手的知识结构也不可能尽善尽美，要有针对性地选择语言，使对方容易听懂，并能够产生共鸣。

3. 逻辑性

谈判语言的逻辑性是指谈判者的语言要符合逻辑规律，推理要严密，论述要有说服力和连续性。谈判者对问题的看法、对谈判的诉求以及提出的各种意见，要通过具有逻辑性的语言表达出来。逻辑性是紧紧抓住对方，进而说服对方的基础。

4. 技巧性

有一位教徒问神父："我可以在祈祷时抽烟吗？"他的请求遭到神父的严厉斥责。而另一位教徒又去问神父："我可以在抽烟时祈祷吗？"这一位教徒的请求却得到了允许。这两位教徒发问的目的和内容完全相同，只是使用的表达方式不同，得到的结果却是相反的。由此看来，谈判语言的使用需要技巧。一般来说，谈判语言表达技巧高明才能赢得期望的谈判效果。技巧性并不等于辩论性。有人认为谈判就是辩论，这是对谈判的错误认知。辩论要分输赢对错，而谈判的目的在于合作，要找出解决办法，有层次的表达、有道理的说服、有技巧的谈判比辩论更能帮助谈判者达成协议。

在与对方的谈判过程中，应该尽量使用积极的沟通用语。例如，对方常常抱怨他在谈判中的辛苦，而你已经不止一次听到这类抱怨了。消极的表达方式是："你说得不错，谈判辛苦，表现得很差劲"。积极的表达方式是："我完全理解您的苦衷"。显然，积极的表达方式更容易让人接受，也会大大提高谈判的成功率。可见，积极的用语可以对谈判起到鼓舞作用，而消极用语会增加谈判的难度。

学生讨论

某商场休息室里售卖咖啡和牛奶，刚开始服务员总是问顾客："先生，喝咖啡吗？"或者是："先生，喝牛奶吗?"其销售额平平。后来，老板要求服务员换一种问法："先生，喝咖啡还是牛奶？"结果其销售额大增。

讨论：请说明这两种问法的不同之处。

5. 灵活性

语言一旦发生变化，概念也随之发生变化，而概念的变化又会引起词义的变化。灵活性指在适当的谈判情形下要使用留有余地、具有缓冲性特点的语言。例如，在商务谈判中以下语句常被使用：“我们的谈判大门是敞开的，在贵方请示过后，可随时和我们联系。”

谈判者不能轻诺，也就是不能轻易向对方许诺一些不该许诺的东西。在交流过程中，谈判者可以海阔天空，但谈到关键问题时一定要慎之又慎，可以用轻松的语言来讨论，但表态时绝对不能马虎。

6. 感染性

一位富有经验的谈判者在谈判过程中常常会就对方某些方面进行称赞，营造和谐的、融洽的谈判氛围。有的谈判者擅长用文学语言来表达愿望、决心，或者用以打破僵局，创造良好的谈判气氛。谈判者应精通语言的运用，运用语言来表现自己的热情、坦荡、真诚，使谈判双方感到轻松。在商务谈判中，要给对方留“面子”，使谈判在友好和谐的气氛中进行。2009 年 2 月 21 日，前国务委员戴秉国在钓鱼台国宾馆会见来华访问的美国国务卿希拉里·克林顿，这是希拉里第一次以国务卿的身份访华。刚一见面，戴秉国就夸她比电视上显得更年轻、更漂亮。希拉里可能以为共产党的官员都是不苟言笑的，没想到戴秉国能说出这样的话来，当时就说：“看来，我们今后会合作得很好。”在谈判中使用这样的开场白是很具有感染力的。后来，美国国安会亚洲事务高级主任评价说，希拉里听到赞美，人都精神起来了。当时在场的谈判代表觉得，就好像圣诞树“哗”地一下亮起来了[①]。

学生阅读

幽默是指生动、活泼、优雅、风趣、诙谐、含蓄且富有想象力的语言。幽默是思想、学识、智慧和灵感在语言运用中的结晶。幽默是一种非常有趣且复杂的表达方式。它常常以表面的滑稽和形式的逗笑为外衣，但内里却蕴含着对对象、现象乃至整个世界的深刻洞察和严肃态度。恩格斯说过，幽默是具有智慧、教养和道德上优越感的表现。幽默语言的内容可分为两部分：显性内容和隐性内容。显性内容是话语的字面意义。幽默语言的真正含义是隐性内容。第二次世界大战时期，英国首相丘吉尔到美国会见美国总统罗斯福，要求共同打击德国法西斯，并给予物质援助。某日，罗斯福去看他，事先未及时通报，罗斯福总统进入室内，恰逢丘吉尔正在洗澡。罗斯福进退两难。丘吉尔见状，咧嘴一笑，拍着肚皮说：“总统先生，你瞧，大英帝国在阁下面前可什么也没隐瞒啊!”一句话说得罗斯福也乐了，后来双方谈判很成功，英国得到了美国的援助。丘吉尔的幽默“语近而旨远”，借助幽默促成了谈判。

二、谈判语言应用实例

在始谈阶段，谈判各方要通过语言营造谈判氛围。不同的语言表达会呈现不同的氛

① 戴秉国. 战略对话——戴秉国回忆录. 北京：人民出版社，2016.

围，怀旧叙旧、祝福期盼等语言可以为谈判暖场，铺垫出平缓、温和的谈判气氛。用就事论事、不带褒贬、不强求的语言表达方式可以营造出平淡的、客观的谈判气氛。用严厉、揭伤疤等语言表达方式会营造敌对的谈判气氛。

在谈判过程中，语言表达要简单清晰。例如，谈判者可以这样说："我来介绍一下我方的产品，它符合ISO9000标准，生产量可以达到贵方订单要求，此种产品质量和产量在过去三年中一直保持良好的业绩，在我公司的年报中有详细记录。" 这段语言介绍了产品的关键特征、信誉和生产能力，有理有据并关注到了对方的买点。

谈判过程中可以主动阐述自己的交易条件，要讲清楚讲什么、是什么和为什么三个问题。例如，谈判者可以说："请允许我把交易价格讲一下，我方认为交易价格应定在10万美元，含运费、包装费和服务费。该价格不高，因为在市场上同类产品比我方产品要价还要高。由于贵公司是我们的老客户，我方才给出这个价格。"

在不同意对方意见的时候，可以这样表达："我方不同意贵方产品的价格，它太贵了。因为它的寿命只有10万次，生产成本只有30万元左右，而我们要付出50万元。我们不接受这个价格。"这种表达仅仅驳回了对方的开价，但并没有列出自己的条件。这个时候，谈判者在等待对方给出回应，寻找更好的解决方案。如果谈判者已经明确了自己的方案，可以直接追加表述："因此，我方认为贵方应降低价格，我方接受低于35万元的价格。"

如果谈判方想以温和的说服性语言推进谈判，可以在表述中加入表示理解、善意或富有哲理的话。一般来说，说服性的批驳语言显得更中性一些，即设身处地为对方着想，帮助对方认清问题的本质。

在讨价还价阶段，谈判方会使用各种语言技巧，接下来主要介绍以下几种语言技巧：①避重就轻的方法，即专挑问题不大的部分渲染，模糊谈判问题，拖延时间，等待对方漏洞。如果对方提出要讨论培训费和培训人员待遇的议题时，避重就轻的谈话技巧就是着重去谈吃什么、怎么吃、住什么，看似很积极和热闹，但问题的价值含量较低。②以一抓十的方法，抓住一点加以攻击，以开拓全局。在谈判中可以这样表述："贵方在这么一点小问题上都做手脚，那么可以断言在其他问题上也一定存在问题。" ③以其人之道法，即用对方的话反驳对方，用对方的方法争取谈判空间。谈判时可以这样表述："贵方一再强调诚信，我们相信贵方的诚信品质，在××问题上，请给予我们相同的待遇。" ④反证法，即从否定或肯定出发，用逻辑推理的形式逐步阐述事实，最终达到肯定或否定目的的表述方法。例如，谈判者可以这样还价："如果按你方定格，每吨CIF[①]以950美元成交，那么现在的运输保险费已经达到每吨30美元，而货物的出厂价就只有每吨895美元，而我方生产成本是每吨910美元，该成本比照市场同类产品已经很低了，因此可以说你方所给出的定价过低，我方无法接受。" [②]⑤以攻为守法，即以先发制人的说法争取谈判的主动权。谈判者使用这种方法的时候可以先挑出对方的毛病，谈判者可以说："请允许我谈谈我的看法，我有不少疑问和异议。" ⑥以守为攻法，以待问、沉默、反问等方式阻止对方的进攻，以寻找乘虚而入的机会。例如，当买方请卖方解释这次报价比上次报价高的原因时，卖方可以反问："我们的报价已经明确了，贵方有哪些不满意？如

---

① CIF（cost insurance and freight）术语的中译名为"成本加保险费加运费"。

② 丁建忠. 走出谈判雾区.北京：中信出版社，2000.

果有，我方愿意解释。”这种以问代答的方式把问题又抛给了对方，同时指出了对方不满的态度是不正确的，这样，卖方就掌握了主动权。⑦以情动之的方法，在讨论合理和不合理的过程中，将合情与不合情的表达加入进去。例如，谈判者说：“先生，您今天开出的条件让我极为难受，在过去的合作中，我竭尽全力与您配合，在经济低迷的今天，您让我做出更多的让步，真的是把我逼上绝地了。”⑧激将法。在谈判处于僵局状态时，适当地使用激将法能够打破僵局，如在语言上激怒对方，以达到火上浇油或破釜沉舟的效果。

学生阅读

谈判中的提问

商务谈判中通过精妙的提问可以了解对方的想法和意图，掌握更多的信息，同时“问”也是表达自己情感的手段，有利于促进双方的沟通。选择正确的提问方式，使用合理的提问技术，有利于控制谈判的方向，掌握谈判的主动权。下面介绍几种商务谈判的提问方法。

（1）探究式提问，是指从谈判对手的答复中引申出具体例子进行提问来发现对方意图的一种提问方式。例如，“您说工程如期竣工，有什么可以证明这一点吗？”该提问方式能够进一步发现对方的需求意图，同时也让对方感到对他答复的重视。

（2）委婉式提问，是指在没有弄清对方意图的情形下，采用委婉的语气，在适宜的时机向对方发问。例如，“我同意您说的情况，您说得有道理，但是与事实略有些出入。”随后再比较委婉地表达己方的观点。这样有利于推动双方思想深入交流，谈判对手有被尊重的感觉，因而容易达成一致，获得谈判成功。

（3）澄清式提问，是指根据对方的答复再次提出问题，让对方进一步解释清楚或补充相关内容。例如，“您刚才说对这笔交易可以做出取舍，这是不是表示您可以代表贵公司与我们继续谈判？”此方式可以确保谈判双方的有效沟通，避免误会的发生。

（4）开放式提问，是指提出宽泛、范围较大的问题，不限制回答内容，给予回答者充分的自由发挥空间。此方式让对方无法用简单的“是”或“否”来回答。例如，“请问您对我们公司的产品有何看法？”此方式由于没有限制答复的范围，因而这种提问的优点在于回答者可以畅所欲言，同时提问者也可以从其回答中获悉或捕捉到某些需要的信息，以及了解对方对有关问题的基本观点。缺点在于，由于没有限制回答范围，对方的回答可能冗长而不着边际，既浪费时间，又不易于确定问题。

（5）封闭式提问，是指在一定范围内引出肯定或否定答复的提问。例如，“贵公司产品价格是否有再下调的可能？”此方式的优点在于，这种提问可以使提问方得到比较确认的答复，且特别有利于对方回答，不需要过多思考。不足之处是此提问如果使用过多或语气掌握不当，往往使对方感觉在被提问的过程中似乎包含着相当程度的威胁性，从而有可能拒绝回答。

（6）强迫选择式提问，是指将己方的观点强加给对方，迫使对方在一定范围内进行选择答复的提问方式。例如，“您认为贵公司的产品质量没问题吗？请明确回答。”这种提问方式把问题限制在十分狭窄的范围以内，对方只能做出非此即彼的选择，因而易于确定问题。

（7）引导式提问，是指具有强烈的暗示性或诱导性的提问，如“这批货给你5%的优惠，我想你会同意的，是吗？”此发问让对方无其他选择而必须按提问者的发问来回答。

（8）协商式提问，是指为使对方按照自己的意图答复，而用商量的口吻向对方提问。例如，“您看我们5月20日发货可以吗？”此方式让对方比较容易接受。即使对方不能答应提出的条件，也能保持融洽的关系，双方仍可进一步洽谈下去。

资料来源：转引自罗伊·J. 列维奇，戴维·M. 桑德斯，约翰·W. 明顿，等. 谈判学：阅读、练习与案例.4版. 廉晓红，于靖晗，等译. 北京：中国人民大学出版社，2005.

三、谈判语言讲究适度

专业的谈判者在语言运用上讲究适度，包括以下几个度：力度、深度、清晰度和信度。第一，力度，指谈判者说话的强弱、用词的锋芒程度以及对问题阐述的具体程度。不能用简单的语言，如“绝不可能，这简直是开玩笑”来表达力度，而要言之有物，用专业的语言体现力度。第二，深度，指语言及内容的层次性和全面性，谈判者可以通过对议题的分析来拓展谈判深度，用层层递进的方式展示语言及内容的层次性和全面性。第三，清晰度，指表述的内容让对方清楚的程度，即谈判者所表述的内容可能会一语道破，也可能会让对方有雾里看花的感觉。技术娴熟的谈判者之所以发言有内涵性，是因为他们具备更高的谈判技巧和策略，能够更好地理解和运用谈判中的各种因素。例如，一个技术娴熟的谈判者会这样交流：“我不知道怎样对你的建议做出反应，如果你所给出的信息是真实的，那么我会很愿意接受它，但我对它的真实度还有疑问。所以，一方面我感到高兴，乐于接受它；另一方面，我还存在疑虑。你能帮助我解决这个问题吗？”这样说话，好像是在评论自己的感受，但准确提出了自己对对方的要求。第四，信度，指语言表达要真诚、可信，拥有信度的表达才具有说服力。

技术娴熟的谈判者讲话都比较适度，请看表12-1的统计[①]。

表 12-1 技术娴熟的谈判者和一般谈判者的区别

项目	技术娴熟的谈判者	一般谈判者
每小时面对面交流中使用刺激对方的话的次数	2.3	10.8
每小时面对面交流中反对对方意见的频率	1.7	3.1
谈判者防守/进攻的评论占谈话的百分比/%	1.9	6.3
提问占谈判的百分比/%	21.3	9.6
在制订谈判计划中考虑更多方案的个数	5.1	2.6
给出支持每个观点的理由的平均数目	1.8	3.0

① 罗伊·J. 列维奇，戴维·M. 桑德斯，约翰·W. 明顿，等. 谈判学：阅读、练习与案例.4版. 廉晓红，于靖晗，等译. 北京：中国人民大学出版社，2005.

学生阅读

语言禁忌[①]

商务谈判的语言禁忌主要包括以下几点。

1. 欺诈隐瞒，用词夸张

一些商人在谈判尚未开始时就视谈判为双方对立的、你死我活的竞争活动。进入谈判过程中，不顾客观事实，随意夸张，欺诈隐骗，靠谎言和大话求得自身的谈判优势。

2. 盛气凌人，以我为主

商务谈判是一种平等互利、各取所需的对话协商活动，最终要达到互利共赢的目的。因此，双方应平等对待对方，并互相尊重。有的谈判者认为自己的地位、资历“高人一等”或者谈判的实力“强人一等”，在谈判中表现出盛气凌人的架势。这样的行为很容易伤害对方的感情，使对方产生对抗或报复心理。所以，参加商务谈判的人员，不论自己在国内的行政级别多高、资历多老，所代表的企业实力多么雄厚，只要坐在谈判桌前，就应恪守平等协商、等价交换的原则与对方进行谈判。另外，谈判过程中，有的人习惯于随意打断别人的讲话，自己发表观点时滔滔不绝，对方说话时不专注倾听，不考虑对方的反应和感受，特别是在谈到某些交易条件时，只站在自己的利益上考虑问题，强调自身的需求，而不会换位思考，不为对方着想。这种做法很不礼貌，极易引起对方的反感。

3. 攻势过猛，枯燥呆板

某些谈判者为了在谈判桌上争取主动，一切从“能压住对方”的角度出发，言辞锋利，步步向对方发动攻势，占尽一切主动，甚至在一些细枝末节上也不甘示弱。在谈判桌上，这种做法是极不可取的，很容易伤害对方的自尊心。若遇到生性懦弱的人可能会暂时得逞；若遇到有较深涵养的人，虽然当时忍让，让你尽情表演，但他欲擒故纵，关键时刻会迫使你付出代价；而一旦遇到针锋相对的对手，很容易使谈判陷入僵局，不欢而散。

四、修辞的运用

从广义上说，凡是言语活动必定伴随着修辞活动。在言语使用过程中，修辞手段和策略的运用能够提高语言的使用效果。修辞是使话语适应其目的的一门艺术，一直被称为是“语言的艺术”或者“说服的艺术”。

修辞学最初的含义是说服的艺术，通过刻意地谋划、组织和呈现，辅以非语言手段强化效果，达到说服听众的目的。在商务谈判的过程中，每位谈判者在表达己方观点的时候都是一名修辞者，其目的是劝说对方同意自己的观点。

在中国，很早就有语言的修辞传统。《易经》上有“修辞立其诚”的记载。战国时期，

① 张文莉. 外贸谈判的语言特点与禁忌. 中国商贸，2010（28）：222-223.

百家蜂起，雄辩、论辩、游说成为某些士人的谋生手段，修辞得到了快速发展。

学生阅读

修辞方法的恰当运用，使孔子的语言更具有影响力。

（1）反问。“不几乎一言而兴邦乎?……如不善而莫之违也，不几乎一言而丧邦乎?”（《论语·子路》）

（2）比喻。“苛政猛于虎。”（《礼记·檀弓下》）

（3）象征。“为政以德，譬如北辰，居其所而众星共之。”（《论语·为政》）星辰象征着崇高的道德、无为的智慧、坦荡的勇气三种品格。

（4）排比。“名不正，则言不顺；言不顺，则事不成；事不成，则礼乐不兴；礼乐不兴，则刑罚不中；刑罚不中，则民无所措手足。故君子名之必可言也，言之必可行也。”（《论语·子路》）

（5）对比。“善哉！政宽则民慢，慢则纠之以猛。猛则民残，残则施之以宽。宽以济猛，猛以济宽，政是以和。”（《左传·子产论政宽猛》）

（6）对称。“道之以政，齐之以刑，民免而无耻；道之以德，齐之以礼，有耻且格。”（《论语·为政》）“君子怀德，小人怀土；君子怀刑，小人怀惠。”（《论语·里仁》）

（7）比拟。子曰：“今之孝者，是谓能养。至于犬马，皆能有养。不敬，何以别乎?”（《论语·为政》）

资料来源：聂长建. 孔子的法律修辞学研究. 西北师大学报（社会科学版），2012，49（6）：36-41.

亚里士多德提出了修辞学的三大策略，即自身逻辑推理能力、人格诉诸与情感诉诸的驾驭能力，我们可以简单将之归纳为以理服人、以德服人和以情动人，在商务谈判中，这三种方法常常结合使用。

修辞学的核心技术之一是话语构建。2005年，美国副国务卿佐利克把中国称为“利益攸关方”。这个词的使用被认为标志着中美关系进入一个微妙的转折点。使用这样一个词就是从某种程度上对双方利益相关这一现实状况的认同，同时也意味着美国希望中国承担更多的义务，通过对该词的语义接受和联想，引导受众承认双方利益相关这一现实，从而缓和两个不同政体中受众之间的对立情绪。一旦某种状况获得了语言上的认同，多数受众便在语言的认知作用下承认双方关系能够建立在此基础上。心理上的认同便为客观现实上的改变奠定了基础。佐利克的界定在一段时间内，成为美国对华谈判的主要说法，这一说法的言外之意就是中国应做出更多的贡献。

夸张是商务谈判的修辞手法之一，也就是运用丰富的想象，突出事物的特征，以增强表达效果。有效地使用夸张修辞手法既能加深人们对某种观念的印象，又能增强语言的感染力。例如，They Murdered Us at the Negotiating Session（谈判的时候他们就把我们枪毙了）。此处运用夸张的手法，实际上是指所提出的方案被否决了。使用夸张修辞的时候，要注意无论是何种夸张或夸张到什么程度，都要从根本的内在的层次上揭示事物本质，不能偏离本意。

五、非语言交流

“书不尽言，言不尽意。”这是孔子的名言。任何书本都不能完全表达出来它要真正说的话。谈判者讲的话不足以完全表达他的意思，有的时候，一句很好的话会被对方误会成坏的话。人与人讲话，不一定是只靠嘴讲，还要靠表情。例如，有人看到一件惊骇的事情，会大声惊叫“哇”；看到一件好事情，也会发出“哇”的声音。同样都是发出“哇”的声音，它所表达的意思，还要看那个人的表情，甚至是观察他的肌肉、眉毛、眼睛和手势等。一个人在讲话时，除了嘴巴讲出的语言，其全身都在“讲话”，谈判者要学会观察非语言的表达。

在商务谈判中，有声语言和无声语言通常是结合使用的。20 世纪 50 年代，阿尔伯特·麦拉宾提出了著名的“麦拉宾法则”，也被称为“7—38—55 法则”：个体的信息传播力=7%的言辞（谈话的内容、信息）+38%的声音+55%的表情、动作等人体语言。商务谈判中的非语言交流就是指有声语言之外的一切交流行为，包括身体语言、副语言等。

副语言通过音调、音量、语速、音质、清晰度和语调起到对言语的伴随作用，谈判者可以通过副语言明晰对方的真实意图。例如，谈判者可以通过语调表达情绪，传递或暗示语言不便直接表达的含义。

谈判者应善于观察对方的身体语言。正常人都要眨眼，一般每分钟 5～8 次，每次眨眼一般不超过 1 秒钟。如果谈判者过于频繁地眨眼，可能是对某一议题感兴趣，也可能是个性羞涩，要依据谈判的具体情形进行分析。眉毛的变化也能说明谈判者的心理状态，一般来说，眉毛上挑表示询问，眉毛下垂表示难过沮丧，眉毛舒展显示心情舒畅。手势是谈判者常用的无声语言。双手手指并拢并置于胸的前上方呈尖塔形状，这是西方人经常使用的手势，表示对周围事物充满信心，有控制力。如果用手指敲打桌面，玩弄手中的笔或者乱涂，可能是谈判者失去了耐心，正在打发无聊的时间。如果谈判者们并排而坐，一方跷“二郎腿”并且上身向你倾斜，可能意味着对方有意合作；反之，意味着拒绝或对话题不感兴趣。如果在谈判中对方不断变换站、坐的姿势，身体不断摇晃，表示他对谈判感到焦虑，情绪不稳定。在谈判中，一般会相互鞠躬以表示尊重，如果一方点头哈腰，则说明该方在谈判中属于低姿态，或处于劣势地位①。

无声语言可以构成谈判战术的一部分。在一次美日的贸易谈判中，美方采取了先声夺人的战术，开场就大肆宣扬自己的优势，以抢占谈判话语权。日方代表一言不发，在美方代表口若悬河地发表完观点继而征求日方意见时，日本代表无言相对，迷迷糊糊。一个月后，日方再次使用无声语言表达了其对谈判的不理解。第三次，日方仍然不回答美方的实质性问题，装聋作哑。第四次，日方突然派了一位英文流畅的代表，以闪电般的速度与美方讨论了方案中的每个细节。美方在情急之下，接受了一个对日方有利的协议。

女性谈判者在非语言的使用方面更具优势。女性通常被认为更善于表达，她们的表情丰富，会对其他人微笑、注视，比起男性来，女性更容易被别人接受，亲和力较强。

---

① 黄卫平，丁凯，宋洋. 国际商务谈判. 北京：中国人民大学出版社，2011.

但是，就非语言信息的接收而言，女性在辨别潜藏信息，如欺骗性信息方面并不比男性强。当人们坦诚相待时，女性的判断比男性更准确，当人们意欲欺骗时，女性对欺骗的判断往往不如男性准确。

通过对非语言的观察，人们可以判断谈判对方的地位。处于支配地位的人比其他人坐得高、站得高、讲话声音更大。有势力的人可能去侵占他人的空间。例如，他们的脚会放在自己或别人的桌子上，做出夸张的手势，走在别人的前面，积极主动地控制谈判时间。

人们在非语言的强度、广度、生动性和活跃度上存在明显的差异，非语言能传达很多情绪、感情。非语言表现积极的人会给人留下很好的第一印象，随着时间的推移，他们比表现力差的人更受欢迎。有的表现力强的人是优秀的演员，能够伪装出令人信服的情感，但他们极有可能也是优秀的谎言家。

六、语言的逻辑

谈判是要解决某一或多个问题，谈判者将问题整理成议题，拿到谈判桌前进行讨价还价，这一过程需要借助谈判者的语言来完成。谈判者是否能够准确陈述问题、分析问题、给出解决方案，这些都依赖语言表达的逻辑。

谈判者可以按照一定的逻辑顺序阐述观点，构建逻辑顺序的方式有很多种，表 12-2 做了简要的归纳。

表 12-2 语言表达的逻辑顺序法

方法	特点
演绎法顺序	大前提、小前提、结论
归纳法顺序	A、B、C 将一组有共同点的事实、思想或观点归类分组
时间顺序	按照时间顺序阐述
步骤顺序	第一、第二、第三……
结构（空间）顺序	美国、欧盟、新加坡……
程度（重要性）顺序	最重要、次重要、再次等

优秀的谈判者阐述问题时，能够通过总结以往的经验，形成标准化的语言，用简练的语言，有效、明确地表达自己的情绪或谈判目的。语言表达的逻辑顺序法中，演绎法和归纳法应用得较为广泛。图 12-1 是演绎法的举例。演绎是一种线性推理的方式，在推理的最后一步要得出结论。

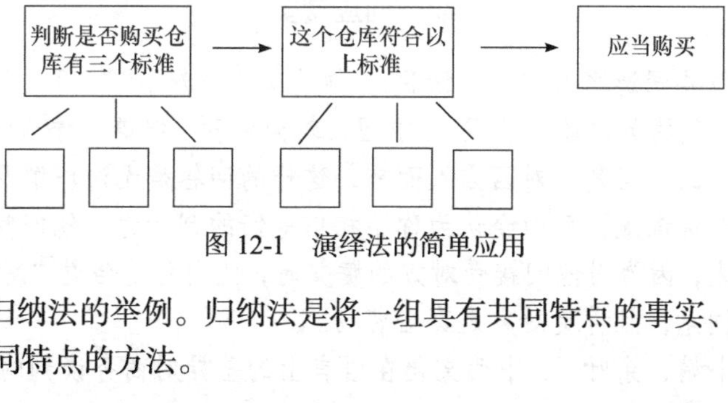

图 12-1 演绎法的简单应用

图 12-2 是归纳法的举例。归纳法是将一组具有共同特点的事实、观点进行归类分组，并概括其共同特点的方法。

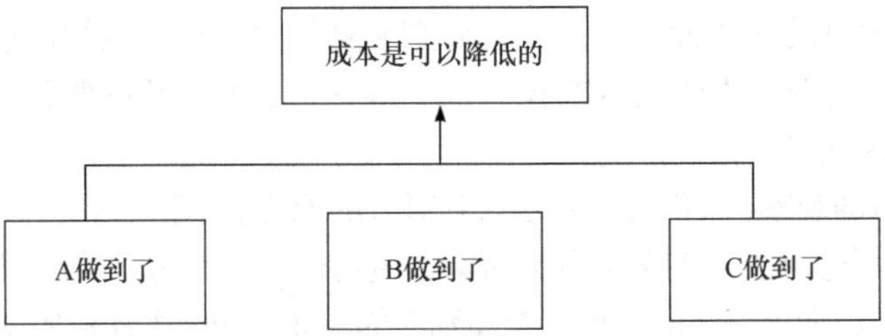

图 12-2　归纳法的简单应用

图 12-3 说明了谈判者用归纳法提出解决方案的逻辑线索，这个图示较图 12-2 复杂一些，展示了谈判者逐一分析问题的思路。

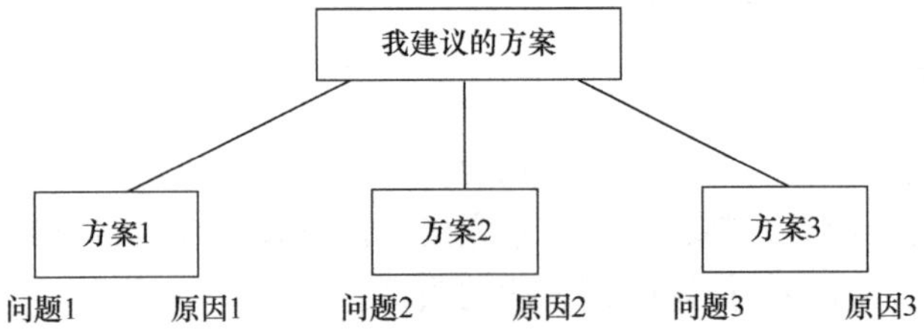

图 12-3　归纳法的论证应用

七、语言上的误解

因为文化背景不同，谈判者经常会遇到语言被误解的情形。有的亚洲人会抱怨美国人很虚伪，因为他们只会问“你好吗？”却对你的回答没有丝毫兴趣。对于美国人来说，“你好吗？”只是一种问候，不是具体的问题。美国人对中国人问“你吃饭了吗？”以及菲律宾人问“你去哪？”这样的问题同样不习惯，美国人认为这样的问题是具有侵犯性的，而在中国人和菲律宾人看来，这只是一种简单的问候语。不同国家的谈判者有不同的交流方式。一些国家的谈判者，如美国的谈判者倾向于使用口头交流的方式。有一些国家的谈判者依赖非语言的方式，如日本人经常使用沉默的方式。优秀的谈判者可以依据其深厚的文化背景知识了解对方的语言特点，从而减少语言上的误会。

学生阅读

如何回应赞美

旅途中，一位外国游客对中国导游说：“你的英语很流利。”而导游却根据中国习惯回答道：“不，不，我的英语还差着呢。”中国人较为含蓄，把谦虚作为传统美德，所以对赞美的回应是谦虚的。但是，对西方人而言，这样的回答是无法理解及无法接受的。他们不会因此而认为你谦虚，反而会认为你不相信他们的判断力。他们甚至还可能会认为你是一个虚伪的人，因为当他们接受对方的赞美时，他们总是会说“谢谢”。这个词意味着对对方观点的同意，且肯定对方是真心赞扬。

资料来源：卜婧，余叶子. 中西文化在语言上的差异对商务谈判的影响. 科技资讯，

2009（22）：173，175.

男人和女人有不同的表达习惯，他们之间的谈话可能像跨文化交流一样，有的时候很容易发生误解。男人和女人对别人的话的敏感程度不同。男人对人与人相互作用中的能量动力很敏感，喜欢把自己放在一个胜人一筹的位置上说话，不能容忍别人对他的忽视。女人对和谐的动力反应比较强烈，喜欢用一种保全别人面子的方式讲话，多数情况下会拒绝使用贬低别人的语言。

许多人能够直接明确地提出反对观点，他们认为这样的语言并不伤害彼此之间的关系。这样的人用最肯定和绝对的方式陈述观点，希望问题得到讨论。他们甚至用极端的话语挑战对方的观点，试图找到其观点中的漏洞。如果对方能够接受挑战，回答了问题，他们会感谢对方。

什么是最好的谈判语言？没有。谈判语言受环境、文化，以及谈判者的综合素养、语言逻辑等多种因素影响，同一种语言在一种情况下可能是完美的，在另一种情况下可能是致命的。本章从各个方面论述了谈判语言，但是谈判者需要明白，没有任何一种方式适合所有的场景。谈判学是一门实践性很强的学问，谈判者要在实践中学习语言的智慧。

第十三章

政　　府

政府主体参与商务谈判是主权国家之间的外交行为，不同于普通的商务谈判。本章将商务谈判拓展到政府主体，主要介绍双层博弈论，并以中国复关入世谈判为例，介绍中国政府参与商务谈判的情况。

一、政府参与商务谈判的性质

政府参与商务谈判的情况比较常见。中国政府用了 15 年的时间与 WTO 及其成员进行谈判，取得了 WTO 成员资格；因美国政府挑起了中美贸易争端，中美进行了多轮谈判；中国和“一带一路”共建国家进行商务合作谈判……这些都是政府主体参与商务谈判的典型案例。

政府主体参与的商务谈判是主权国家之间参与的有关商务内容的谈判，是外交谈判。为了理解这类谈判的性质，需要了解外交谈判和商务外交谈判这两个概念。

1. 外交谈判

外交谈判是由主权国家或是国家授权的组织和个人为实现国家对外政策目标而进行的谈判活动[①]。在《牛津英语辞典》中，外交是指用谈判的方式来处理国际关系，是大使和使节用来调整和处理国际关系的方法，同时也是外交官的业务或技术[②]。外交谈判的议题范围比较广泛，包括政治、经济发展、契约、安全、规则和行政事务安排等方面。

所有的外交谈判都具备以下四个特点：

第一，每一次谈判的参与者之间既存在共同利益，又存在利益冲突，即谈判有混合动机。共同利益是谈判的基础，冲突利益则是谈判的焦点。

第二，任何谈判都需要讨价还价。每一次谈判的参与者对于谈判结果都预先做好了最高目标和最低目标的设定，最后结果将在这个区间内的某一点达成。

第三，任何谈判都是一个联合决策的过程，这也是谈判区别于单边行动的地方[③]。

第四，外交谈判的主要特点是谈判各方是主权国家，所以主持谈判的人员需要具有全权代表本国的资格。通常，国家元首拥有代表国家进行谈判的资格。除国家元首外，政府和外交人员作为全权代表参加正式谈判都需由本国政府颁发全权证书，或经由法律认可。常驻外交代表，如大使需有派遣国书。国书和重要的全权证书需直接由国家元首颁发。

学生阅读

中国驻 WTO 大使亮相日内瓦

2002 年 1 月 17 日，中华人民共和国主席江泽民任命对外贸易经济合作部副部长孙振宇为中国常驻 WTO 代表，特命全权大使。1 月 26 日，孙振宇乘飞机抵达 WTO 总部所在地日内瓦。1 月 28 日，在日内瓦湖畔的威尔逊总统酒店，中国常驻 WTO 代表团揭牌开馆仪式在这里隆重举行。这一天的上午 9 点，孙振宇大使会见了 WTO 总干事穆尔并递交了委任书。当孙振宇来到 WTO 大楼门口的时候，记者们就蜂拥而上，拍照、提问，簇拥着他走到二楼穆尔的办公室。孙大使和穆尔握手，在各方成员驻 WTO 大使的签名簿上，用中、英文签上了自己的名字和日期。

中午 1 点半，孙大使在威尔逊总统酒店，为中国常驻 WTO 代表团大使馆举行揭牌开馆仪式。在很短的时间内，客人们就来到会场，这与以往 WTO 的会议总是比预定时间推迟半个小时左右的情况形成反差。孙大使在致辞中说："经过长达 15 年的艰苦谈判，中国正式成为了 WTO 成员。中国将在权利与义务平衡的基础上，严格遵守 WTO 规则，切实履行各项承诺，为多边贸易体制的发展作出积极的贡献。"穆尔说："中国加入 WTO 对 WTO 和中国来说，都具有非常重要的意义。二者都将有所变化，而这种变化必将对本世纪国际社会产生影响。WTO 成员范围的扩大，对全球经济合作将起到重要的促进作

---

① 熊炜. 外交谈判. 北京：北京大学出版社，2014.

② 转引自哈罗德·尼科松. 外交学. 眺伟译. 北京：世界知识出版社，1957.

③ 文婕. 国际谈判过程理论初探. 贵州师范大学学报（社会科学版），2004（5）:63-68.

用。从这个意义上说，WTO是一个真正的世界性贸易组织。”

WTO新闻官约瑟夫博士讲述了中国的入世进程：2001年9月17日，中国加入WTO的所有法律文件获得通过，宣告中国长达15年的马拉松式入世谈判全面结束；2001年11月10日在卡塔尔多哈举行的WTO的第四次部长级会议上，各成员一致同意接纳中国成为新成员。2001年12月11日，在完成所有入世批准手续的30天后，中国正式成为WTO第143个成员。2001年12月19日，中国首次以正式成员身份出席WTO总理事会议。

2002年1月29日上午10时，在日内瓦湖畔，中国常驻WTO代表团在大使馆前的草坪上，举行了隆重的升旗仪式。在国歌声中，五星红旗冉冉升起。随后，“中华人民共和国常驻世界贸易组织代表团”的铜牌挂在了代表团门口。

资料来源：孙振宇，杨国华，史晓丽. 日内瓦倥偬岁月——中国常驻WTO代表团首任大使孙振宇口述实录. 北京：人民出版社，2011.

外交谈判有不同的类型，就其目的而言，可以分为两大类：一是解决争端的谈判，其目的是化干戈为玉帛；二是谋求合作、发展关系的谈判，具体包括发展经济贸易方面的合作关系等。为谋求发展关系和促进友好合作的谈判在外交谈判中也占有重要地位，而且比重日益增大。就其采取的方式而言，谈判可分为双边谈判和多边谈判。其中，多边谈判常表现为各种国际会议。

外交谈判与一般商务谈判有共同点，两者都是以最基本的讨价还价模式为基础，因此这两种谈判在很多方面对谈判者的基本要求是一样的。本书第一章至十二章介绍了商务谈判的基础理论和技巧，这些理论和技巧也适用于外交谈判。

外交谈判的内容多与政治相关，外交谈判和商务谈判的关系是：第一，外交谈判议题更多地涉及政治问题，包括领土、边界、国家独立、意识形态、地缘政治等，商务是外交谈判的内容之一。第二，商务谈判有合同契约作为准绳，一旦谈判达成协议，该协议就具有约束力；一旦违约，可以寻求法律帮助。在很多情况下，外交谈判的结果没有强制执行的保障。第三，在国际社会中，外交谈判经常由国家之间的冲突情势来决定谈判对手；对于商务谈判来说，商人可以根据需要选择谈判对手。第四，在国家利益中，政治利益优于经济利益。

2. 商务外交谈判

商务外交是指国家间协调双边或多边经贸关系的外交行为或过程。商务外交谈判特指与商务外交有关的谈判行为或过程，是一国政府为获取国际商务利益而采取的外交政策谈判。最常见的商务外交活动之一是各国政府举行区域贸易协定的谈判。例如，2012年11月，建立区域全面伙伴关系协定（Regional Comprehensive Economic Partnership，RCEP）的想法被东盟一些国家提出，一共经历了长达八年时间的谈判和四次的区域领导人的会议协商才成功签署，谈判次数多达31次。该协定的谈判文本是一个由序言和20个章节以及4个市场准入附件组成，是一项涵盖广泛领域的综合性协议，包括货物贸易、服务贸易、原产地规则、海关程序和贸易便利化、服务贸易、自然人临时流动、投资、知识产权、电子商务等。RCEP谈判是商务外交谈判，其谈判主体是各国政府，谈判内容是贸易规则，谈判过程受 WTO 法律的约束。

商务外交谈判与一般商务谈判是相似的，但也有区别：

第一，从谈判主体的法律地位来看，两者是不同的。商务外交的谈判者具有独立参加国际关系的能力、具有直接享受国际法规定的权利。这些谈判者通常代表国家或国家联合体，在政治、经济、文化等领域进行谈判，旨在促进国家间的友好关系和合作。一般商务谈判的谈判者可以是自然人、法人。当然，国家在某些情况下，也可能成为国际商务的谈判者，但这时国家不是以主权者身份而是以特殊民事法律关系主体的身份参加的。

第二，商务外交谈判是在一定的谈判机制内进行的。第二次世界大战结束后，国际组织纷纷出现，各国在国际机制中，通过外交手段促进贸易和投资的商务合作活动日益增多。双边的商务外交谈判也通常在一定的机制中进行。一般商务谈判无时无刻不在发生，是一种市场行为。

第三，商务外交谈判的核心目标在于促进国家间的经济合作与交流，特别是在全球贸易和投资领域。商务外交谈判的目的是通过对话、协商等方式，影响外国政府的政策和决策，以确保本国的经济利益得到保护。也就是说，商务外交的内容以政策、法律和规章制度为核心，是各国之间针对规则的讨价还价。例如，1995 年 2 月，厄瓜多尔等拉美国家和美国要求和欧共体就欧共体香蕉进口和经销体制进行磋商。这里，商务外交的谈判内容是欧共体香蕉进口和经销体制，这是制度、规则问题，而不是香蕉的价格等市场问题。

回到商务谈判的概念范畴看政府参与的商务谈判，这种商务谈判是一般商务谈判的拓展。第一，从谈判者看，谈判主体扩展到了政府；第二，从内容看，政府参与的商务谈判不仅包括商务活动本身，而且包括商务活动的规则；第三，从性质看，政府参与的商务谈判，把一般商务谈判的外延拓展到了外交谈判领域。

学生阅读

新中国的外交谈判

在 1949 年中华人民共和国成立后，中国政府向各国政府宣布，中华人民共和国中央人民政府是代表中华人民共和国的唯一合法政府。凡愿遵守平等、互利及互相尊重领土主权等各项原则的外国政府，本政府均愿与之建立外交关系。新中国成立之初，我国外交的首要任务是：彻底摧毁帝国主义对中国的控制，恢复国家的独立和主权。在新中国刚刚建立之初的外交谈判历程中，无论是国家最高领导人，还是一般外事工作人员，都经历了艰苦的斗争，他们不辞辛劳、鞠躬尽瘁，历经了无数个不眠之夜，为新中国的外交谈判做出了巨大贡献。比如周恩来，这个新中国的外交部部长，肩负着新中国外交工作的具体事务，他日理万机，几乎没有休息的时间。从起草谈判讲稿到谈判人员的具体安排、谈判场地的选择等，都要亲自把关，还要亲自参与谈判，与别国外交家们斡旋谈判，拼斗志、拼勇气，更要拼智慧，给世人留下了深刻的印象，在世界外交史上留下了辉煌的一页。

资料来源：罗廷莲. 浅谈新中国外交谈判的艰难历程. 中文信息，2013（6）：127-128.

二、双层博弈论

罗伯特·普特南的双层博弈论试图创立一种能把国际、国内行为融合为一体，能够解释国际、国内政治相互联结的谈判理论。普特南认为："在国家层面上，国内利益集团通过向政府施压以换取对自身有利的政策，政治家们则通过在这些利益集团之间建立联盟来追求权力。在国际层面上，各国政府寻求最大限度地满足国内要求，同时尽可能降低外交谈判结果的不利影响。"①普特南认为，每个国家的谈判者都出现在两个赛局棋盘上。在国际谈判桌对面，坐着外国对手；在国内谈判桌上，谈判者的后面坐着执政党、议会成员和主要利益集团的代表。双层博弈的异常复杂性体现在一个棋手在这一个棋盘上的行动是合理的（如提高能源价格 、限制汽车进口），在另一个棋盘对同一个棋手来说也许就是不合理的。双层博弈论强调政府首脑、主要官员在双层博弈中的作用，假定每一方都由单一的领导者或者"主要的谈判者"代表，政府首脑被假定为没有各自的偏好，只是作为一个诚实的代理人为国内利益服务。在双层博弈论中，谈判者有两张谈判桌，谈判者必须巧妙地利用两个谈判桌之间的互动达到谈判目的。

普特南把谈判的进程分为两个阶段，即谈判阶段和批准阶段。第一个阶段是谈判者之间为达成一项暂时国际协议的讨价还价过程，这被称为第一个层次。第二个阶段，是每个国家内部通过正式或者非正式的方式来讨论是否批准或者实施协议的过程，这被称为第二个层次。

双层博弈论的核心概念是"获胜集合"。获胜集合指所有可能在国际层次达成的，且能在国内层次表决中获得必要多数支持的协议范围，即国内选民对国际协议支持票的集合。谈判能否成功、国际合作能否实现，第一层次的谈判需要获得第二层次的"批准" ，是否"批准"会受到国内因素的影响，"批准"的关键在于第二层次的表决是否得到足够票数的支持。第二层次获胜集合的大小对理解第一层次的协议非常重要。在其他条件不变的情况下，获胜集合越大，第一层次的国际协议就越有可能达成。

获胜集合的大小受以下三个因素影响。①获胜集合的规模取决于第二层次的三个方面：第一，对选民而言达成协议和维持现状的成本问题。第二，国内各种力量会形成不同的联盟，而获胜集合的规模取决于国内反对国际合作的力量和全面支持国际合作的力量之间的对比。第三，国内选民对于第一层次协议的偏好是同质性的还是异质性的，其中同质性的矛盾是指国内选民在某一问题上的利益是相对一致的，他们之间的差别只是态度和程度的不同。②获胜集合的规模取决于第二层次的政治制度，包括审批制度。③获胜集合的规模取决于第一层次的谈判者的策略。第一层次的谈判者所运用的策略也会影响国内的获胜集合的规模。如果谈判者希望扩大他自己的获胜集合以提高国内对协议批准的概率，他可以利用对国内利益相关方进行额外补偿的方法或者其他方法来赢得国内的支持 。

双层博弈论并不能概括政府参与商务谈判的全貌。双层博弈论起步于对国际谈判的研究，并将国际谈判作为第一层次。双层博弈论把对国内层面的研究重点放在批准上，

---

① Putnam R D. Diplomacy and domestic politics: The logic of two-level games. International Organization.1998, 42（3）: 427-460.

缺乏对谈判倡导等一系列国内行为过程的研究。事实上，在国际谈判开始前，国内利益集团会对谈判发表各种意见，影响国际谈判。

双层博弈从国际谈判桌开始研究，并不符合商务外交谈判的实际过程，任何一项国际谈判都始于国内。例如，在参与气候变化的谈判中，中国参与气候谈判决策的部门较多，主要涉及商务部、外交部、中华人民共和国科学技术部（简称“科技部”）和中华人民共和国国家发展和改革委员会（简称“国家发展改革委”）四个部门，且各个部门之间需要进行利益协调。商务部主要关注应对气候变化给中国的商务发展带来的机遇与挑战，气候变化背景下的资金援助、碳关税、发达国家绿色贸易壁垒等问题。外交部主要从发达国家与发展中国家的气候责任划分上考虑谈判的立场，更加注重国际气候谈判的公平原则。科技部作为国家应对气候变化领导小组的成员单位，积极参与国际气候谈判和合作，科技部主张采取技术措施实现中国经济发展方式的转变，走国内低碳经济发展道路。国家发展改革委会重点强调为发展中国家在气候谈判中争取平等发展权等[①]。只有中国国内各部门完成利益协调，形成统一的中国方案，中国政府才能参加到国际谈判中。

三、中国政府参与商务谈判

1. 中国政府参与商务谈判的经验

1）构建人类命运共同体的基本理念

谈判不是追求单赢，而是要找到解决问题的方法，化解争端，并着眼未来建立长期商务关系。国家间的谈判必须以一套超越西方单赢思维模式与学科分野的方案，为谈判学重新铸魂。政府间谈判的这个价值灵魂就是人类命运共同体。

2011 年《中国的和平发展》白皮书首次使用了“命运共同体”概念，并指出“经济全球化成为影响国际关系的重要趋势。不同制度、不同类型、不同发展阶段的国家相互依存、利益交融，形成‘你中有我、我中有你’的命运共同体”。人类命运共同体回答了“世界怎么了，我们怎么办”的时代之问，站在时代的制高点上，洞察世界大势，以深邃的历史眼光和博大的天下情怀，指出世界各国应该共同建设持久和平、共同繁荣、开放包容的世界。推动构建人类命运共同体已被写入《中国共产党章程》和《中华人民共和国宪法》，成为党和国家的共同意志。

中国始终秉持“和合共生”、兼济天下而非独善其身的中华文化理念，这是人类命运共同体的文化基因。谈判学的发展和创新离不开对中华文明的传承。本书强调谈判的和合价值，就是在人类命运共同体的理念下，继承中华文明的优秀思想，为谈判学提供中国价值和理念。

2021 年 10 月 25 日，习近平主席在出席中华人民共和国恢复联合国合法席位 50 周年纪念会议时强调：“推动构建人类命运共同体，不是以一种制度代替另一种制度，不是以一种文明代替另一种文明，而是不同社会制度、不同意识形态、不同历史文化、不同发展水平的国家在国际事务中利益共生、权利共享、责任共担，形成共建美好世界的最大公约数。”[②]在构建人类命运共同体理念的正确指引下，中国谈判学必将得到发展。

---

① 王昌玲，康蓉，张秋芬，等. 中国参与国际气候谈判立场的双层博弈分析. 生产力研究. 2014（11）:98-102.

② 习近平. 中国将坚持走和平发展之路、改革开放之路、多边主义之路. 人民日报. 2021-10-26（1）.

2）注重和发展中国家合作

中国政府非常注意协调我国与发展中国家的商务关系，希望通过友好谈判寻找共同利益，加强与发展中国家的合作。以对外合作为例，1964年，周恩来总理代表中国政府提出的“对外经济技术援助八项原则”，针对的是第三世界友好国家，其主要内容包括：第一，中国政府一贯根据平等互利的原则对外提供援助，从来不把这种援助看作单方面的赐予，而认为援助是相互的。第二，中国政府在对外提供援助的时候，严格尊重受援国的主权，绝不附带任何条件，绝不要求任何特权。第三，中国政府以无息或低息贷款的方式提供经济援助，在需要的时候延长还款期限，以尽量减少受援国的负担。第四，中国政府对外提供援助的目的，不是造成受援国对中国的依赖，而是帮助受援国逐步走上自力更生、独立发展的道路……这些原则反映了中国对发展中国家的态度，既有中国传统文化中“仁”的精神，也体现了现代外交中的平等、互惠原则。在中国人眼中，最根本的利益是“授人以渔”，帮助对方实现独立的发展。以这样的思路对待与发展中国家的谈判关系，会走向双赢，是对西方唯利是图的现实主义谈判哲学的扬弃和超越。

在国际谈判中，与发展中国家合作是中国政府谈判的一种方法。在中国加入WTO后的谈判实践中，中国很注重和发展中国家合作。在多边谈判中，发展中国家有各自的利益，但还是要求同存异，发展中国家整体上的谈判立场和原则是一致的，共同利益也有很多。例如，在2003年坎昆WTO部长级会议前，美国和欧洲在农业问题上先达成了一致，双方妥协，照顾了彼此的利益。美国同意欧洲产品的市场准入标准可以低一点，因此美国自己搞了一个“蓝箱”政策。巴西、阿根廷找到了印度、南非和中国，希望组成一个发展中国家农业谈判集团，中国加入了这个集团。后来，以巴西、印度和中国为代表的16个发展中国家在坎昆会议上，递交了一份关于全球农业改革的建议，坎昆的文件体现了发展中国家的意见。

3）基于规则的谈判意识

20世纪90年代起，出于当时复关和入世谈判的需要，中国加强了对外贸易的立法工作。1994年5月，《中华人民共和国对外贸易法》出台，对维护中国对外贸易秩序、促进对外贸易发展发挥了重要的作用，成为我国开展对外商务谈判的依据。加入WTO前后，我国清理了有关法律、法规和规章，保证了我国法律与WTO规则的一致性，使我国商务谈判代表能够依法参与到全球商务活动中。中国在商务谈判中按照规则行事，主要体现在以下几个方面。第一，认真履行规则承诺。中国加入WTO后，基本履行了货物贸易、服务贸易和知识产权方面的入世承诺。中国加入WTO的降税承诺已于2010年全部履行完毕，2015年关税总水平为9.8%，其中农产品的平均税率为15.1%，工业品的平均税率为8.9%。在服务贸易方面，中国认真履行承诺，为国外服务商提供了包括金融、电信、建筑、分销、物流、旅游、教育等在内的广泛的市场准入机会。在WTO的服务贸易分类的160个分部门中，中国开放了100多个，开放范围已经接近发达国家平均水平。在知识产权保护方面，履行知识产权保护的WTO义务，中国进行了一系列的立法调整，对《中华人民共和国专利法》《中华人民共和国商标法》《中华人民共和国著作权法》等主要知识产权法进行了修订，并颁布、施行了《中华人民共和国计算机软件保护条例》、《集成电路布图设计保护条例》和《中华人民共和国植物新品种保护条例》。通过上述立法工作，中国已建立起一套与WTO规则基本一致的有关知识产权保护的法律制度。

第二，用规则解决争端。2004年3月18日，中国首次在WTO争端解决机制下被诉，即美国诉中国集成电路的增值税案，该案在磋商阶段达成解决共识。2006年，中国有关汽车零部件进口的措施被欧盟、美国和加拿大诉至WTO争端解决机构，进而启动专家组和上诉机构程序，这也是中国在WTO争端解决机构中首次真正意义上与美国、欧盟等主要贸易伙伴"交锋"。中国一直面临保护主义的重压，但也一直依据规则和保护主义进行斗争。

第三，积极参与规则谈判。规则是合作的基础，也可能是竞争的工具。谈判者最重要的战略思维就是规则思维，以21世纪的数字贸易规则谈判为例，数字贸易是商务之竞争，更是规则之竞争，大国竞争博弈态势日益升级，各国争夺数字主权的"新赛道"将深刻改变全球经济格局、利益格局。从经济角度看，数字经济成为各国经济发展的下一个竞争点。当今世界，无论是发达国家还是发展中国家，都处于数字化转型的重要阶段。随着数字经济突飞猛进，数字技术改变了生产范式，数字贸易也蓬勃发展，成为全球贸易增长最显著的新型贸易形态。从规则角度看，随着数字贸易成为国际贸易的主导模式，贸易政策变得越来越复杂，传统的贸易规则框架无法保障商务活动的顺利进行，这种情况下，谁制定了规则，谁就有话语权。商务谈判离不开规则。近年来中国数字贸易蓬勃发展，已成为全球数字贸易大国，中国积极参加了WTO等各类数字贸易的谈判，提出了包括促进无纸化贸易、推广电子认证和电子签名、保护电子商务用户个人信息、保护在线消费者权益、加强针对非应邀商业电子信息的监管合作等多项规则建议。

2. 中国复关入世的马拉松式谈判

习近平总书记指出，"加入世界贸易组织以来，中国不断扩大开放，激活了中国发展的澎湃春潮，也激活了世界经济的一池春水"[①]。2001年中国加入WTO，是改革开放以来中国开放型经济发展的重要里程碑，也是经济全球化进程中的标志性事件。本章从谈判的视角介绍中国入世的历史。

1971年10月，中华人民共和国恢复了在联合国的合法席位，1980年4月又先后恢复了在世界银行和国际货币基金组织中的席位。中国作为一个大国在重要的国际政治经济组织中恢复了自己应有的地位，但是却被排除在关贸总协定之外。

长期以来，中国认为关贸总协定是富人俱乐部，并没有打算加入进去。1982年，关贸总协定总干事邓克尔访问中国，外贸部部长郑拓彬会见了他，并听取了他的介绍。之后，中华人民共和国对外经济贸易部（简称"外经贸部"）[②]、外交部等几个部门开始就中国复关问题进行协商，后来共同向国务院提交了一个报告。报告指出，中国恢复在关贸总协定中的地位可以取得多边的、稳定的、无条件的最惠国待遇，改善贸易环境；遇到贸易方面的问题和发生贸易争端时，可以引用关贸总协定贸易争端机制解决，可以同发展中国家一起在制定新的国际多边贸易规则方面起作用。关贸总协定的工作语言是英文、法文和西班牙文，当时中国对外谈判的队伍多熟悉英文，懂得西班牙文和法文的比

① 习近平在第四届中国国际进口博览会开幕式上的主旨演讲. 人民日报. 2021-11-05（1）.

② 1993年，更名为对外贸易经济合作部。2003年，与国家经济贸易委员会内负责贸易的部门合并成中华人民共和国商务部。

较少。中国的许多外交官都希望中国在世界有话语权，如果国际组织、国家谈判的工作语言是中文，规则也是中国制定的，那么中国和世界打交道就容易多了。

1982 年 11 月，中国获得观察员身份并首次派团列席关贸总协定第 36 届缔约方大会，同年 12 月 31 日，国务院批准了中国申请加入关贸总协定的报告①。1986 年 7 月 10 日，中国驻日内瓦代表团大使钱嘉东代表中国政府正式提出申请，恢复中国在关贸总协定中的缔约方地位，这个申请书很简单，只有两三行字，交给了时任关贸总协定总干事邓克尔。

中国恢复关贸总协定缔约方地位的复关谈判和加入 WTO 的入世谈判漫长曲折，谈判大致可分为三个阶段。

第一阶段从 1986 年 7 月提出复关申请到 1989 年 6 月。1986 年在乌拉圭的部长级会议上，关贸总协定决定发起乌拉圭回合谈判，时任外经贸部部长助理沈觉人作为中国代表团团长出席了会议。1986 年 11 月，中美在北京举行了第一轮双边磋商。中国复关的第一位首席代表沈觉人同美国贸易代表纽科克谈判，完成了申请复关的第一步。次年，关贸总协定成立中国工作组。其间中国与主要缔约方进行了十几次双边磋商，就中国复关的一些核心问题基本形成了谅解，而且关贸总协定中国工作组连续召开了 7 次会议，基本结束了关于中国对外经贸体制的答疑和综合评估。谈判的核心问题是对中国经贸体制的疑问，中国回答的中心议题是到底搞市场经济还是计划经济；其他的谈判议题包括关税与非关税壁垒的减让、价格改革、选择性保障条款和贸易政策透明度等。这一时期，中国谈判小组为了加强国内的协调工作，成立了国务院协调小组，后来国务院副总理田纪云、李岚清相继担任协调小组的主任。

第二阶段从 1989 年 6 月到 1992 年 2 月第 10 次中国工作组会议召开。这一时期，谈判的外部环境发生了变化。乌拉圭回合谈判因为美国和欧共体在农业问题上的分歧而陷入僵局，关贸总协定各方无心关注中国的谈判；台湾当局于 1990 年元旦以“台澎金马关税领域”的名义提出加入关贸总协定，这一举动使中美关系复杂化，将台湾这一敏感问题卷入谈判中；美国将一些政治问题与复关谈判挂钩。在这一背景下，西方主要国家在对中国的复关谈判中采取了拖延战术。1991 年初，中国任命佟志广担任中国复关谈判第二任谈判首席代表，主要任务是主持复关谈判和中美市场准入以及中美知识产权保护的双边谈判。这场谈判实际上是三组谈判并行推进，也是在外部环境困难情况下的破冰谈判。佟志广提出了“先大陆后台湾”的战略主张，和美国代表团希尔斯大使进行谈判。他同希尔斯的最后一次谈判是 1992 年 10 月 10 日，谈判从早上 8 时 30 分开始，到晚上 11 时 45 分结束，经过长达 15 个多小时的软硬交涉，终于将“美国坚定地支持中华人民共和国早日加入关贸总协定”这一条写入了《中美谅解备忘录》。此后不久，希尔斯大使还因自己居然在备忘录中写下“坚定支持”这样的语言而由衷地佩服佟志广大使的厉害。

第三阶段从 1993 年到 2001 年 9 月，中方进入实质性谈判，即双边市场准入和起草中国入世法律文件的多边谈判。1994 年底，因以美国为首的一些发达国家的无理阻挠，中国复关未果。1995 年 1 月，WTO 成立，WTO 取代了关贸总协定，同年中方决定申请

① 吴迎春. 中国复关首任谈判代表团团长沈觉人谈——中国入世的开篇文章. 亚非纵横. 2003（1）：6-10.

加入 WTO，并根据要求，与 WTO 的 30 多个成员开始了马拉松式的谈判。1997 年 5 月，与匈牙利最先达成协议；2001 年 9 月 13 日，与最后一个谈判对手墨西哥达成协议。

这个阶段的谈判十分艰苦。时任中国谈判代表团团长的谷永江和关贸总协定成员展开了最艰难的权利与义务敲定的最后攻坚谈判，谈判是围绕市场开放的范围、速度和条件展开的，这也是多年来同美国谈判的焦点。以美国为首的西方国家对中国提出了许多非常苛刻的要求，制造了许多障碍，要求中国以发达国家的条件复关。这一时期的谈判于 1994 年底破裂，中国复关的愿望未能实现，谷团长郑重发表声明：中国将不再主动提出复关，中国今后将按照自己的改革开放进程和经济发展的道路继续发展。

1994 年开始，中国的第四任谈判代表是龙永图。一次，在日内瓦谈判时，由于美国代表的百般阻挠，中国代表团和关贸总协定代表谈到了夜里 11 点，中国首席谈判代表龙永图眼看就要和欧美代表吵起来了，这时瑞士驻关贸总协定大使、中国工作组组长拉吉德先生赶紧建议大家休息片刻，这是谈判中的缓兵之计。

21 世纪初，中国已经和包括美国在内的多数国家达成了双边协议，但由于一些国家出尔反尔、举棋不定，中国入世进程又面临困难，一而再、再而三地推后。龙永图很气愤地去找拉吉德，提出抗议。这位主持中国入世 14 年的中国工作组组长拉吉德却在此时提出了辞职。中国代表的迫切心情被国际谈判代表们理解，拉吉德同样对谈判中的种种不公平感到无奈。这些小事情都说明，谈判者面临复杂的国际环境，需要极大的忍受力才能完成艰苦卓绝的谈判。

在第三阶段的谈判中，中国表达了中国的谈判立场：①WTO 是国际性组织，没有中国参与将不完整；②必须以发展中国家身份加入；③坚持权利与义务平衡。美国此时虽表面上不再坚持要中国以发达国家身份入世，但主张取消中国作为发展中国家应该享有的一些待遇。整个复关和入世谈判就是争取权利和义务平衡的谈判。以中国和美国最后一次谈判为例，1999 年 11 月 10 日至 15 日，中美双方经过 6 天的艰苦谈判，终于在北京达成历史性协议，美国同意中国加入 WTO，扫清了中国入世谈判道路上的最大障碍。在那次谈判中，中美双方就一些重要的难题做了最后的讨价还价。例如，美国要求在中国生产和销售音像制品，中国回应可以在中国销售音像制品，但是不能在中国生产音像制品和其他一些文化产品，这是一条重要的底线。

学生阅读

中国入世的最后谈判

2001 年 9 月 11 日至 13 日在瑞士日内瓦举行的 WTO 中国工作组第 18 次会议是中国入世谈判的最后一次会议。

9 月 11 日下午 3 点，中国工作组会议在 WTO 总部的谈判大厅举行。美国谈判代表团团长贝德与美国新任驻 WTO 女大使林奈特 · 黛丽无疑是本次会议中仅次于中国首席谈判代表龙永图的“明星”。本次会议能否如外界所期待的那样完成中国工作组的历史使命，发给中国跨入 WTO 大门的通行证，很大程度上要看中美两国在市场准入问题上的谅解和共识，而不幸的是，本已形成的共识又为某个小问题所困扰，在上午的会议中，中美有些相持不下。

在美国人眼中，龙永图在谈判中经常表现出两副截然不同的面孔。一方面显示出一位职业外交官的风度，一口流利的英语，处事周到圆滑；而另一方面，他在谈判桌前经常发脾气，而这种发脾气被认为纯粹是政治表演。

中美两国正唇枪舌剑之际，忽然有人走到贝德团长和黛丽大使跟前低声细语，他们的脸上都露出惊诧之色，黛丽大使和美国代表团的一些人还流下了眼泪。这下其他与会人员如堕雾里。很快，美国谈判代表团向参会人员宣布，美国国内遇到了极大不幸，纽约世贸中心大厦和华盛顿五角大楼发生爆炸，已造成多人伤亡。鉴于事件重大，美国代表团已无法集中精力工作，吁请会议主席提前休会。贝德和黛丽大使带领美国代表团快步走出会场，原来设想中国工作组要开夜会，加快审议进程，结果反而提前休会。

9月14日下午5点，因美国"9·11"事件发生后一度中断的中国加入WTO的多边会谈再度举行，这是中国工作组举行的一次非正式会议。从下午5点到6点，全体会议一直没有开起来，各国代表都在私下磋商。这是国际会议的惯常做法，在大会辩论或表决之前，大量的工作是在桌面下进行的。傍晚7点左右结束了第一次会议，晚上10点继续开会。由于中国加入WTO的多项附件是15年来逐渐积累的，时过境迁，新老文件在内容、文字、语气等的表述上不尽相同，拿不准或有疑问的内容要反复核对和辩论，有的需要请示国内，审议文件工作进展非常缓慢。

中国工作组第18次会议最后会议于当地日内瓦时间的9月17日下午3点举行，首先由中国工作组主席吉拉德主持，逐项表决中国工作组报告书、议定书以及各项附件。这项议程进行得很快，所有文件全部顺利通过。表决议程结束后，中国首席谈判代表龙永图用流利的英语致辞，他说："今天是一个值得纪念的重要日子，它标志着中国入世谈判的最后结束"。在龙永图发言后，WTO各成员纷纷发言对中国加入WTO谈判的完成表示热烈祝贺，期待着与中国在WTO中进行合作。当中国工作组主席吉拉德宣布：中国工作组完成了各项工作，结束其14年零6个月的历史使命，并象征性地敲响最后一锤后，全场响起热烈的掌声，各国代表纷纷上前祝贺。

入世后，龙永图在谈及中国加入WTO的好处时，曾用了一个生动的比喻。他说，一个大个子和一个小个子发生矛盾时，大个子最喜欢两个人面对面解决，把小个子拉到阴暗的角落里单挑，狠揍一顿。小个子则希望冲突发生在人多的地方，希望有人来主持公道。龙永图认为当时中国经济比较弱，中国应把问题拿到WTO公开去讲。

资料来源：王晓琨. 中国入世的历史回眸. 中国中小企业，2017（1）：66-69.

第十四章

多边谈判

第二次世界大战结束后，政府间的多边商务谈判多在 WTO 及其前身关贸总协定的谈判机制下进行，由各国政府代表（主要是贸易部长）担任谈判者，这类谈判属于国家间的外交谈判。

本章以 WTO/关贸总协定谈判为例阐述多边谈判的特点，并通过对乌拉圭回合谈判的介绍，学习谈判中议题设计、结盟、讨价还价、决策等具体技巧。

一、多边贸易机制

广义的多边贸易机制一般是指国际主体（主要是主权国家）按一定制度规范和互动关系构建的一种经济贸易的组合形态。

第二次世界大战结束后，在国际上建立了一个以法律形式调整国际贸易与贸易关系的规则和程序并体现成员之间权利与义务的机制，这就是关贸总协定。1947 年 10 月，23 个国家在日内瓦共同签署《关贸总协定》，并于 1948 年 1 月 1 日正式生效。关贸总协定既是一个国际组织，又是一种国际机制。这种机制是一种对各国（地区）之间采取的贸易政策进行国际协调的制度安排。1995 年，乌拉圭回合谈判后，成立了世界贸易组织 WTO，正式代替关贸总协定，成为新的多边贸易机制。多边贸易机制是以法律为基础的，即 WTO 协定是多边机制的基础。

组织成员参加多边贸易谈判是多边贸易机制的基本职能之一。谈判是多边贸易机制运行、完善和扩展多边贸易机制、规范与调整 WTO 成员在国际经济关系中的权利和义务的基本途径。就多边贸易机制而言，如果没有一轮接一轮的多边贸易谈判，多边贸易机制的生命力就会减弱。历史上，WTO 的前身关贸总协定共主持召开了 8 个回合的多边贸易谈判，前 5 个回合主要是关税谈判（但也会包括少量关于配额、进出口垄断实体的谈判），自肯尼迪回合（1964～1967 年）以来，每个谈判回合都会包括众多议题①。1995 年 WTO 成立后，WTO 主持了数十场新规则、新协定方面的谈判。

多边贸易机制下的谈判具有一揽子谈判的特征。一揽子承诺是乌拉圭回合谈判所提出的谈判方式，并被沿用至今。其有两层含义：一是协议达成的同时性；二是协议本身的不可分割性。从谈判策略上说，“一揽子 ”的目的是在不同谈判议题之间建立联系。请结合本书第四章的相关内容加以理解。

当前，WTO 多边机制面临很多挑战，主要表现在重大谈判处于停滞状态。2001 年，WTO 发起了多哈回合谈判，这一谈判设置了包括农业、非农、服务、规则等广泛的谈判议题，而且明确提出照顾发展中成员的诉求和需要。自谈判启动以来，只在贸易便利化、农业出口补贴等议题取得了进展，整个谈判处于停滞状态。

WTO 多边谈判机制停滞的原因是多方面的。首先，多边谈判进展缓慢，导致缓慢的制度性因素是一揽子承诺方式。在 100 多个成员没有反对的情况下，接受所有议题的谈判已变得越来越不可能。为促成谈判，只能选择大多数成员都有兴趣和触及其利益的议题，这使谈判议题日趋保守和狭小。以 2013 年 WTO 巴厘岛部长级会议为例，谈判必须选择 159 个成员的最大公约数议题，这最终只能是一个狭小的议题组合。其次，长期以来，以 WTO 为核心的多边谈判机制没能很好地解决发展问题。强权在 WTO 谈判中经常出现，导致对发达国家有利的领域自由化进程很快，对发展中国家有利的领域的自由化进程一拖再拖。最后，多边机制的权威性遭遇挑战。美国特朗普政府奉行“美国优先”政策，对外采取一系列单边主义和保护主义措施，对各主要贸易伙伴频频出手，搅乱了全球经贸格局，重创了多边机制的信誉。因此，纠正全球谈判的方向偏差、重视发展需求已经迫在眉睫。

二、多边贸易谈判的特点

多边贸易谈判具有以下特点。

1. 以议题谈判为基础

谈判需要首先确定议题，而谈判议题的确定本身就是一场谈判，各成员根据自身利

---

① 赵宏. 论世界贸易组织的谈判机制. 中国经贸. 2016（12）：4-9.

益的需要选择自己感兴趣的议题，经过多轮讨论最终形成多边谈判议题。至今，从关贸总协定到 WTO，都经历了多个回合的谈判，谈判议题不断扩展。比如，WTO 的多哈回合谈判于 2001 年启动，覆盖了广泛的谈判议题。表 14-1 概述了关贸总协定及 WTO 的多边谈判议题。

表 14-1 关贸总协定及 WTO 的多边谈判议题

谈判回合	主要议题
关贸总协定前五个回合	关税
肯尼迪回合	直线关税减让、农产品、欠发达国家参与、特殊经济体参与、非关税壁垒
东京回合	关税、非关税、部门谈判、保障性措施、农产品、热带产品、关贸总协定框架
乌拉圭回合	关税、非关税、热带产品、自然资源产品、纺织品与服装、农产品、规则谈判、争端解决、关贸总协定体制运作、与贸易有关的投资措施、与贸易有关的知识产权和服务贸易
多哈回合	农产品、服务贸易、非农产品市场准入、知识产权、贸易与投资关系、竞争政策、政府采购、贸易便利化、WTO 规则、争端解决、贸易与环境、电子商务、小经济体、最不发达国家、特殊和差别待遇等

学生阅读

孙大使谈多边谈判的议题发起

孙振宇大使在中国驻 WTO 使团工作多年，从他的工作经验看，在一个多边的体制内，任何一个国家都可以站起来说，“我要召集一个会”。如果没有人来参加会议的话，该倡导国就搞宴请，搞一个午宴、晚宴、早餐会之类的宴会。日本人非常擅长搞宴请。当美欧等国在巴黎召集五方会谈，有印度、巴西和澳大利亚而没有日本，日本部长就去巴黎召集早餐会，请这五国部长给他介绍会谈情况。他们还通过首相给总干事和美欧领导人写信来保住其核心成员的地位。

在 WTO 中，任何一个成员都可以召集其他成员讨论他所关注的问题，或者讨论一个可能共同发起的提案。任何一个成员都可以说：根据大家的意见，咱们搞个提案吧；咱们提交到某个委员会去，咱们讨论一下吧。当然，一个成员要出面当领袖就要付出很多。首先这个成员自己得有创意，如我现在想要提出什么，然后得考虑：我这个想法，人家会不会接受。提出倡议的时候，一般要起草提案，起草的提案肯定要符合倡导成员的利益，但是也要符合其他成员的利益。在讨论过程中，如果有的成员提出某点异议，倡导国要评估是否需要修改提案。所以，在 WTO 谈判中，倡导国需要搞一个共同的提案，首先要把自己的利益写入到提案中，但同时要尊重其他成员的利益。经过谈判，求同存异，把大家均可接受的内容写入提案。

中文里有一个词叫“妥协”。因为有让步的意思，所以它有点贬义。在一般人看来，在谈判中怎么能妥协呢？谈判者要坚持我的原则。但是，在多边场合，有许多问题并不一定都是没有妥协余地的原则性问题，妥协是要在各种利益之间找到一个平衡点。孙振宇大使认为，在谈判中你不能只顾自己的利益。你要只讲对自己有利的话，就没人会跟你合作。中国虽然是个大国，但要是没人响应你的话，就形不成一股合力。所以，孙大使经常开玩笑说：多边是干什么的呢？多边就是“拉帮结伙打群架”——看谁拉的朋友多，谁的同盟军多。这就得靠平常做很多的事情，做很多的努力。你要交朋友的话，光靠经济实力是不行的，还要看你是否占据道义制高点、是否具备软实力。这也决定了你在国际舞台上能够有多大的话语权。更重要的是，人们不光看你说得怎么样，更要看你做得怎么样。孙大使指出美国人在口头上总是冠冕堂皇，但它的行动却总透着盛气凌人的霸权主义，以世界警察的身份追求其经济利益的最大化。这是美国在世界上形象不佳的重要原因。

资料来源：孙振宇，杨国华，史晓丽. 日内瓦倥偬岁月——中国常驻 WTO 代表团首任大使孙振宇口述实录. 北京：人民出版社，2011.

2. 利益冲突大

发展中国家和发达国家的斗争贯穿了多边谈判历史的全过程。从 20 世纪 60 年代开始，多边贸易体制中的权力格局开始分化，美国的总体实力相对下降，同时发展中国家开始登上国际政治经济舞台。1964 年，在日内瓦召开的第一届联合国贸易和发展会议上，发展中国家强烈抨击西方发达国家霸占多边谈判舞台、掠夺发展中国家自然资源及在国际贸易中维护不合理的价格体系。发展中国家在这次大会上组成了“七十七国集团”，共同维护发展中国家利益。在关贸总协定的肯尼迪回合谈判中，在发展中国家的不断斗争下，发展中国家关心的议题被拿到谈判桌上，东京回合谈判通过含有“特殊和差别待遇”概念的条款，发展中国家的利益得到了一定程度的重视。

3. 过程复杂

多边谈判过程复杂，这是因为：第一，多边谈判的参与者众多，WTO 的主要成员都会参与其中，每次谈判人数有数百位，可以说其谈判规模是世界上最大的。第二，在谈判中，众多谈判者之间会形成各种集团。各国为了在多边贸易谈判中赢得谈判优势，在实践中逐渐形成同盟，同盟的种类各不相同，有的是议题上的同盟，有的是利益的私下交换，有的是政治上的互助，有的是战略同盟，有的是策略同盟。多边谈判就是同盟博弈，这使谈判不仅仅是议题上的专业谈判，更是建立同盟的政治谈判。第三，多边谈判具有双层谈判的性质。对于每个谈判者来说，其关心的不仅仅是能否达成协议，而且需要考虑达成的协议能否得到国内立法机构的批准，谈判者在从事多边谈判的同时也要进行国内谈判。美国杜鲁门政府领导下的国会没有批准《哈瓦那宪章》，导致国际贸易组织难以建立，这就是例证。第四，各种议题挂钩，交叉交换，利益网非常复杂。为达成最后的协议，谈判者在多边谈判中经常使用议题挂钩的方法，这种方法有利于谈判各方获得互惠性收益，以达到利益和减让的平衡。这种方法扩大了谈判范围，增加了谈判者的工作量。“一揽子承诺”的弊病是其可以作为讨价还价的筹码，一旦某谈判者感到自己的利益被忽略或者没有达到预期目标，就可以暂停其他议题的谈判，并以此作为威胁，最终导致谈判陷入僵局。

学生讨论

谈判集团

WTO 时代谈判集团的特点如下：①关注焦点在于如何在多边机制下更有效地参与多边贸易谈判；②更具有组织性，并建立正式的交流平台，一些集团在日内瓦建立了秘书处；③在多边贸易谈判过程中形成一股强大的谈判力量，他们以自己的名义发布宣言、召开记者会和设立网站；④谈判集团之间的合作加强，很多成员同时加入几个集团，间接地促进了集团之间的密切联系。WTO 谈判集团从本质上看是一种利益集团，其本身存在着稳定性问题，既有来自集团内部成员利益之间的冲突，又源于外部力量对集团的分裂压力。

讨论：谈谈如何看待谈判集团的利益关系。不同国家的利益倾向有其相似性，也有其差异性。同时，如果集团涉及的议题越多，那么其成员在具体利益上产生异质性的概率就会越大。议题增多有利于集团成员交换利益吗？此外，谈判集团一旦组成，其结构、成员与议题并不是永远一成不变的，随时可能会发生变化，而其产生变化的原因可能常常不得而知。那么应该如何让谈判集团团结、稳定呢？

4. 决策效率不高

在 WTO 框架下的多边谈判采取协商一致的方式决定协议是否能够达成[①]。想要众多成员之间就议题达成一致是非常困难的，协商一致是多边贸易谈判陷入困境、导致谈判失败的主要原因。

在 WTO 谈判的实际操作中，协商一致是一个逐渐向外扩展的协商过程。议题首先在核心国家间进行小范围磋商，通常在某议题下最有话语权的重量级成员间进行，以形成以上成员均不反对的提案；然后再向外一圈推广；再次协商一致后，提交至谈判委员会，召开非正式会议向更多成员推广，使其不反对；最后才交由谈判委员会组织的正式会议敲定，以促使所有出席成员协商一致。

在协商一致过程中存在“黑箱操作”，最典型的就是“绿屋会议”。“绿屋会议”最早出现于 20 世纪 80 年代中期，是时任关贸总协定总干事的邓克尔以自己的名义召集关贸总协定成员中最具话语权的几个国家在其“绿屋”办公室进行的非正式谈判，少数国家首先对贸易问题进行谈判并达成一致意见，然后将该谈判结果提交到正式谈判各组。“绿屋会议”使得谈判效率大大提高了，但是“绿屋会议”成为主要发达国家谋取利益的重要场合，大部分中小发展中国家根本没有机会参与会议并表达自己的利益需求，他们在谈判中处于十分不利的地位。早期的“绿屋会议”的主要成员包括美国、加拿大、欧盟和日本。WTO 成立后，随着发展中国家经济实力的不断提升，一些发展中国家开始进入“绿屋会议”。

① 协商一致的具体内涵是，出席会议的成员对拟通过的决议不正式提出反对即视为同意，只有明确提出反对才被视为反对。协商一致是一种不需要投票表决而取得一致的决策模式。

学生讨论

从性质上看，“绿屋会议”仅为多边谈判过程中的一个磋商程序，少数成员方磋商的结果并不能代表全体成员的共同意志。“绿屋会议”越权代为决策的现象是不争的事实，其形成的谈判草案一旦提交到多边会议上，经常一字不差地被通过或者仅有少部分的修改。

讨论：在“绿屋会议”的参与方多为发达国家成员的情况下，发展中国家应对的策略有哪些?

5. WTO 框架下的多边谈判是一种持续的博弈循环

关贸总协定共进行了 8 个回合的谈判，其谈判领域从货物拓展到了服务、知识产权等更多领域，其谈判成果构成一个多边条约体系。这个条约体系涉及国际贸易中广泛的领域，是保证商人在外国市场获得公平待遇的权利和保护其进入国外市场的权利的唯一世界性法律框架。为了适应世界贸易的发展，越来越多的议题，如数字贸易、竞争政策、贸易与劳工权利等都已经被纳入到谈判日程，这说明多边谈判是无限期的动态谈判。

WTO 框架下的多边谈判中，谈判方众多且经济实力差距较大，谈判过程呈现为一场极为困难的推拉式博弈。新协定的达成需要花费大量的时间成本，即使最终达成一致，此时协定的出台很有可能已经落后于成员的需要，效用明显降低。当出现新的问题、新的需求而提出新的议题时，则又进入一个新谈判过程，最终形成永远无法满足当下需求的博弈循环。

三、乌拉圭回合谈判

乌拉圭回合谈判是迄今世界上规模最大的一次多边贸易谈判，可根据本书前几章的知识点，通过学习乌拉圭回合的谈判历史，进一步理解谈判学中的议题、利益、谈判目标、谈判原则、双层博弈论等知识点。

1. 乌拉圭回合谈判的筹备

1979 年，西方爆发了经济危机，贸易保护主义盛行，此次贸易保护是经济上有实力的国家为了维护自己的经济领先地位和既得利益而实施的，贸易保护的范围扩大到了服务和资本贸易领域而且非关税壁垒日益增多[①]。

在德国波恩举行的一次西方七国首脑会议上，各国首脑讨论了保护主义问题，认为保护主义无助于世界经济增长，决定推动关贸总协定的新一轮多边贸易谈判。但是，首脑们在农产品贸易上发生了激烈争执。美国要求欧洲和日本打开农产品市场，法国和日本表示坚决反对。最后，美国要求就是否开始新一轮多边谈判进行表决，表决的结果是美国的提案得到了通过。

1985 年 9 月，关贸总协定召开特别缔约方大会，专门讨论有关新一轮的多边谈判问题，大会成立了谈判筹备委员会。各国在遏制保护主义、维护多边谈判机制方面没有分

① 张学斌. 经济外交. 北京：北京大学出版社. 2003 .

歧，但在是否将服务贸易纳入谈判议题中存在分歧。印度、巴西、埃及等发展中国家认为发达国家在加大对农产品、纺织品保护力度的同时，还要谈服务贸易是不公平的，必须先解决发展中国家关心的农业和纺织品问题，才有可能启动新一轮的谈判。

1986 年 9 月在乌拉圭埃斯特角城，74 个国家的贸易部长决定发起关贸总协定的新一轮多边谈判。这轮谈判被称为乌拉圭回合谈判，是关贸总协定进行的第 8 轮多边贸易谈判。前几轮的谈判几乎全部集中在降低关税的问题上，而乌拉圭回合谈判则包括服务贸易、知识产权以及与贸易相关的投资措施等新内容。一位联合国多边贸易谈判专家认为，乌拉圭回合谈判规模大、程度复杂，是当时世界上最大的多边外交谈判。

学生讨论

乌拉圭回合谈判的主体

1986 年 9 月，GATT 缔约方部长级会议在乌拉圭的埃斯特角城召开，乌拉圭回合谈判正式拉开帷幕，会议通过了部长宣言，规定参与乌拉圭回合谈判的成员包括：①所有缔约方；②临时加入的国家；③已在 1987 年 4 月 30 日前宣布准备加入关贸总协定和参加谈判的实际适用关贸总协定的国家；④已在代表理事会例会上通知缔约方全体准备就其作为缔约方成员资格的条件进行谈判的国家；⑤已在 1987 年 4 月 30 日前开始履行加入关贸总协定程序，准备在谈判过程中谈判其加入条件的发展中国家[①]。

讨论：查找有关中国的历史资料，说明中国是否有资格参加乌拉圭回合谈判。

为了营造良好的谈判氛围，保证谈判的顺利进行，在乌拉圭埃斯特角的会议上，部长们规定了谈判各方有“不增加并逐步减少贸易限制”的义务。在乌拉圭回合谈判筹备期间，有些国家曾一度想在埃斯特角会议上通过一项议定书并将此项承诺以法律形式确定下来，但是没能成功。会议最终决定将通过的议定书以政治形式确定下来，谈判各方以此对不遵守承诺的行动进行监督。

在乌拉圭回合谈判的筹备过程中，使用政治承诺的主要目的是保障谈判能在一个宽松的环境下进行。但是，在法律程序上各方仍保留使用争端解决机制的可能性。基于保证乌拉圭回合谈判顺利进行的共识，在筹备谈判的过程中，各国主张尽量少使用争端解决机制，更多地主张用其他方法监督违背承诺的一方。例如成立监督机构，其本身没有裁决的权力，只对各方在谈判期间承诺逐步减少限制措施的执行情况进行监督。在乌拉圭回合谈判的发起阶段对“不增加并逐步减少贸易限制”义务的讨论以及解决方案的措辞，很好地服务了谈判本身，主要目的是确保谈判的顺利进行。

由于乌拉圭回合谈判需要解决的问题有很多，如何组织和设定谈判议题是一件复杂的事情。以市场准入问题为例，该问题包括关税、非关税壁垒以及除农产品以外的全部有关商品问题的谈判。这类谈判属于关贸总协定的传统问题，与关贸总协定的日常活动有很大联系，所以各国对此有一些经验，可以很快进入实质性谈判阶段。市场准入谈判

① 张学斌. 经济外交. 北京：北京大学出版社. 2003.

的主要对象是商品的消费国与供应国，谈判各方会把自己的贸易利益放在首位，在多边谈判中的利益集团会变得不稳定，各方会以商品为中心，随机组合成利益一致的谈判集团。在关贸总协定中比较活跃的77国集团等固定的谈判集团的作用不大，各国参加谈判的主要依据是各国贸易的比较优势、市场的份额以及减让关税的可能性。各国会基于讨价还价模式进行谈判。

对于服务贸易、知识产权等新议题，各国可以被划分为比较明确的阵营。发达国家在这些新议题的谈判中占有优势，而发展中国家对这些新议题的研究并不充足，不能提出相应的方案，往往处于被动状态，需要依赖集体谈判来获得一定的优势。关于这类问题的谈判可以说是"攻防式"的南北对峙性质的谈判。

农产品谈判看似是一个小议题，但它涉及美国和欧共体的利益，谈判难度大，两大谈判对手的博弈能力，是决定能否以"一揽子"方式顺利结束乌拉圭回合谈判的关键。

乌拉圭回合谈判中涉及一些规则谈判，如补贴规则、体制运行等。在这些领域，发达国家的谈判代表拥有更强的专业能力，能够主导谈判的进行。

早期，乌拉圭回合谈判的组织者将议题分为 15 个小组来进行磋商。随着谈判的进展，15个磋商小组合并缩减为7个，即讨论市场准入、农业、纺织品和服装、规则制定、与贸易有关的知识产权、服务贸易、体制运行七大议题。

乌拉圭回合货物谈判的具体目标是：①为了维护所有国家特别是欠发达国家缔约方的利益，进一步放宽和扩大世界贸易的范围，包括通过减少和取消关税、数量限制、其他非关税措施和贸易壁垒来改善市场准入条件。②强化关贸总协定的作用，改善建立在关贸总协定原则和规则基础上的多边贸易体制，把更大范围的世界贸易置于商定的、有效的和可实施的多边规则下。③增强关贸总协定体制对不断演变的国际经济环境的适应能力，特别是要进行必要的结构调整，改善关贸总协定与有关国际组织的关系，同时应考虑到贸易格局和前景的变化情况，包括发展高技术产品贸易的重要性、初级产品市场面临的严重困难和改善贸易环境的重要性。④推动各国政府和国际社会共同合作，以加强贸易政策与其他影响经济增长和发展的经济政策之间的内部联系，并为此做出持久、有效和坚决的努力，为改善国际贸易体制的运作、促进金融和实际投资资源向发展中国家的流动做出贡献。

其他议题均有其具体的谈判目标。例如，服务贸易的谈判目标是制定一个能够处理服务贸易的多边原则和规则框架，包括制定个别部门的可能性规划，以便在透明和逐步自由化的条件下扩大服务贸易，并以此作为促进所有贸易伙伴经济增长和推动发展中国家发展的一种手段。

埃斯特角城的会议还确定了乌拉圭回合谈判的原则，主要包括：①为了保证互利和使所有参加方均获得好处，谈判应在透明的情况下进行。②谈判的统一性及不容割裂原则。谈判的发起、进行和结果的执行，都应该被视为一项单一任务的组成部分。但是，在取得一致意见的情况下，早期达成的协议可以在谈判正式结束之前被允许临时或最终实施。③为了避免不必要的部门间的交叉要求，应在广泛的贸易领域和谈判议题范围内寻求平衡的减让。④全体缔约方同意，谈判应适用差别和更加优惠待遇的原则等。

学生讨论

为什么设定统一性原则

统一性原则十分重要，因为列入谈判的议题是各方妥协的结果，是对各种谈判要求的完美平衡。各国因贸易利益不同而对各议题的优先顺序有着不同的打算。为使最终的谈判结果能照顾到各方利益的平衡而专门规定了这一条原则。这条原则旨在保证每一个谈判题目在新一轮的多边贸易谈判中都具有同等地位。这样，各国就可以从容地对各议题的谈判时间和顺序等进行协商，避免一拥而上造成“交通堵塞”。在过去的谈判中，一旦某成员就其所关心的问题取得有利结果，对其他题目就不再认真谈判，这种情况会导致整个谈判成果只对部分国家有利。这条原则是对东京回合谈判教训的总结，各国对此十分重视。

发达国家更是要以此来保障服务贸易谈判取得令人满意的成果。为了防止过度强调谈判的统一性和不可割裂原则而对谈判结果的落地实施造成不必要的阻碍，对该条原则还做了一点补充，即早期达成的协议在取得谈判各方的一致同意后可以在乌拉圭回合谈判结束前被允许临时或永久性实施。

资料来源：马晓野. 对乌拉圭回合谈判的几点看法.国际贸易，1987（10）：13-16，1.

讨论：结合第十一章关于谈判方法的知识点进行思考，分析统一性原则旨在解决谈判中的什么问题。

2. 农业谈判

关贸总协定先后进行了 8 轮多边贸易谈判，有 4 轮与农产品贸易有关，分别是狄龙回合谈判、肯尼迪回合谈判、东京回合谈判和乌拉圭回合谈判。在肯尼迪回合谈判中，美国提出大幅度削减农产品进口关税以及取消进口数量限制的要求，因遭到欧共体的拒绝而未果；东京回合谈判由于美欧两个农产品贸易集团产生了冲突，最后仅就牛肉和奶制品两项达成了协议，农业贸易自由化进展甚微。乌拉圭回合谈判第一次将农产品贸易议题置于关贸总协定的中心位置，并最终达成了《农业协定》。

在乌拉圭回合的农业谈判中，主轴是美国和欧共体的对立谈判，而副轴则为日本，因此形成了三足鼎立式的对立谈判格局。关贸总协定历史上，一般领域的谈判主要体现在发达国家和发展中国家的南北对立，而此次关于农业的谈判却是发达国家之间的北北对立谈判。

美国和凯恩斯集团主张自由贸易，欧共体主张对国内有关农业的政策进行循序渐进式的改革。日本的主张是维持现状，强调农业的特殊性，主张允许进口国采取进口数量限制，日本的主张得到了北欧、瑞士和韩国的认可。

美国的农业谈判方案主要包括：①农产品贸易壁垒随着所有非关税壁垒的消除而减少，从 1991 年算起，美国关税税率在 10 年内削减 75%。②10 年内削减 90%以上的出口补贴。③对完全贸易扭曲的农业政策在 10 年内削减 75%，对一般贸易扭曲的农业政策，10 年内削减 30%以上。

欧共体建议将农产品贸易壁垒措施划分为两个部分，即固定部分和补充部分。在有关农业补贴的谈判中，美国和欧共体是对立的两个个体。例如，美国拒绝接受欧共体提出的于 1996 年削减其 30%的农产品补贴的提议，他们要求欧共体削减农产品补贴的幅度达到 90%，双方对此均持互不妥协的态度。

在提出的谈判方案中，日本计划从 1986 年开始在 10 年内对谷物保护补贴削减 26.6%，对牛奶、乳制品的保护政策削减 26.7%。日本在谈判方案里并没有提及关税化、出口补贴及食品安全等问题。

是否取消贸易壁垒是农产品谈判的重要内容，美国主张把贸易壁垒转换为关税，然后逐年降低关税水平。欧共体和日本对此基本持反对意见，但是欧共体和日本的态度则不完全相同，日本自始至终持反对态度，而欧共体虽持反对态度，但附加了一些苛刻的条件，如果美国能够接受这些苛刻的条件，欧共体就考虑接受美国的提议。

整个谈判过程扑朔迷离，几次搁浅。1991 年 12 月 20 日，关贸总协定总干事邓克尔提出的主席“裁定案文”（又称邓克尔文本），使农业谈判达到了高潮阶段。邓克尔文本规定了个别约束领域(工业品的关税降低、农产品关税、补贴的个别约束、服务贸易的个别约束)的框架，作为今后开展谈判的基础，最终协商文本还提出了贸易领域的规则。邓克尔秘书长表示，最终协商文本是根据前期谈判的成果以及各缔约国的不同意见而作出的裁定，并表示最终文本必须一揽子接受，到 1992 年 1 月 13 日再次召开贸易谈判委员会之前，各缔约国政府必须表明态度①。

美国和欧共体缓和了各自的立场，并表示尽快行动以缩小差距。欧共体各部长回避做出最后表态，声称邓克尔方案“总体上说是不平衡的”，对农业方面的提议“是不能接受的”。作为欧共体内部最大的农产品生产国和出口国的法国强烈抵制由美国和其他出口国家提出的削减幅度，而且认为邓克尔的提议只考虑了美国人的利益，企图把欧共体变成美国的一个巨大的农产品出口市场。欧共体持强硬立场是可以理解的，多年来，欧共体的农业政策一直是提高农产品价格和阻止进口便宜的外国农产品，以保护自身利益。欧洲农业生产成本较高，如果取消补贴，欧共体的农业势必会受到沉重的打击，进而影响近千万农民的收入；另外，以各种保护和高价补贴的手段在欧共体内部维持统一的农产品价格，形成共同的进口壁垒，这是欧共体能够实施共同农业政策的基石。欧共体认为邓克尔旨在减少农业补贴的建议只有得到“认真改进”，各国才乐意接受此建议。

美国基于它在农业和农产品贸易中的优势地位，极力主张大大减少对农业的支持性措施，主张实行农产品贸易自由化。在邓克尔方案刚出台时，美国的反应是谨慎的。美国强调邓克尔方案如不做出充分修改，不能使农产品补贴得到大幅度削减，国会决不会通过任何一个多边贸易协议。

日本政府认为邓克尔方案所要求的将所有进口限制都转化成关税的提议“实在令人遗憾”，是不能接受的。日本继续保持其长期坚持的立场，即禁止大米进口，从而确保其主要谷物能够自给自足。在抵制将进口壁垒转化成关税方面，日本联合了加拿大、以色列、韩国、瑞士和挪威等国协同作战。日本提出三个条件：第一，大米是特殊的农产品，不能进行关税化处理；第二，大米以外的农产品要设相当的关税；第三，下次多边谈判要考虑非贸易性的条件。

① 余光中.WTO 大百科全书（第一册）.北京：光明日报出版社，2002.

在谈判进入僵局后，欧洲委员会主席雅克·德洛尔宣称，美国总统布什必须做出让步，来打破贸易谈判中出现的僵局。但是布什为避免引起美国农场主的不满，很难在农产品问题上做出大幅度的让步。

布鲁塞尔会议结束后，美国和欧共体开始了乌拉圭回合以外的双边谈判，于 1992 年 11 月，达成了一些共识。双方对邓克尔文本进行了部分修改：①削减国内补贴，不是个别产品，而是整个农产品的国内补贴要削减 20%；②关于欧共体削减的共同农业政策，农户直接取得的补贴不在国内补贴削减对象范围之内；③输出补贴的削减率，以补贴的输出数量为基准，从 24%降低到 21%；④欧共体从美国进口的麦麸数量如果急剧增加，美国和欧共体要进行协商。

协议签订后，农产品问题又重返乌拉圭回合的谈判桌，农业谈判最终成功结束，谈判各国在市场准入、出口补贴、国内支持等方面达成了协议。

3. 服务贸易谈判

早在 1946 年筹建“国际贸易组织”的过程中，就有代表认为“国际贸易组织宪章”如果不包括服务问题，就将失去实际意义。另外一些代表则认为，在当时就服务问题展开深入的讨论，不但时机远未成熟，而且也不应将其归入“国际贸易组织”的职能范围，这实际上反映了当时只将有形商品交换看作贸易的传统观念。1947 年的《哈瓦那宪章》的第 53 条涉及服务贸易部门的限制性贸易惯例，但是只是局限在限制性贸易惯例方面，而且该宪章没有生效，因此制定服务贸易规则的谈判就被搁置了。

在第二次世界大战刚刚结束的那段时间，服务贸易还不太发达，并未真正成为多边谈判的议题。在《关贸总协定》的条文中只有与货物贸易密切相关的运输、保险以及影片等少数几条涉及服务条款。在 1980～1987 年，国际服务贸易的年平均增长率提高至 5%，是货物贸易年平均增长率的两倍。

发达国家，尤其是美国，由于在国际服务贸易中拥有明显的优势，是国际服务贸易自由化谈判的主要发起者。在 1973～1979 年的东京回合谈判中，虽然美国试图把服务贸易问题纳入谈判范畴，但是当时服务贸易问题没能作为一个单独议题。

1983 年 11 月，邓克尔邀请了 7 位经贸专家就国际贸易制度面临的问题进行了研究，并于 1985 年发表了《争取未来较好的贸易政策》的报告，该报告对服务贸易做了深入研究，引发了谈判界的重视。

在乌拉圭回合谈判开始前，美国就如何确立服务贸易规则做了大量研究。美国主张建立服务贸易自由化的国际规则。美国认为服务与货物贸易一样，都涉及生产要素的转移，并强调货物与服务是二位一体的，每次货物交易的背后都有服务的支持。美国声称，《关贸总协定》仅致力于货物贸易自由化而忽视服务贸易自由化，对美国来说是不公平的。美国一再声明其在货物贸易上做了让步，它就有权利在服务贸易方面向别国提出相应让步的要求。在乌拉圭回合谈判开始的时候，美国采取了强硬的立场，如不讨论服务贸易，美国就拒绝参加谈判。巴西、印度等发展中国家强烈反对讨论服务贸易的议题，强调只有在尊重各国有关服务贸易法律和规章的前提下，才可以把服务贸易作为单独议题纳入乌拉圭回合谈判中。

在乌拉圭回合谈判中，美国关于服务贸易的谈判目标主要包括以下几个方面：①确立整体贸易互惠原则，即美国以货物贸易让步来换取别国的服务贸易让步；②制定服务贸易规则框架；③确定最惠国待遇、国民待遇、透明度等《关贸总协定》的基本原则同样适用于服务贸易；④抑制国际服务贸易限制措施的升级，进而削减这些措施。

对此，绝大多数发展中国家持反对意见，理由是：①服务业中的许多部门都是资本、知识密集型行业，发展中国家不具有竞争力；②发展中国家的服务部门发展尚未成熟，过早地实行服务贸易自由化会毁坏和断送其不断增长的服务业的前程，幼稚产业应该加以保护，而不是开放；③有些服务行业还涉及国家主权、机密和安全，将这些领域进行对外开放，是绝大多数发展中国家不能接受的。

欧共体起初对美国的提议颇具戒心，但经过对服务业的调查，发现自身服务出口是美国的三倍，进而成为美国的坚定支持者[①]。欧共体对服务贸易谈判的总观点是：通过经常性的多边谈判，逐步推进服务贸易自由化将有助于世界经济增长和各国经济发展。但是，欧共体对美国提出的"以货物贸易的让步来换取别国在服务贸易上的让步"原则持否定态度，欧共体不愿在货物贸易上做更多的让步，欧共体的谈判目标主要有：①制定服务贸易规则的基本框架；②增强透明度；③为具有统治地位的国家垄断企业制定特别的原则[②]；④要求各国在服务贸易上停止采取新的限制措施；⑤设计特别争端解决程序。

设计服务贸易的谈判框架并不容易。首先，服务贸易囊括的范围较广，包括国际运输业（可细分为铁路运输业、公路运输业、管道运输业、水上运输业、航空运输业、装卸搬运业等）、国际旅游、跨国银行、国际融资公司及其他金融服务业、国际保险、国际咨询服务、建筑、国际电信服务业、广告设计、会计、文化、教育、体育等多个领域。其次，对以上各种服务业的跨国贸易进行抽象化，形成服务贸易的概念是困难的。例如，旅游、国际保险、建筑在行业性质上存在根本不同。有的谈判者建议按照服务贸易的三个主要要素进行分类，即跨越国界提供服务、消费者跨越国界的流动和生产要素跨越国界的流动。譬如到国外开保险公司，这属于跨越国界提供服务；消费者到世界各地参加旅游，属于消费者跨越国界的流动；承包工程和劳务合作，则属于生产要素跨越国界的流动[③]。再次，提出管理服务贸易的政策工具很难。货物贸易的政策工具比较成熟，有关税、非关税等多种工具。谈判者想到，没有人可能对服务的跨国流动征收关税。例如，消费者跨国旅行，如何收关税？那么，谈判者需要设计一套崭新的服务贸易规则，以设计管理服务贸易的工具。最后，谈判者需要思考如何将《关贸总协定》的设计理念渗透到服务

① 谢鲁涛. "乌拉圭回合"国际服务贸易谈判剖析. 世界经济研究. 1993（1）：6.

② 乌拉圭回合谈判对此问题进行了讨论，最后文件《服务贸易总协定》允许成员建立和维持垄断服务，但要求成员确保其境内垄断服务提供者在相关市场上提供垄断服务方面，不得采取与无条件最惠国待遇及透明要求不相一致的行动。各成员还认为，除垄断外，其他一些服务提供者的商业做法也会限制竞争，从而限制服务贸易。因此，《服务贸易总协定》第9条规定，某一成员应任何其他成员的请求，应就取消这类限制性商业做法进行协商；在不违反国内法和保密的条件下，应充分考虑此等请求并通过提供有关情况给予合作。

③ 乌拉圭回合谈判最终创造性地定义了适用于所有服务贸易的四种交换方式：第一，跨境交付，服务产品本身跨越国境，如设计图纸；第二，境外消费，如旅游等；第三，商业存在，给予外国服务提供者以法人开业权和相应的待遇，允许其在境内从事金融业和电信业等；第四，自然人流动，外国公民直接进入境内提供服务，如法律咨询。

贸易谈判中，使最惠国待遇、国民待遇这些基本原则得以延续[①]。此外，谈判者始终面临的谈判难题是如何看待不同国家在服务贸易中存在的差距[②]、如何在谈判桌上解决南北问题[③]。

学生讨论

定义服务贸易的难点

服务贸易的生产与消费是同时进行的，通常不像货物那样可以储存，所以经济学在传统上将服务视为“非贸易品”，乌拉圭回合谈判的发起者要对这类非贸易品展开研究，就要给它下一个定义。

讨论：结合本书第四章“议题”中的知识，说明概念在谈判中的重要性，你认为如何定义服务贸易比较好？

由于发展中国家的反对，1986 年乌拉圭部长级会议的宣言只能规定了例外的做法，宣言中第二部分对服务贸易做了如下规定：①谈判目的，要在提高透明度和逐步自由化的条件下扩大服务贸易，确立服务贸易原则和纪律的多边框架，规定各部门的纪律；②谈判手续适用《关贸总协定》的程序和惯例；③谈判参加国的范围同货物贸易谈判参加国一样；④谈判组织规定设置管理服务领域谈判的机构；⑤在服务领域的谈判过程中，秘书处要给予支持[④]。随着宣言的出台，乌拉圭服务贸易谈判拉开序幕。

乌拉圭回合谈判关于服务贸易的谈判长达数年，艰苦历程可分为三个阶段[⑤]：

第一阶段，从谈判开始到中期审评，主要讨论和解决以下几个关键问题。①定义和统计。如果不对服务贸易的定义达成共识就无法进行后续的谈判。发展中国家对发达国家提出的一些建议很敏感，一些国家提出谈判内容不但要覆盖传统的跨境服务贸易，如

① 最惠国待遇是《关贸总协定》对货物贸易所确立的首要原则，通过乌拉圭回合谈判，这一原则同样适用于服务贸易。乌拉圭回合签署了《服务贸易总协定》。《服务贸易总协定》第 2 条规定，每名关贸总协定的成员应立即无条件地给予另一成员的服务和服务提供者不低于它给予其他成员类似的服务和服务提供者的待遇。与关贸总协定相比，《服务贸易总协定》最惠国待遇具有较强的灵活性。首先，它允许成员国采取与最惠国待遇不符的特定做法，只要在《服务贸易总协定》实施前，将这些不符之处作为例外列入框架协议的附件即可；其次，最惠国待遇不适用于其他经济一体化协定；最后，最惠国待遇不适用于政府采购，不适用于约束政府采购服务的法律、法规及要求。

② 经过谈判，《服务贸易总协定》第 19 条规定了逐步自由化的义务，最迟于《服务贸易总协定》生效日起 5 年后进行服务贸易谈判，以便使服务贸易自由化程度不断提高。此类谈判应针对减少或取消各种措施对服务贸易的不利影响，以此作为提供有效市场准入的手段。自由化进程应在互利基础上增进各参加国的利益和确保各项权利与义务的整体平衡。在上述前提下，服务贸易的自由化进程应尊重各项国内政策目标和各成员的整体与个别领域的发展水平，还应对发展中国家采取适当的灵活性措施。

③ 《服务贸易总协定》序言规定：增加发展中国家逐渐参与服务贸易的机会，并通过加强其国内服务的能力、效力和竞争力来扩大其服务。为此，第 4 条专门规定，各成员应通过谈判具体承诺的方式增加发展中国家逐渐参与的机会。内容主要有：着重通过商业基础上的技术准入方式增强发展中国家的国内服务能力及其效力和竞争力；改进发展中国家的销售渠道和信息网络；对于发展中国家具有出口利益的各部门和供给方式给予市场准入的自由化。发达国家成员还应在《服务贸易总协定》生效的两年内建立联系点，以方便发展中国家获得有关市场资料。

④ 尤先迅. 世界贸易组织法：从关贸总协定到世界贸易组织. 上海：立信会计出版社. 1997.

⑤ 谢鲁涛. “乌拉圭回合”国际服务贸易谈判剖析. 世界经济研究. 1993（1）：6.

运输、旅游等，还应包括为实现服务贸易自由化而进行的投资，发展中国家所提供的劳务服务也是另一种生产要素移动形式，纳入服务贸易谈判。在第一阶段，谈判各国对零散而又缺乏统计的服务贸易数据进行了收集和分类，这一做法使得各国明确了自己的谈判利益。②基本原则。在谈判中，越来越多的国家承认传统的《关贸总协定》的原则等仍具有生命力。在未来的服务贸易多边协议中，这些原则适用于服务贸易不成问题。③服务业的范围。一些国家认为应该先定义服务贸易，然后再定义其范围；一些发展中国家主张新的谈判不能和《关贸总协定》最初的谈判一样，即不能把某些对发展中国家有利的行业排除在谈判桌外。④促进或限制服务贸易的做法。这项谈判内容集中于如何在各国现行服务业法规和服务贸易自由化进程之间进行协调。一些发展中国家认为现行各国国内规则不应受多边协议的约束。大多数国家普遍承认由于服务贸易的自身特点，服务贸易壁垒难以识别，不能与货物贸易一样简单地通过关税进行定量处理。

第二阶段，从中期评审到 1990 年 6 月。乌拉圭回合谈判的中期评审在加拿大蒙特利尔举行。在中期评审会议上，各谈判参加国基本摆脱了对概念的纠缠，对基本原则、法规有了明确的认识，把“逐步自由化”进程和各国的发展水平结合起来，使发展中国家在开放服务市场的行业范围和时间限度上具有较强的灵活性和可行性。在一张涉及 150 个服务部门的清单中，一些有代表性的服务行业被挑选出来，用服务贸易的概念、原则和规则与行业的情况对比，检验规则的适用性。这些代表性的行业包括第 1 组的电信与建筑、第 2 组的运输与旅游、第 3 组的金融等。对这些服务行业的检验实践帮助谈判者进一步明确了一个可清晰表达的概念在用以说明某个具体行业的大量现象时会遇到哪些意想不到的问题，这种方法是值得肯定的。

这个阶段的后半期开始出现未来多边框架的轮廓。许多国家提交了自己的多边框架提议，越来越多的谈判者主张在多边框架协议下，制定出具体行业贸易自由化的措施。多边框架应该由一些共同遵循的原则和承诺构成，并将之作为《服务贸易总协定》的总方针和以后进一步谈判的准绳，而具体行业的各种承诺也能有效保证服务市场的顺利开放。

关于具体行业的开放问题，提交的各项多边框架提议大致可分为两大类：一类是负面名单模式，该模式以美国为代表，即先严格确定一系列服务贸易的多边原则和规则，允许各国对进入负面名单的服务行业提出自己的意见。一旦某一保留的行业具备了竞争力，开放时机成熟，则将该行业从负面名单中删除，那些没有列入负面名单的行业则开放。另一类是发展中国家提出实行肯定名单模式，即把未来框架协议的一般义务和需谈判达成的具体承诺明确分开，在确定一般义务的前提下，以行业协议的形式推进各服务行业的自由化进程。发展中国家主张应允许各国根据发展水平做出承诺，那些没有被列入肯定清单的行业可以暂不实行自由化。乌拉圭回合的服务贸易谈判最终采用了发展中国家的建议，这是发展中国家集体谈判的一次胜利。

第三阶段，1990 年 7 月至 1993 年 12 月，这个阶段基本实现了谈判所期望的目标。1990 年 12 月，尽管由于美国与欧共体在农产品补贴问题上的重大分歧，布鲁塞尔部长级会议未能按期结束。但是通过乌拉圭回合谈判，有史以来第一个有关国际服务贸易的多边协议——《服务贸易总协定（草案）》已基本完成，其最后的部署和生效指日可待。

《服务贸易总协定（草案）》除了明确了基本原则、条款外，还制定了一些具体服务行业的实施细则附件。这些附件在磋商中被提炼出来，其中包含的具体服务行业有海运、空运、陆运、通信、劳务人员流动、音像、广播电视、出版等。

学生讨论

概念的偷梁换柱

根据一些资料记载，在谈判中，美国曾对最惠国待遇原则进行偷梁换柱，使用了“部分义务不适用”的字眼，并因此引起了争议。“部分义务不适用”的概念与《关贸总协定》相比后退了一大步。《关贸总协定》对义务的“不适用权利”做出了较为严格的规定，即在一个新缔约方加入时，其他老缔约方可拒绝向其提供最惠国待遇。美国提出“部分义务不适用”的用意是，在判断出对方的自由化程度不足时，可以恣意地撤回本国的承诺。后来，看到各国对“部分义务不适用”的提法不认同，美国突然提出了“有条件的最惠国待遇”的议案，欧共体表面上虽然持反对意见，却又提出异曲同工的“最惠国待遇豁免”的概念。

讨论：请结合本书第四章“议题”中“提炼概念”的知识点，讨论美国几次试图对最惠国待遇原则进行概念偷梁换柱的用意是什么？几次偷换的概念之间有怎样的相关性？

1993 年 12 月 15 日，持续了 8 年之久的乌拉圭回合谈判达成最终协议。在 1994 年 4 月 15 日的关贸总协定部长级会议上通过的最终协定中，作为新谈判领域而引人注目的《服务贸易总协定》也被包括其中。《服务贸易总协定》的全部内容可分为三部分：第一部分是框架协议，内容涉及国际服务贸易的一般概念、原则、规则以及成员国基本权利和义务，是《服务贸易总协定》的主体和实质部分；第二部分是成员国服务贸易承诺清单；第三部分是框架协议的 8 个附件。

4. 美国的国内故事

在埃斯特角城启动乌拉圭回合谈判被确定下来后，美国国内利益集团开始了密集行动。当时的美国贸易代表克莱顿・尤特和他的助手阿兰・霍尔默定期秘密地同一个非正式的、由相关企业的说客们组成的“内幕人士集团”会晤。

在美国与盟国进行特定行业的讨价还价时，很多利益集团参与了谈判。例如，在对欧共体和日本的谈判中，加利福尼亚州和佛罗里达州的柑橘种植者表现活跃，美国香烟生产者目睹了美国贸易代表为他们打开了通向利润丰厚的亚洲市场大门，他们也是积极参与其中。波音公司在与欧洲空中客车的竞争中，享受着美国政府对公司的常年支持。在半导体产业发展的推动下，里根总统和日本达成了第二次世界大战结束后的第一个经济协议。

在漫长的乌拉圭回合谈判中，美国总统布什、克林顿以个人名义和白宫的贸易代表卡拉・希尔斯和米基・坎特，花了大量的政治资源去促成 WTO 的建立。克林顿在 1995 年《总统经济报告》中评价乌拉圭回合时说：“本届政府在国际贸易政策上取得了比战后任何一届政府都要大的成果 协定改变了未来贸易的蓝图”。克林顿列出了美国在乌拉圭回合谈判中的“得”与“失”。其中特别是在谷物、服务贸易、知识产权等领域美国取得了长期向往的利益。美国贸易代表办公室的测算表明只是削减关税和非关税壁垒就能给美国每年创造 1300 亿美元的静态收益，相当于其 GDP 增长 0.2%[①]。

尽管美国在乌拉圭回合的服务贸易谈判中提出了自由化的要求，但美国在服务业上的壁垒始终存在。例如，在保险业方面，根据美国国内相关法规的规定，如果外国保险商没有在美国开设分支机构，在从事再保险业务时就需要提供担保账户或由原承销商开具信用证；如果外国保险商在美国开设分支机构，须将大于其负债额的资产存入美国银行或信托公司，且外国保险公司在美国的分支机构中的董事会成员中必须全部或部分是美国公民。这些规定构成了对外国保险商的歧视，可以看出美国并未公平地对待其他国家。

① 盛斌. 世界经济转变中的美国对外贸易政策. 美国研究， 1998（3）：30-49.

第十五章

争　端

争端或争议，通常是指一方对另一方的主张、请求或做法所涉及的事实、法律或政策问题有异议而拒绝或否认另一方的主张，甚至针对其主张提出相反的请求[①]。解决争端是谈判的重要内容之一，本章在简单介绍企业间商务争端的解决方法后，重点聚焦政府间的谈判解决争端。

一、争端概述

按照争端主体的不同，本章主要介绍两种争端的类型：企业争端和国家间的商务争端。

① 余敏友，左海聪，黄志雄. WTO 争端解决机制概论. 上海：上海人民出版社，2001.

1. 企业争端

在日常商务活动中，争端经常发生。例如，企业间从订立购买合同起，到商品生产环节，再到物流运输环节，最后到验货付款环节都存在违约的风险，从而产生争端。企业间解决争端的方式主要包括以下几种。①协商解决。主要通过谈判解决争端，当事人通过摆事实、讲道理来弄清是非曲直，必要时双方各自做出一定让步，最后达成和解以消除分歧。②第三方调解。本书第六章介绍了第三方介入谈判的情形，请参考相关内容来理解第三方调解。③仲裁。争端双方在争端发生前或争端发生后达成协议，自愿将争端交给仲裁机构进行审理，并做出对各方当事人均具有约束力的裁决。④法律诉讼。诉讼不仅是争端双方的活动，更是法院的审判活动。在诉讼过程中，争端各方的活动都必须遵守法定的程序和形式，服从法律的裁决。

解决企业间商务争端的首选方式应是谈判。只要双方有解决争端的诚意，不损害第三方利益，不违反法律法规等强制性规定，在互谅互让的基础上达成谅解或和解是完全可能的。争端双方选择谈判的解决方式，而不需要进行诉讼，可以减少争端解决的成本。谈判解决争端也有助于企业有效保守其商业秘密，如果谈判成功，争端会在秘密的情况下解决，那么是符合企业的利益的。谈判解决争端有助于维护争端双方之间的友好合作关系，促进合作。

谈判是一门关于争端的学问，西方谈判理论强调解决问题。在和合谈判学中，除强调解决问题外，更强调化解争端。化解则意味着消解、解除和释放。维护长期关系的关键是化解谈判者之间的心结，使谈判者之间达成和合的状态。我们需要打开那些毒害彼此关系的心结，消除矛盾并建立和谐关系。

西方谈判理论大多强调解决问题。例如，“原则谈判”的理论框架要求争端解决的介入者应该清晰地“将人和问题区分开”，从而将争端解决的焦点聚合到利益分歧上，避免因双方的不友善对话产生“对人不对事”的无效内容。在这个以“问题”为中心的思考体系中，人的情绪、历史、偏好以及最核心的人与人的关系，会妨碍这些功利目标的有效达成。

学生阅读

司法程序与解决问题①

“我无法接受，你怎么会有这种想法?简直匪夷所思!都什么年代了，你还会认为女性只能在家带孩子?”

这是一段带有强烈情绪的话语。而如果在对话中，对方给予了一个同样情绪化的反馈:“你激动什么?女人在家怎么了?有什么大不了的?大家不是在讨论问题吗?我说说我的想法有什么不可以的，你有必要对我这样攻击吗?难道只能你说话，我不能说话?”

这种以情绪对抗情绪的互动方式在传统争端解决过程中，如在司法诉讼中，会被

① 熊浩. 论认同冲突的化解:一种人本主义的实践方法. 华东师范大学学报（哲学社会科学版）.2022，54（4）：77-87，177.

认为是没有意义的。在司法程序中，当事人不是具体的、鲜活的生命个体，而是机械化的法律程式与庭审过程的一个结构要素。在通过诉讼解决纠纷的过程中，当事人成为国家法律规范中普遍的、理性的适用客体。情绪化被认为会干扰司法的进程，影响法官的裁判。因此，司法程序会用一套权力构造与制度安排将当事人的情绪表达抑制或排除。

和合谈判学强调化解争端。任何争端的孕育都有一个动态的发展过程。如果在争端出现时处理不当，争端会加速恶化。如果谈判者能在争端潜伏期提前预防，积极协调疏通，争端的严重程度就会大大降低。争端一旦爆发，谈判者需要冷静地分析导致争端的原因，积极寻求化解之道。当然，争端可以通过法律途径来解决。有的争端能很快得到解决，但争端解决后也会给双方带来一定的有形或者无形的伤害，另外争端也有复发的可能。这时，谈判者应基于对长期关系的认知，认真反思，积极改进，寻求避免争端再次发生的方法。

2. 国家间的商务争端

主权国家之间，或者因为政治冲突，或者因为经济利益冲突，可能会产生争端。主权国家间的争端属于国际法上的争端，这类争端依据起因和性质可以分为四类：第一，法律争端，又称为“可裁判争端”，即法院可以审理的争端，争端当事人各自要求根据国际法承认和保护其权益，通过法律方法解决争端。第二，政治争端，又称为“不可裁判争端”，这类争端的起因是重大政治利益，不能或者当事人不愿意通过法律渠道解决争端，只能以政治方式解决。第三，混合争端，作为一种特殊的国际争端类型，其特点在于当事方的各自要求兼具了法律争端和政治争端的特性。这种争端既可以通过法律方法寻求解决，也可以通过政治途径进行处理，因此其解决方式具有相当的灵活性和复杂性。第四，事实争端，即争端当事方的各自要求起因于它们对某项事实、事项或情况真相的争执，因而可采取调查、和解之类方法解决的争端①。上述四种类型的争端之间的界线不是静止、绝对、永恒不变的。

在关贸总协定体系下，国际商务领域的国际争端解决具有独特的内涵。

1947 年，《关贸总协定》第 22 条规定了争端解决中对人的适用范围和对物的适用范围。当任何缔约方认为其根据《关贸总协定》享有的权利被侵犯时，它可以要求与其他缔约方进行协商，以解决争议。被要求的缔约方必须积极考虑协商请求，并尽可能地提供适当的机会进行协商，以便就争端达成和解，找到满意的调整办法。可见，只有《关贸总协定》的缔约方才能适用第 22 条，只有《关贸总协定》规定的事项才具有适用性，即关贸总协定争端解决机制只受理属于《关贸总协定》范围的贸易问题。

乌拉圭回合谈判后签署的《关于争端解决规则与程序的谅解》的第 1 条就规定了争端的适用范围：“本谅解的规则和程序应适用于按照本谅解附录 1 所列各项规定（本谅解中称‘适用协定’）的磋商和争端解决规定所提出的争端。本谅解的规则和程序还应适用于各成员间有关它们在《建立世界贸易组织协定》规定和本谅解规定下的权

① 余敏友，左海聪，黄志雄. WTO 争端解决机制概论. 上海：上海人民出版社，2001.

利和义务的磋商与争端解决，此类磋商和争端解决可单独进行，也可与任何其他适用协定结合进行。”①

二、谈判解决争端

政府间的国际争端可以通过谈判解决，也可以通过法律诉讼解决。

学生讨论

法律诉讼解决争端

乌拉圭河是一条国际性的河流，其上中下游分别流经巴西、阿根廷与乌拉圭。1975年2月26日，阿根廷与乌拉圭双方明确规定了河流的保护、开发、资源利用、污染治理等问题。从2003年开始，乌拉圭政府先后批准在乌拉圭河本国沿岸一侧建造纸浆厂，其中一家因种种原因没有建成，而另一家纸浆厂正常生产。对于该纸浆厂在生产过程中对乌拉圭河造成的环境污染，两国政府一直以来都存在着矛盾、分歧且始终得不到解决。

两国政府最终诉诸法律。双方在诉求方面各执一词，最后国际法院根据案情得出以下结论：首先，乌拉圭批准在边界河流建立纸浆厂时，没有向联合管理委员会和相邻国家阿根廷履行提前告知义务，因而构成国际不法行为；其次，乌拉圭因为批准在乌拉圭河本国一侧沿岸建造纸浆厂，而违反了边界河流环境保护的实体义务。

资料来源：李舒悦. 中哈霍尔果斯合作中心的争端解决机制研究.西部学刊，2021(22)：5-7.

讨论：此案中有哪些利益相关者？最后诉诸法律的主体是谁？法律解决和谈判解决国际争端，哪种办法更好？

谈判是最古老和最重要的解决国家间争端的方法。国家间处理争端的方法应首选直接谈判，协商解决。国际公约，如《联合国宪章》规定谈判和协商是解决国际争端的首要方法。

采用谈判方式解决争端的优点较多。第一，谈判不拘泥于严格的程序规则，比法律解决争端的空间更大。在解决争端的过程中，谈判各方可以决定谈判的程序和所有具体事项，当然，谈判各方应遵循国际法的基本原则、尊重各国主权平等和遵守禁止干涉内政的义务。第二，谈判非常灵活。谈判的人数可多可少，谈判的层级可高可低，谈判的议题可大可小，谈判的方式既可以是公开的，也可以是秘密的，既可以是书面的，也可以是口头的。在谈判过程中，谈判双方的地位是完全平等的，都有权提出、接受、拒绝或修正任何解决争端的建议，表达自己的诉求。第三，谈判是排除外来干预、解决纠纷的典型方法。因为它不需要将纠纷公之于众，也不需要第三方的参与。第四，谈判范围

① 世界贸易组织. 乌拉圭回合多边贸易谈判结果：法律文本. 北京：法律出版社，2000.

广。通过谈判解决的争端不必要在国际协定的适用范围内。第五，谈判结果具有灵活性。如果谈判成功，则其效果可分为两种：一是满足的意见交换，当事者在法律上不受拘束；二是签订协定或条约，当事者在法律上受协定或条约约束①。

采用谈判方式解决争端的缺点是：第一，实力强的谈判方居于优势。实力强的谈判方能够利用自己的实力对另一方施加影响。例如，在国际贸易谈判中，进口大国的谈判代表可以以各种方式向属于发展中国家的出口国施加压力，大国的筹码很多，对发展中国家的援助、贸易优惠，甚至贸易保护措施的使用都是砝码。第二，谈判方法是一种非裁判性的解决方法，对问题的是非曲直、对法律的统一性、对规则的适用性等无法做出很好的判断，谈判结果可能缺乏稳定性。第三，谈判的深度、广度、强度和效果等会因人、因时、因事而有很大的差别。第四，在国际体系内，如在 WTO 体系内，双边通过谈判解决争端可能会弱化多边机制的作用，对多边规则体系有损害。在国际谈判界“多边讲道理，双边凭实力”的说法是有一定道理的。

三、WTO 争端解决机制下的谈判

WTO 争端解决机制主要包括下列基本阶段或程序：磋商，斡旋、调解和调停，仲裁，专家小组程序，上诉程序、对执行争端解决机构的建议或裁决的监督，制裁等。在这些阶段中，磋商实质上是一种谈判。如果谈判不成功则逐步过渡到法律程序。

英文“consultation”可以翻译为磋商，有时也翻译为协商。在国际关系与国际法方面，这一术语指主权国家或国际社会成员就共同关心的事项达成合意的方法。作为解决国际争端的方法，磋商有强制性与任选性、书面与口头、定期与临时、多边与双边、事前与事后、制度化与非制度化等多种形式②。

关贸总协定及其后来的 WTO 都十分重视通过谈判解决争端。《关贸总协定》规定双边磋商是解决争端的必由之路，在《关贸总协定》的争端理论中，谈判解决争端是最好的解决方法。

乌拉圭回合谈判后，WTO 成立了争端解决机构。有贸易争端的成员在争端解决机构启动法律程序前，要经过磋商谈判。WTO 争端解决机制虽然是一套法律及程序规则，但非常强调以磋商的方式解决争端。磋商是采取法律手段解决争端的前置程序，而且是强制程序。这一设计理念反映在《关于争端解决规则与程序的谅解》第 3 条第 7 款中，即“争端解决机制的目的在于保证使争端得到积极解决。争端各方均可接受且与适用协定相一致的解决办法无疑是首选办法”。对于一项争端的解决而言，WTO 主张通过令双方均满意的磋商谈判来解决问题，而这样的结果其实也使得争端无须进入后续的法律程序。如果争端双方通过磋商达成合意解决方案，那么双方的争端就无须去认定是否违反 WTO 规则，从而在一定程度上可以保护当事方的声誉及利益。如果是贫穷国家发生争端，通过磋商谈判解决争端也是一个好办法，因为这样做可以减少其需要参与的后续程序所付出的高昂代价。

---

① 王珂. 论两岸经济争端解决中的谈判与协商方法. 中外企业家，2016（16）：193-194.

② 余敏友，左海聪，黄志雄. WTO 争端解决机制概论. 上海：上海人民出版社，2001.

《关于争端解决规则与程序的谅解》第 4 条对磋商做出了详细规定，具体内容如下①。

（1）各成员确认决心加强和提高各成员使用的磋商程序的有效性。

（2）每一成员承诺对另一成员提出的有关在前者领土内采取的、影响任何适用协定运用的措施的交涉给予积极考虑，并提供充分的磋商机会。

（3）如磋商请求是按照一适用协定提出的，则请求所针对的成员应在收到请求之日起 10 天内对该请求作出答复，并应在收到请求之日起不超过 30 天的期限内真诚地进行磋商，以达成双方满意的解决办法，除非双方另有议定。如该成员未在收到请求之日起 10 天内作出答复，或未在收到请求之日起不超过 30 天的期限内或双方同意的其他时间内进行磋商，则请求进行磋商的成员可直接开始请求设立专家组。

（4）所有此类磋商请求应由请求磋商的成员通知 DSB（Dispute Settlement Body，WTO 争端解决实体）及有关理事会和委员会。任何磋商请求应以书面形式提交，并应说明提出请求的理由，包括确认所争论的措施，并指出起诉的法律根据。

WTO 关于磋商的相关规定，体现了 WTO 对谈判的看法。

其一，合意性，主要指通过磋商可以获得双方均满意的处理结果。第 4 条的第 5 款提出，“在依照一适用协定的规定进行磋商的过程中，在根据本谅解采取进一步行动之前，各成员应努力尝试对该事项作出令人满意的调整”②。这一谈判理念也反映在《关于争端解决规则与程序的谅解》第 3 条第 7 款规定，“争端解决机制的目的在于保证使争端得到积极解决。争端各方均可接受且与适用协定相一致的解决办法无疑是首选办法”。这些规定表明，《关于争端解决规则与程序的谅解》主张通过一个令双方均满意的调整来解决问题，而这样的结果其实也使得争端无须进入后续的专家组阶段③。

其二，强调保护性，主要是指通过磋商达成合意解决方案，因而双方的争端就无须去认定是否违反 WTO 规则，从而在一定程度上可以保护争端当事方的声誉及利益。

磋商是非公开的，具有秘密性。在很多案件中，磋商主要在 WTO 总部日内瓦进行，有的磋商可能在争端国家之间进行多轮。磋商本身是非公开的。争端磋商的实质内容及其进行方式都是非公开的，完全由当事方自己掌控，并且 WTO 机构也不能参与。

其三，磋商是采取法律手段解决争端的前置程序，WTO 磋商制度的程序性功能在于收集和澄清案件信息，并且以更为准确的方式来确定争端中所涉及的法律问题。在磋商中，争端各方可以进一步明确争端的法律问题，通过收集信息，可为后续专家组阶段的双方抗辩提供更为准确的诉讼主张，并形成实质内容。

总之，磋商是 WTO 体制下争端解决的强制性程序，无论谈判是否成功，无论争端双方是否愿意，都必须参加，因为这被视为基本要求。

四、双边争端的谈判

双边争端是发生在两个国家间的争端，是国际商务领域最常见的争端，在 WTO 框架下，双边争端的解决办法主要是谈判和诉讼。即便是诉讼，根据《关于争端解决规则

① 关于争端解决规则与程序的谅解. http://www. csrc. gov. cn/csrc/c100214/c1452176/content. shtml，2003-07-31.

② 关于争端解决规则与程序的谅解. http://www. csrc. gov. cn/csrc/c100214/c1452176/content. shtml，2003-07-31.

③ 徐忆斌. WTO 争端机制中的磋商制度论析. 中国海洋大学学报（社会科学版），2013（3）：85-89.

与程序的谅解》第 4 条的规定，谈判也是必经之路。

美国和欧洲曾爆发过香蕉贸易争端。欧洲人特别喜欢香蕉，但欧洲不产香蕉，主要依赖进口。美国在拉丁美洲投资了大量的香蕉种植产业，通过经销拉美国家的香蕉打开了欧洲的香蕉市场。1993 年，欧盟改变了欧盟统一市场范围内的香蕉进口制度，只允许欧盟成员国进口来自非洲、加勒比地区和太平洋地区出产的香蕉，形成了影响美国公司在欧洲继续销售拉美香蕉的壁垒，损害了美国的经济利益。美国声称因欧盟香蕉进口制度的改变，美国公司已经失去了 50%以上的欧洲市场。这是美国和欧洲爆发香蕉贸易争端的背景。这一双边争端涉及欧洲进口制度的问题，属于国家政策领域的冲突，双边争端可以进行磋商谈判解决，也可以通过 WTO 争端解决机制的诉讼方式解决。1994 年 9 月 2 日，美国公司和夏威夷工业协会根据 1974 年美国贸易法"301 条款"提出请愿，要求欧盟改变这种"毫无理由和有歧视的""对美国商业加重了负担和限制"的进口香蕉制度。1994 年 10 月 17 日，美国贸易代表声称就美国公司提出的请愿开始调查，并着手与欧洲谈判。谈判并没有取得令双方都满意的结果，之后美欧香蕉案件走上了诉讼程序，在国际法的框架下得到解决。

20 世纪，伴随日本经济的发展，美国和日本不断爆发贸易争端，两国解决争端的方法主要是双边谈判和诉讼。20 世纪 50 年代，朝鲜战争爆发，为了推销美国国内过剩的棉花，美国推出了扶持日本棉纺织业发展的援助政策，美国政府为日本企业提供贷款以购买美国的纺织机器设备、进口美国的棉花，日本则利用优惠关税向美国出口纺织品，日本用所获得的外汇偿还美国的贷款。在美国援助政策的推动下，日本棉纺织业得到了快速发展。但朝鲜战争停战后，日本棉纺织业产能出现严重过剩，美国不满日本的大量出口，双方爆发了纺织品贸易争端。自 1956 年起，经过多次双边谈判，日美先后签订了三个棉纺织品贸易协定，规定了日本对美国棉纺织品出口的最高限额和增速①。这是美国和日本通过谈判解决争端的例子。

20 世纪 90 年代，日本应对与美国之间的贸易争端的方法出现了转折性变化：日本对以双边谈判的方法来处理日美贸易摩擦已不那么热衷，转而对美国的"不正当贸易行为"主动提起诉讼。1995 年 5 月 16 日，美国以日本违反了汽车和汽车零部件市场准入规则为由，向 WTO 提起申诉；另外，美国商务部宣布对日制裁清单，包括对价值 59 亿美元的高档轿车征收 100%的报复性关税。面对美国的威胁，日本在取得经济合作与发展组织（Organization for Economic Co-operation and Development，OECD）其他成员国支持后，于 1995 年 5 月底将美国起诉至 WTO②。

通过谈判或法律的方法解决争端，应注意以下两个问题。

（1）解决争端的谈判方法和诉讼方法都和法律有关，谈判者应有法律意识。第一，发起贸易谈判要有法律依据，在美国和欧盟的香蕉案中，美国公司依据美国具有霸凌性的"301 条款"提请美国政府采取措施。第二，法律是谈判的工具，谈判者可以运用法律手段促进双边谈判的和解。第三，当双边争端无法通过谈判解决的时候，诉讼成为相对公正的解决方法，这时法律取代谈判成为争端解决的主要方式。在日本和美国的贸易争

① 王厚双，王柏. 日本处理日美贸易摩擦手段转换的动因与效果. 日本学刊，2022（3）：92-123，150-151.

② 王厚双，王柏. 日本处理日美贸易摩擦手段转换的动因与效果. 日本学刊，2022（3）：92-123，150-151.

端历史上，日本从被动谈判到主动拿起法律武器是其谈判能力提高的表现。在经历了多次谈判后，日本认识到必须重视法律在处理日美贸易摩擦中作用，为有效应对美国的法律攻势，日本专门成立了由多个政府部门组成的应诉队伍，并专门制定了协同作战策略，对美国的指控进行抗辩。

（2）双边谈判是大多数国家处理国际争端时常使用且较为有效的方法。但在双边谈判中，过多的妥协可能会产生多米诺骨牌效应。具有实力的一方能够采取威胁、讹诈等方式，获得更多利益，弱势一方会溃不成军。实力不对等的双边谈判的结果往往缺乏强有力的法律保障。总之，在强调谈判解决争端的同时要防止谈判成为强势一方得寸进尺的筹码，防止弱势一方过度让步。

五、中欧、中美纺织品争端

本部分以中欧、中美纺织品争端案为案例介绍中国政府的谈判术。

20 世纪，世界范围内达成了一系列广泛而复杂的双边协议，允许对来自部分国家的特定纺织品和服装产品实行数量限制，这些主要是依据《国际纺织品贸易协议》的规定制定的协议。这些限制多是发达国家对发展中国家实行的贸易限制。2005 年，《纺织品和服装协定》生效，发展中国家将迎来贸易自由化的机会。

中国的进出口总额在 2004 年全面超越日本，成为全球第三的国际贸易大国。随着《纺织品和服装协定》的实施，中国纺织品和服装贸易上的优势凸显出来，纺织品出口的年增长速度从 2001 年的 4%跃升到 2002 年的 22%再到 2003 年的 31%，成为世界上纺织品出口增长速度最快的国家。中国在世界服装出口贸易中的比重从 2000 年的 18.3%提高到 2003 年的 23%，成为世界上第二大服装贸易国。2004 年，中国纺织品和服装出口继续以 20.6%的速度增长[①]。

在《纺织品和服装协定》生效的背景下，中国纺织品对美国、欧洲的出口数量不断增加，美国和欧洲为了阻止中国纺织品出口到自己国家，引发了中美、中欧纺织品争端。

1. 法律背景

1)《纺织品和服装协定》

《纺织品和服装协定》是乌拉圭回合谈判的成果。为使纺织品服装贸易“回归”到《关贸总协定》的多边自由贸易体制下，取代 1974 年生效的《国际纺织品贸易协议》，广大发展中国家和发达国家在乌拉圭回合谈判中进行了艰苦的讨价还价，最后达成《纺织品和服装协定》。

长期以来，《国际纺织品贸易协议》一直在事实上背离《关贸总协定》自由贸易原则。发达国家利用《国际纺织品贸易协议》保护本国的纺织工业，对发展中国家的纺织品服装出口设立各种限制。因而，发展中国家认为《国际纺织品贸易协议》违反了《关贸总协定》的贸易自由化原则，是对发展中国家的一种歧视性待遇，要求纺织品与服装贸易回归到自由贸易的制度框架下。

1986 年 9 月，乌拉圭回合贸易谈判开始，确立了将纺织品最终纳入《关贸总协定》

① 薛荣久. 中国与欧美等国纺织品贸易争端的化解. 国际贸易，2005（7）：7-11.

体制的目标。经过作为进口国的发达国家和作为出口国的发展中国家的反复谈判，终于在乌拉圭回合结束之前达成了《纺织品和服装协定》。依据《纺织品和服装协定》，将以10年为过渡期，即自1995年1月1日始到2004年12月31日止，将《国际纺织品贸易协议》过渡到《关贸总协定》的一体化体制中，并最终实现世界纺织品服装贸易的自由化。

中国是纺织品服装贸易大国，1984年加入《国际纺织品贸易协议》。从1986年起纺织品服装成为中国出口数量最多的商品，并连续9年保持在第一的水平上。据统计，1993年，中国纺织品服装出口额达到271.30亿美元，比1978年增长了近10倍。直到2005年《纺织品和服装协定》生效，取消纺织品服装配额限制，中国才享受到加入WTO的好处。

《纺织品和服装协定》的核心内容是1995～2005年，分四个阶段取消纺织品进口配额，同时对于未取消配额的部分，进口国需要给出口国规定一个最低的配额水平，如表15-1所示。

表15-1 《纺织品和服装协定》的纺织品服装贸易一体化进程[1]

阶段	取消配额比例/%	剩余配额的放开速度（如1994年增长率为6%）
第一阶段 1995.01.01至1997.12.31	16	每年6.96%
第二阶段 1998.01.01至2001.12.31	17	每年8.7%
第三阶段 2002.01.01至2004.12.31	18	每年11.05%
第四阶段 2005.01.01	49	配额全部取消

注：配额下进口增长的公式为：第一阶段增长率，即0.1×1995年前的增长率；第二阶段增长率，即0.25×第一阶段增长率；第三阶段增长率，即0.27×第二阶段增长率。

按照《纺织品和服装协定》规定的时间表，2005年要一次性取消49%的配额，在全球范围内实现纺织品服装贸易自由化，这无疑会对国际纺织品服装贸易格局带来巨大冲击。正因如此，美国和欧洲在2004年就加速布局，试图遏制中国出口的强劲势头。

《纺织品和服装协定》的第六条对过渡期内保障措施的使用做了规定。第6条第1款主张："过渡性保障措施应尽可能少用，且应与本条的规定和协定项下一体化进程的有效实施相一致。"

第6条第2、3、4款说明了保障措施实施的条件，规定得非常详细，规则也是十分严格的，表明了《纺织品和服装协定》主张审慎使用保障措施的态度，特别是6.2条规定了必须证明了损害因果关系后才能使用保障措施，第6.3条列出了衡量损害的具体指标。

6.2条规定，"如根据一成员作出的确定，表明一特定产品进口致其领土内的数量增

① 世界贸易组织秘书处. 乌拉圭回合协议导读. 北京：法律出版社. 2000.

加，对生产同类/直接竞争产品的国内产业造成严重损害或严重损害的实际威胁，则可根据本条采取保障措施。必须能够证明严重损害或严重损害的实际威胁是由该产品进口量中此类增加的数量造成的，而不是由于技术改革或消费者偏好的变化等其他因素造成的”。

6.3 条规定，“在确定第 2 款所指的严重损害或严重损害的实际威胁时，有关成员应审查这些进口对特定产业状况的影响，此种影响可反映在下列有关经济变量的变化中：产量、生产率、开工率、库存、市场份额、出口、工资、就业、国内价格、利润和投资。任何变量，无论单独还是与其他因素相结合，均未必能够给予决定性的指导”[①]。

2）中国在纺织品和服装方面的承诺

按照乌拉圭回合谈判达成的《纺织品和服装协定》，发达国家对从发展中国家进口的纺织品和服装数量限制从 1995 年 1 月 1 日开始分四个阶段逐步减少，到 2005 年 1 月 1 日前全部取消。我国作为发展中国家，理应享受这种待遇。发达国家担心在纺织品和服装贸易上有巨大优势的中国会冲击他们的市场，在谈判中坚持中国在 2005 年享受与发展中国家一样解除数量限制的同时，在中国加入 WTO 的谈判中要求中国做出特殊承诺，中国在《中国加入工作组报告书》第 242 条款做出了有关纺织品的具体承诺。第 242 条款的内容如下[②]：

中国代表同意下列规定将适用于纺织品和服务产品贸易，直至 2008 年 12 月 31 日，并成为中国加入条款和条件的一部分。

（a）如一 WTO 成员认为《纺织品与服装协定》所涵盖的原产于中国的纺织品和服装产品自《WTO 协定》生效之日起，由于市场扰乱，威胁阻碍这些产品贸易的有序发展，则该成员可请求与中国进行磋商，以期减轻或避免此市场扰乱。请求进行磋商的成员在提出磋商请求时，应向中国提供关于磋商请求的原因和理由的详细事实声明，并附提出磋商请求成员认为能够证明下列内容的现行数据：①市场扰乱的存在或威胁；②在该市场扰乱中原产于中国产品的作用。

（b）磋商将在收到磋商请求后 30 天内进行。双方将在收到此种请求后 90 天内，尽一切努力就双方满意的解决办法达成协议，除非双方同意延长该期限。

（c）在收到磋商请求后，中国同意将对这些磋商所涉及的提出磋商请求成员的一个或多个类别的纺织品或纺织制成品的装运货物，控制在不超过提出磋商请求的当月前的最近 14 个月中前 12 个月进入该成员数量的 7.5%（羊毛产品类别为 6%）的水平[③]。

（d）如在 90 天磋商期内，未能达成双方满意的解决办法，则磋商将继续进行，提出磋商请求的成员可继续根据（c）项对磋商涉及的一个或多个类别的纺织品或纺织制成品实行限制。

（e）根据（d）项设立的任何限制的条件将自提出磋商请求之日起至提出磋商请求当年的 12 月 31 日止的期限有效，或如果提出请求时该年只余 3 个月或更少的时间，则对提出磋商请求后 12 个月结束的期限有效。

① 世界贸易组织. 乌拉圭回合多边贸易谈判结果：法律文本. 北京：法律出版社，2000.

② 石广生. 中国加入世界贸易组织知识读本（三）. 北京：人民日报出版社，2002.

③ 蒋德恩.非关税措施.北京：对外经济贸易大学出版社，2006.

（f）根据本规定采取的行动的有效期不得超过 1 年，且不得重新实施，除非有关成员与中国之间另有议定。

（g）不得根据本规定和议定书（草案）第 16 条的规定对同一产品同时适用措施。

为了尽早加入全球贸易体系，中国在入世谈判过程中做出了重大让步，签署的某些条款并不符合 WTO 的一般规定，这些条款可以理解为是专门针对中国的歧视性规定。但一旦签署，中国就不得不执行，以体现自己是个遵守国际协议的负责任的国家。

3）美国的法律程序

美国根据《中国加入工作组报告书》第 242 条款，美国纺织品贸易与协定主管机构——美国纺织品协定执行委员会（Committee for the Implementation of Textile Agreements ，CITA）先后于 2003 年 5 月 19 日和 2003 年 8 月 13 日公布了《公众要求对中华人民共和国进口的纺织品与服装采取保障措施申请审查程序》和《关于〈公众要求对中华人民共和国进口的纺织品与服装采取保障措施申请审查程序〉的解释》两个文件，由此基本确立了美国对华纺织品的“特保”制度。

根据上述程序及相关解释，美国国内纺织品生产企业可以向 CITA 提出申请，要求对原产于中国的纺织品采取“特保”措施；在没有收到申请的情况下，CITA 也可以自行决定，审查原产于中国的纺织品与服装产品是否由于市场扰乱的原因威胁、阻碍此类产品贸易的有序发展。如果 CITA 认为申请提供了必要的信息，或者在自行发起调查的情况下，CITA 应当在美国《联邦公报》上发布公告，并同时在办公室互联网上发布，寻求公众对申请的评论，并明确评论的要求和提交评论的截止日期。通常情况下，公众应当在“特保”申请或者 CITA 自行发起审查公告后 30 天内提交评论，CITA 应当在公众评论截止日期结束后 60 天内决定其是否需要请求与中国进行磋商。如果不能在 60 天内做出决定，CITA 将在《联邦公报》上发布公告，宣布其将要做出决定的日期。如果做出否定裁决，CITA 将在《联邦公报》上公布其裁决结果及其原因。如果做出由于市场扰乱的原因，原产于中国的纺织品和服装产品威胁、阻碍此类产品贸易有序发展的肯定裁决，CITA 将要求与中国进行磋商，以期减轻或避免此市场扰乱。“程序”规定，磋商应当在收到磋商请求后 30 天内举行，并在收到磋商请求后 90 天内尽一切努力达成令双方满意的解决方案。

与《中国加入工作组报告书》的要求相同，美国的“程序”规定，如果提出请求当年还有 3 个月以上的剩余时间，则相关限制措施应当在当年 12 月 31 日终止；如果当年只有 3 个月或更短的剩余时间，则除了中美达成双方满意的解决方案外，限制措施最长不得超过 1 年。对于措施的数量限制水平，美国“程序”要求进口到美国的相关产品增长应当限制在不得超过提出磋商请求的当月之前 14 个月中的头 12 个月出口数量的 7.5%（羊毛产品类别为 6%）的水平。

4）欧盟的规定

2004 年 12 月 13 日，欧盟理事会通过第 2200/2004 号规则，修改了部分针对第三国的纺织品进口共同规则（第 3030/91 和第 3285/94 号规则）。第 2200/2004 号规则在根据 WTO 的《纺织品和服装协定》取消对全球纺织品配额限制的同时，又根据中国加入 WTO 议定书相关条款建立对华纺织品的“特保”机制——针对从中国进口的部分纺织品建立海关监控体制。

2005 年 4 月 6 日，欧盟委员会发布了对中国出口欧盟纺织品采取保障措施的相关指南，设置了针对从中国进口纺织品采取“特保”措施的具体标准和程序指南。欧盟委员会将根据各成员国海关向委员会所提交的数据，对在 1 年（或至少 3 个月）内从中国进口的纺织品和服装产品的平均单价与进口量进行评估。当进口增长达到预先设置的预警区域的数值后，欧盟委员会可以启动“特保”调查；欧盟也可根据成员国的申请启动“特保”调查，并与中国进行非正式磋商。从要求与中国举行正式协商的 15 日内，欧盟将采取配额措施以限制中国纺织品的出口，配额为欧盟启动“特保”调查的前 14 个月中的头 12 个月的进口量再加上这 12 个月进口量的 7.5%的总和（如果是羊毛制品，则为 6%）。如果欧盟做出肯定性裁决，欧盟将立即采取措施限制中国纺织品的进口量，根据 2001 年的纺织品“特保”条款，该措施的有效期为 1 年，以便欧盟纺织业能适应竞争环境的改变。当然，在紧急情况下，欧盟委员会也可以对即将对其纺织服装业造成损害的进口产品采取措施。在这种情况下，欧盟可不进行调查就直接与中国政府举行正式磋商。

2. 中欧磋商

欧盟完善了内部法律文件后，随即 2005 年 4 月 8 日，欧盟纺织业发出警告，中国纺织品对欧盟出口数量激增，欧盟纺织业内的工人将出现大量失业。为此，欧盟贸易委员曼德尔森促请中国自主限制纺织品出口。4 月 24 日，欧盟宣布将对 9 种中国纺织品进行调查。5 月 17 日，欧盟发出最后通牒，要求中国限制纺织品出口，否则欧盟将对中国纺织品采取特别限制措施。

针对欧盟的做法，中国多次强调，全球纺织品一体化是中国纺织品企业应该享受的权利，指出欧盟援引《中国加入工作组报告书》第 242 条款对中国纺织品设限是没有依据的。中国表示要坚决捍卫中国的利益。这些表述体现了中国立场。在具体的谈判中，基于立场，中国有三种选项：①将欧洲做法诉诸 WTO，通过 WTO 争端解决机制解决问题。中国有学者认为，欧盟不可以随意使用 242 条款，如果使用，必须满足三个基本条件：第一，中国纺织品服装的数量激增；第二，进口国的市场受到扰乱，国内产业受到影响；第三，中国纺织品服装数量的激增和进口国的市场扰乱存在着因果关系，即正是中国的纺织和服装产品的数量激增导致了进口国的相关市场扰乱。三者缺一不可。②中国可以直接报复欧盟的一些产品，与欧盟展开一场贸易战。③中国可以与欧盟进行谈判，寻找适合彼此利益的解决办法。中国选择了第三种办法。

中国看到欧盟内部并不是铁板一块，在纺织品高端市场具有较强竞争力的欧洲部分国家，如德国、瑞典、荷兰等国坚决反对对中国纺织品设限。而法国、意大利、波兰等国，停留在初级产品的大规模生产阶段，与中国产品有竞争性冲突，支持对中国实施保护主义措施。欧洲内部的立场分歧让中国看到了谈判和解的希望。

在中国与欧盟的谈判过程中，有四个主要议题。第一，确定 2005 年 1 月 1 日以后的进口基数。欧盟在谈判中高估了对中国的进口数量。例如，欧盟称，欧盟调查的九类纺织品包括 T 恤衫、套衫、男裤、外套、袜子、女外套和胸罩等，2005 年头两个月从中国进口的数量在激增。第二，2005 年以后年度增长率问题。中国当然希望谈判确定的增长率高于 7.5%，而且是越高越好；欧盟则希望越低越好。第三，协定的有效期，第 242 条款的有效期为4年，中国希望以此为依据。第四，其他涉及对待中国产品的公平贸易问题。中欧双方经过多次谈判，于2005年6月达成协议。

协议生效还不到两周，中国套头衫出口就已达到配额。超出配额的纺织品开始在欧盟海关积压。8月11日，欧盟零售商猛烈攻击欧盟限制中国纺织品出口的措施，称海关封存的纺织品对其造成的损失高达数亿欧元。8月17日，德国经济部长称限制纺织品配额使德国制造业和贸易有遭受重大损害的危险。8月18日，荷兰、丹麦、瑞典和芬兰的贸易部长警告说，欧盟限制中国纺织品出口造成的问题，不仅将损害消费者的利益，而且会导致就业岗位的减少，因为大量欧洲贸易公司可能因此破产或出现巨额亏损。8月22日，六种中国纺织品——T恤衫、套头衫、男裤、女士衬衫、胸衣和亚麻纱——均已达到或超过2005年的全年配额，大量纺织品堆积在欧盟海关，愤怒的欧盟进口商和零售商要求欧盟立即采取措施解决纺织品积压问题。

中国国内对中欧协议的看法不一，以全局利益为重的学者们认为这是一个维护中欧关系的双赢协议，但纺织品行业有不同的声音。一种声音认为，虽然2005年6月的协定增加了中国的配额，但远远不能满足中国企业的出口需求，如果配额不能分配到民营企业，民营企业的出口会受到影响，如果民营企业通过黑市去购买配额，则其经营成本将大幅度提高。

对于中国货物积压的原因，欧盟认为是由于6月11日至7月20日的管理空档期，中国纺织品才被滞留在欧盟很多国家的港口。中国认为，这次滞港问题的产生，是欧盟大量超发许可证造成的，中方并未超额多发。

于是，中欧双方于9月在北京进行了一次谈判，双方签署《磋商纪要》。《磋商纪要》规定，欧盟超发许可证部分的滞港商品以及尚在途中的商品由欧盟方承担，无证部分双方五五分承担责任。

至此，中欧磋商才结束。尽管中欧通过谈判解决了争端，但如果从事情本身的是非曲直来看，WTO于2005年1月1日让纺织品回归到全球多边自由贸易体系中，中欧谈判的结果对于中国而言有失平等，也是对全球纺织品贸易一体化的挑战，引发了各国对WTO原则与法律是否能在发达国家真正落实的质疑。

3. 中美磋商

早在2002年9月5日，美国纺织品制造商协会就向CITA提出申请，试图首次启用第242条款，对从中国进口的针织布、箱包、文胸、手套和睡袍五类纺织品提请重新设置配额。之后，CITA在商务部的纺织品与服装办公室网站上发布公告。经过1个月公众评论和2个月的审理之后，11月17日CITA发布公告，决定就原产于中国的针织布、文胸和睡衣等三种纺织品与中国政府进行磋商，并要求海关自即日起对此类产品采取配额措施，将针织布、文胸和睡袍的进口数量限制在一定增长率内。

在全球纺织品配额取消前夕（2004年10月～11月），美国国内企业代表以市场扰乱威胁为由，连续提出8项申请，要求CITA对中国出口的棉裤等8种纺织品采取“特保”措施，同时对“特保”措施即将到期的针织布等三类纺织品和服装产品再次提出“特保”申请。对于CITA以市场扰乱威胁为由受理纺织品“特保”申请的调查，中国政府、企业和美国进口商表示坚决反对。美国纺织品和服装进口商协会将CITA诉至美国国际贸易法院，反对 CITA 以市场扰乱威胁为由接受业界提出的“特保”申请，要求美国国际贸易法院发布禁令，禁止 CITA 受理此类申请和进行此类调查。2004 年 12 月 30 日，美国国际贸易法院颁布临时禁令，禁止美国以市场扰乱威胁为由对从中国进口的纺织品和服装使用“特保”措施。而在 2005 年 4 月，美国联邦上诉法院判决，允许 CITA 就“市场扰乱威胁”发起对华纺织品的“特保”调查。

截止到 2005 年 4 月底，美国国内企业针对中国进口纺织品展开“特保”调查 26 次。这是中美 2005 年前服装纺织品谈判的复杂背景。美国对待中国服装和纺织品进口实施保护主义的做法可以归纳为以下几种。第一，不同中国磋商、不经谈判便直接设限；第二，设限的基数武断，不考虑当年中国纺织品进口增加的因素，往往依据上年的配额直接设立很低的基数；第三，美国方面还坚持，可以连续不间断地对同类中国纺织品设限。242 条款的字面规定，设限会在每年 12 月 31 日自动结束，但它没有排除重复设限。可以看出，美国保护主义的特点就是曲解第 242 条款，钻法律的空子来玩保护主义的游戏。

2005 年 5 月 13 日和 18 日，美国在一周之内分别对部分纺织品重新实施配额限制，拉开了保护主义大幕，中美纺织品谈判迫在眉睫。

美国对服装纺织品的保护公然违背了国际协定。例如，化纤制裤子 2005 年设限的依据居然是 2004 年中国对美国的实际出口数量，而不是 2004 年美国分配给中国的配额量。因此，出现了一个不可思议的现象，在全球纺织品和服装实现自由化后，2005 年美国给中国设定的数量居然低于 2004 年美国分配给中国的配额。美国不增反减的行为怎么会使中国出口扰乱美国市场？从表 15-2 可以看出，中国部分服装纺织品在 2004 年的出口量低于配额。第 242 条款规定“由于市场扰乱，威胁阻碍这些产品贸易的有序发展，则该成员可请求与中国进行磋商，以期减轻或避免此市场扰乱”，美国在没有发生市场扰乱的情况下实施保护主义措施，是对第 242 条款的滥用。2005 年 6～7 月中美之间的多轮谈判都是无果而终。

表 15-2 2005 年美国对中国设限的七类纺织品①

类别	品名	限制数	2005 年 7 月 12 日使用量	已使用量占配额比/%	2004 年中国的配额量	2004 年中国实际使用量
338/339	棉制针织衬衫	470 万打	470 万打	100	252 万打	234 万打
347/348	棉质袜子	434 万打	433 万打	99.7	242 万打	293 万打
352/652	棉及化纤制内衣	506 万打	506 万打	100	528 万打	485 万打
638/639	化纤制针织衬衫	284 万打	279 万打	98.2	271 万打	256 万打
647/648	化纤制裤子	266 万打	158 万打	59.4	297 万打	266 万打
340/640	男式梭织衬衫	221 万打	117 万打	52.9	148 万打	140 万打
301	精梳棉纱	145 万公斤	20 万公斤	13.7		

① 王玉清，朱文晖. 中欧、中美纺织品谈判的得失分析. 开放导报，2005（4）：56-61.

美国公布新配额后，中美双方进行了紧急磋商。2005 年 6 月 17 日的第一轮技术磋商和 7 月 8 日的第二轮磋商都未达成实质性协议，而 7 月 11 日在北京举行的中美商贸联委会尽管达成了一些共识，但在纺织品问题上仍未能取得突破性进展。

中美谈判十分艰巨，进展缓慢，主要是因为其背后涉及两国间复杂的经贸博弈，包括贸易逆差、人民币汇率、知识产权保护、美国国内选举政治甚至是大国战略问题。纺织品成为双方博弈的重要筹码。

在中美谈判中,美国的谈判要价是无法被中国接受的。美国的主要目的就是要把第 242 条款扩大化和长期化。在覆盖面方面，美国要求中美纺织品协议覆盖所有类别的纺织品。根据在乌拉圭回合谈判达成的《纺织品和服装协定》的第四阶段安排，中国纺织产品设限范围在 56.23%（按数量计），如果中美纺织品协议的产品覆盖面超过 56.23%，意味着其超出了国际义务，中国是无法接受的。第 242 条款本身就是违背《纺织品和服装协定》的歧视性条款，中国不可能接受另一个歧视性要价。在增长率方面，第 242 条款规定的受限纺织品种的增长率为 7.5%，美国竟然要求把所有纺织品对美国的出口增长率均限制在 7.5% 以下，这是不可理喻的。诺贝尔经济学奖得主默顿 · 米勒曾讽刺美国政府所谓的"贸易谈判"是"劫匪抢劫良民"。确实，美国的强取豪夺在纺织品谈判中体现得淋漓尽致。

2005 年 11 月 8 日，经过 7 个回合的较量，中美之间终于就纺织品贸易达成协议，在伦敦签署了《中华人民共和国政府与美利坚合众国政府关于纺织品和服装贸易的谅解备忘录》，主要内容是：第一，美国将在协议期内对中国向美国出口的棉制裤子等 21 个类别的产品实施数量管理，包括 11 个类别的服装产品和 10 个类别的纺织产品。第二，2006 年协议产品的基数基本上是 2005 年有关产品美国从中国的实际进口量，2007 年和 2008 年基数均为上一年度全年的协议量。第三，在增长方面，2006 年协议产品的增长率为 10%～15%，2007 年为 12.5%～16%，2008 年为 15%～17%。第四，美方还在《中华人民共和国政府与美利坚合众国政府关于纺织品和服装贸易的谅解备忘录》中承诺，对协议外产品，美方将克制使用第 242 条款；对协议签署日之前因第 242 条款设限造成的卡关货物立即放行，不计入协议量①。

从协议内容看，协议基数的确定照顾了中方的合理要求，增长率也比第 242 条款规定的 7.5%高。但基数是以美国方面的统计数据为准，这一点对中国不利。美国同意"克制"采取特殊限制措施，用词相当模糊，这表明了中国与美国之间的纺织品贸易争端只是相对平息，并没有得到彻底解决。美国纺织技术协会仍不忘强调"协议并没有消除来自中国的威胁，而只是推迟了"。他们仍指责中国操纵汇率和采取多种不公平的贸易手段来提高产品竞争力，要求美国政府继续在汇率等问题上向中国施压。这场大规模谈判的牺牲品是美国的进口商和消费者。"特保体制的建立是出于政治原因。"

学生讨论

2006 年 10 月 31 日，美国新页纸业集团向美国商务部提交申请，对原产于中国、韩国和印尼的铜版纸进行反倾销和反补贴立案调查。11 月 20 日，美国商务部同意立案调

① 蒲昌伟. 对中美、中欧纺织品贸易协议的评析及对策研究. 经济金融观察，2006（4）：15-17.

查。12 月 1 日，美国商务部选择中国国内最大的两家铜版纸生产/出口企业，金东纸业（江苏）有限公司和山东晨鸣纸业集团作为调查的强制应诉方。12 月 15 日，美国国际贸易委员会初步裁定，有合理的证据表明原产于中国、印尼和韩国的铜版纸的补贴和倾销行为给美国国内产业造成了实质性损害。2007 年 3 月，美国商务部宣布对原产于中国的铜版纸做出反补贴初裁，5 月 29 日，美国商务部又初步裁定征收原产于中国的铜版纸 99.65%的反倾销税。

2007 年 9 月 14 日，中国政府就美方对铜版纸反补贴暨反倾销措施提起了 WTO 争端解决项下的磋商请求。中国认为美国的裁决违反了《关贸总协定》的相关规定。随后，中国和美国的贸易官员在日内瓦进行了磋商。

资料来源：龚柏华，倪洁颖. 中美有关铜版纸征收反倾销和反补贴税 WTO 磋商案评析.国际商务研究，2007（6）：49-54，67.

讨论：涉及案件的中国企业有哪些？为什么最后的磋商是由中国政府推动进行的？与 2005 年的中美纺织品磋商比较，此案中中国与美国是在 WTO 框架下进行的磋商，这两个案件中的磋商，在程序上有哪些不同？